日本法译丛

刑法における法治国思想の展開

法治国思想的展开

〔日〕牧野英一 著

柴裕红 译

商务印书馆
The Commercial Press
创于1897

2019年·北京

刑法における法治国思想の展開

牧 野 英 一

有斐閣昭和六年五月三十日発行

根据有斐阁出版社昭和六年（1931 年）版译出

KEIHO NI OKERU HOCHIKOKU SHISO NO TENKAI

by MAKINO Eiichi

Copyright © 1931MAKINO Aya

All rights reserved.

Originally published in Japan by YUHIKAKU PUBLISHING CO. ,LTD. ,Tokyo.

Chinese（in simplified character only）translation rights arranged with

YUHIKAKU PUBLISHING CO. ,LTD. ,Japan

through THE SAKAI AGENCY and BARDON-CHINESE MEDIA AGENCY.

牧野英一（1878—1970）

专家委员会

译　者　序

　　非常荣幸能够将《法治国思想的展开》这部经典学术著作翻译为中文，并且呈献给国内读者。

　　众所周知，牧野英一(1878—1970)是日本著名法学家、法哲学家，以刑法中主观主义、新派刑法学的大家而著名。牧野先生曾留学于德国、英国和意大利，是原东京帝国大学(现东京大学)名誉教授，原东京商科大学(现一桥大学)名誉讲师。牧野先生曾任法制局参事官、帝国议会贵族院议员、法制审议会委员、刑务协会会长、司法法制审议会委员、国立国会图书馆专门调查员、社会教育协会会长、检察官资格审查会委员、中央公职资格审查委员会委员长等，获"从二位勋一等瑞宝章"。作为日本20世纪影响最大的刑法学家，牧野先生被称为日本"新派刑法学的完成者"。可以说，日本从明治到大正再到昭和年间刑法学派之争，事实上是围绕牧野先生展开的。

　　牧野先生学术思想深邃，他的学术思想主要受其师穗积陈重(1856—1926)和冈田朝太郎(1868—1936)的"法律进化论"和德国老师李斯特(1851—1919)的"目的刑论"以及意大利学者菲利(1856—1929)的"社会防卫论"的影响。其刑法理论以19世纪欧洲的进化论思想为基础，认为在从警察国经过法治国到文化国的过程中，刑法应该从报应刑向目的刑、教育刑进化。他主张以犯人的社会危险性为基准的主观主义犯罪论，倡导犯罪征表说，否定罪刑法定主义。但是，牧野先生并非是对罪刑法定主义原则进行全盘丢弃，而是提出了要包容罪刑法定主义使其达到一个新的高度的修正罪刑法定主义的理论。他主张刑罚不只是惩罚受刑者的手段，更是一种教育方法，用科学的方法，营造一种对受刑者进行教育的效果，教育受刑者从善进而复归社会。

　　牧野先生一生著作等身且著述范围宽广，涵括刑法、民法、法哲学。主要著作有:《刑事学的新思潮与新刑法》(警眼社出版,1909 年);《不作为的违法性》(有斐阁出版,1914 年);《罪刑法定主义与犯罪表征说》(有斐阁,1918 年);《日本刑法》(有斐阁,1916 年);《刑法重点的变迁》(法律丛书第23 编,1929 年);《法治国思想的展开》(有斐阁,1931 年);《刑法总论》(上、下)(有斐阁,1958 年,1959 年);《刑法研究》(全 20 卷)(有斐阁,1918—1967年)等。

本书《法治国思想的展开》是牧野先生刑法哲学领域的代表性著作。全书分三个部分,第一部分:刑法中法治国思想的展开,第二部分:刑法改正的基本问题,第三部分:教育方法的刑罚与法律关系的刑罚。全书在资料引证方面,列举了诸多法学家的观点,并将其与牧野先生的观点相比较、相辩白。资料之翔实,写作之细致都是难能可贵、令人敬佩的。其中引证日本法学家、意大利法学家、德国法学家,以及世界刑法大全的一些当时写作时代比较新颖的内容,其中主要涉猎的法学家人物有:穗积陈重、冈田朝太郎、安平政吉、久礼田益喜、泷川幸辰、贝卡利亚、龙勃罗梭、耶林、李斯特、菲利、斯托斯、兰扎、里普曼、索尔达娜、弗罗伊登塔尔等 20 多位。因此,从宏观上来说,全书梳理了近代刑法思想史。正因如此,虽然《法治国思想的展开》是20 世纪 30 年代出版的学术著作,但当我们今天阅读本书的内容时,仍被牧野先生 80 多年前的精湛论述所折服。书中不乏警示观点,比如:

　　刑法是犯罪人的"大宪章"。刑法不要仅停留在犯罪人被刑罚这一层面,而且更应强调犯罪人必须被刑罚挽救。

　　刑法同其他法律一样,都是作为生存竞争的妥协点而成立的。

　　法律解释的意义。法律,包括刑法,都是必须依据解释对新的社会生活进行规范。必须通过刑法解释来调整新的社会生活的态度,来达成我们刑法学家对社会的贡献。通过将刑罚解释成教育的方法,可以说刑罚就有了基础。

　　从 19 世纪末 20 世纪初,事务变迁正向我们展示了,从个人主义向新的国体主义——社会主义转变。

　　法律的改正,不是仅仅通过对法律法规的修改而得以实现的,也不是通过对法律法规的修改，来进行社会的改革而完成的。

不管在什么情况下，法律同时都包含传统与传统相对的新型要素。

刑法中法治国主义的要点之一就是等价原则。我认为实际上刑事诉讼的中心在于宣判。因为，所谓的犯人改造，是一项需要很长时间的工作，所以人们对此并不关心。

苏维埃立法者认为，死刑是完全例外的惩罚。应该进行改革的是正义本身，在这种意义下，正义观也必须与时俱进。

将犯罪视为自然现象的结果，就是作为刑罚以及制裁对象的犯罪人的恶性被放大。

人类学以及社会学的研究成果，应该置于法学乃至刑事立法来考虑。

刑罚必须与对抗犯罪的各种手段，尤其是与预防犯罪的手段相联系。

行刑不仅仅是法律家的工作，也不是单纯的行政性的、技术性的事务，实际上，它更应该被归类为"人类问题"。

——如此等等，不胜枚举。

更值得推崇的是本书论证中牧野先生的学术态度。比如他对泷川观点的描述："我对像泷川这样的马克思主义观点心存敬意，不过我认为，法律在经济基础面前，并不只处于被动的状态。"读来既没有法学大家的咄咄逼人，也没有言语的火药味，一派平等对话的语气与姿态。可见，大家学者是有气度与风范的。

对于读者在阅读本译著时需要注意之处，特此说明如下：

其一，本书的书名《法治国思想的展开》是原著的正确译名，而"刑法中法治国思想的展开"只是本书中的第一部分。

其二，本书页侧的边码均指原著（即日文版）的页码，并非译著即中文版的页码，供读者在需要时方便查阅原著。

其三，译著注释统一为页下注释，并统一用阿拉伯数字①②③……每页重新排序，不同于原著在正文之中采用（＊）（＊＊）（＊＊＊）……注码。

其四,增加了译者注释,对文章中多次提及的主要法学家的生平做了简要说明。

其五,增加归纳了文后参考文献,便于读者参考。但为了原著的完整性,尽量保持了原著文献翻译成中文的原貌,没有再做细节上的补充。

其六,对于正文和注释中的人名、地名、书名、文章名、机构名等专有名词,尽量按照通行的译法进行翻译,保留日文汉字,如"主理主义"、"进客观主义"等。

其七,凡出现法条时,相应的法律添加了书名号,其他均不加书名号。

毋庸置疑,牧野先生的经典著作《法治国思想的展开》的翻译并非我一人之力可以完成的,应该说离不开多方面的信任和支持,乃是众人合力之作。本书翻译之初,可以说是困难重重,主要归纳为以下几个方面:

首先是语言障碍。一方面,摆在译者面前的就是日语方面的障碍,因为原著是1931年出版的著作,一些日语表达方式与现在日语的表达已有所不同,非日语专业者不易完全理解之。另一方面,由于原著除日语外还涉及德语、法语等,这些语言的翻译都是译者自身无法逾越的障碍。

其次是法学家名称的对应翻译。原著中日本法学家多用其姓而不是姓名全称,如安平教授、久礼田教授、泷川教授等。除此之外的法学家多用片假名表示而无括注英文,如イェーリング(耶林)、グローティウス(格劳秀斯)、ロムブローゾ(龙勃罗梭)等。这些起初给译者理解原著都带来了一定程度的障碍。

第三,由于译者自身刑法基础知识薄弱,加之缺乏有关本书的一些背景知识,对于书中所涉猎的法学家人物思想的体系性把握未必到位。

为了克服翻译过程中所遇到的不可避免的困难,力求尽最大努力翻译到最好的程度并能如期完成这一光荣而艰巨的任务,译者首先查阅了一些有关牧野先生的文献资料,寻求了多方面的实质性帮助。

在此,感谢日本国际贸易投资研究所中国研究会的委员长、日本丽泽大学教授梶田幸雄博士在百忙之中帮助搜集了书中所涉猎的主要日本法学家的生平简历,感谢兰州大学外语学院刘振宇老师及其弟子李俊俊、陈思嘉、周佳、羊小慧、宋可馨同学在日语方面的大力支持和帮助,感谢日本神户大学的程延博士和我的硕士生金朗同学在德语方面给予本书翻译的帮助,感谢兰州大学法学院的同事张莉博士在法语方面给予的帮助。同时在本书翻译的始终,深受商务印书馆编审王兰萍老师的支持和鼓励,对译者翻译本书所存在的顾虑以及所提出的所有问题均作了细致耐心的回答,并对本书译稿的校对修改提出了翔实的意见,在此由衷地感谢。感谢我的爱人任豆豆给我莫大的鼓励与关怀,并充分理解和支持本书翻译工作。感谢我的叔父柴生芳的谆谆教诲,愿以此书告慰其在天之灵。正是因为有这么多的支持和帮助,此译著才得以呈现在读者面前。

希望以此译著抛砖引玉,让中国法治事业得到更广泛的关注和更广阔的发展,恭请并盼望获得读者的评判斧正。

柴裕红

兰州大学齐云楼

2018 年 6 月 12 日

目　　录

教育方法的刑罚与法律关系的刑罚

序

如果说法治国的观念是针对所谓权力国家乃至警察国而存在的话,那么我们当下对其法治国观念必须重新构建,即对其应该如何界定?根据学者的不同,有采用"机能国家"的,也有采用"福祉国家"的,别的还有提倡"文化国"的。

国家以权力为其本质而建立。我并不是试图去否定这样的事实。但由于国家拥有权力这样的事实就认为其是当然正确的吗?从这样的观点出发国家是权力的主体的事实因理念不同而必须转变。由于这样的转变,此处的国家观念有所进化和发展。

如果说法治国的观念仅仅指的是国家根据法律进行规制的事实的话,权力国家也是法治国。因为对于权力国家而言固有的法律关系是成立的。在这方面所谓的机能国家也还是法治国,只要其机能关系的构成是合法的。

不过我们所知道的权力国家与法治国的观念是对峙的。那么不管这样的对峙在理论上成立与否,我们都必须反省。

这是一个文化的角度。即权力国家进化成为法治国是把握进化的要点所在。事实上国家通常是权力的主体,同时通常根据法律进行规制。但是权力的行动和法律规制的关系通常有所变迁。这种变迁之间区分文化价值达到一定程度就是文化的方法,然后从文化角度对国家进化进行认可。

在文化上区分国家进化是对其变迁有规范的方法。从方法的角度展开我们的思维。所谓使权力国家向现在的法治国进化是问题的核心所在。

我们所看到的现在的法治国是权力国家因社会的经济的思想的各种缘由的不断变迁而至。但进化是社会法则性的不断运行而被实现。而且,另一方面,其进化是依完成其进化的人们的努力。从我们的立场批判其努力时,其是可以看到文化的重要性。因此掌握了进化中固有的文化价值。

　　从这个角度出发权力国家的用语和法治国的概念在理论上并不矛盾。因为法治国从国家的角度而言也是权力国家,权力国家其运行,从具备法律的一面的角度而言也是法治国。如此我们不把权力国家的要点放在其权力本身上,而是希望根据其权力维护团体。只是权力国家突然维护团体,个人意识还没有达到。对于此法治国以法律为基础提高个人意识。这其中存在进化文化的意义。

　　那么法治国的观念在刑法中最能体现的是罪刑法定主义。根据人权宣言使其确立,法国刑法中的罪刑法定主义是面对国家乃至刑罚以保护犯罪人为目的。而且,刑法的客观主义得到发展。犯罪行为以客观主义为基础定义,区别是控制国家刑罚权最妥当的方法。19世纪最初没有对犯罪人的研究。而是从犯罪事实的研究开始的。即使在今天,也有学者认为罪刑法定主义和客观主义在理论上是有紧密联系的。

　　但如果对于刑罚应该保护犯罪人的话,倒不如说应该废止刑法和刑罚吗?实际上从一种立场而言有这样主张的学者。不过事实上刑法和刑罚是不能废除的。那么如果其不能废止的话,我们就要换个角度必须考虑刑法和刑罚废止的理由。根据各种观点我们认识到,警察国的组织从今天来看其是非文化的,另一方面从当时而言是具有文化性的一面。

　　法治国的罪刑法定主义因习惯于警察国是维护团体的而忘记了这一点。让有新意识的个人对抗权利,但对于个人而言的意识是,根据权力因团体的完成使个人的存在得到充实。也就是说,其个人意识的完成事实上应该认为是权力国家的延伸和进化。因此,目前由于法治国思想要进一步扬长避短使团体意识的构成成为问题。

　　思想的这样发展是因传统的犯罪研究之外引起对犯罪人研究而产生的。如果我们依然必须执着区别犯罪事实的定义的话,为什么现在的刑法能发扬社会防卫本位的理念?根据犯罪人的研究,其概念即恶性,其分类如普通犯、少年犯、精神病犯和惯犯,依其确立,从人权保护的刑法到社会防卫。

　　因此,我们并非要丢弃罪刑法定主义,相反要包容它使其达到一个新的高度。并不是抛弃人权保护只进行社会防卫,而是保护人权的同时进一步进行社会防卫。如此就不应该抛弃罪刑法定主义。只是需要辩证地看待它。换句话而言,关于罪刑法定主义和客观主义之间的联系要放开,必须在旧的皮囊中放入新的酒。那么最终成立主观主义。主观主义的法定主义代替传统的罪刑法定主义。新的法治国主义将被揭示出来。

这个新的法治国主义相对于传统只有个人了解,还要社会有所意识。作为其结果认为是社会和个人的结合。与个人对抗社会这一点上的个人不同,这里的个人是个人和社会相互同化。若如此,罪刑法定主义是犯罪人作为普通人,犯了罪就应该使其受到惩罚。与其相对,新的法定主义是由于犯罪人作为普通人,是犯罪人被普通社会同化。犯罪人和成为犯罪人以前的非犯罪人两者彼此是一样的都是人。但不能不说其的适用从彼到此的跨越有文化性的一个阶段的发展。

有学者认为,刑法的主观主义是与法治国主义背道而驰的。但法治国思想应该抛弃这种思想,我们的先辈为此付出了很大的代价。对我们而言,这样的事实是不能无视的。由于只是坚持传统的罪刑法定主义而与我们苦痛的经验相重合,这里的法治国思想从先辈处继承,让其适合我们所处的时代发展是我们必须承担的使命。因此,我们好好把握关于从警察国到法治国,然后从法治国到文化国的最新变迁的时代精神将其运用到实践中去。

著者

东京帝国大学研究室

1931 年(昭和六年)4 月 20 日

刑法中法治国思想的展开

第一章　刑法思想的发展

一　法治国主义与教育刑主义

刑法是各种法律中最常见的。从杀人乃至盗窃,当然要进行刑罚处罚。任何人对其合理性基础都没有怀疑的余地。然而,刑法被学生认为是法学 1 科目中最难的科目之一。其一,学说区分很复杂,其二,犯罪的法律构成以 2 及犯罪与刑罚的关系也很复杂。对其理解和记忆也如同断骨一般。[①]

为什么刑法中的学说是互相分离的? 这是因为常识之上即使是当然的刑法也必须进行批判。常识本身是不科学,而且,为了使我们的行动合理且妥当就必须使常识科学化。于是,为了其科学化,通常就必须要进行批判。

那么,为什么犯罪和刑罚的关系也如此复杂? 这是因为道德上不正当行为以刑罚科以恶报而且必须使其法律化。现代法律生活是以法治国主义为名而运行。因为我们必须理解,在法治国,甚至刑法范围内,以社会之名行动的国家和反抗社会的犯罪人的关系的一定事实未必只有行为,对其法 3 律效果即刑罚只是其中之一。

在此公开列举出刑法的两个基本原则。其一是教育刑主义,其二是法治国主义。这两个原则的协调且融合可以认为是刑法解释的基准和未来刑法改正的目的。不过对此也有反对论存在。

---

① 兹说明,这一部分是以 1930 年新学年的开讲词为基础而编写的。

二　世界刑法改正的趋势

　　各国均忙于对刑法进行改正。其中最典型的是德国和瑞士以及意大
4　利。瑞士的刑法草案于 19 世纪末期开始起草，德国和意大利的这项工作进
入 20 世纪才开始。特别是后者，大战后才开始起草刑法草案。总之，这是
20 世纪的新现象。[②]

　　日本刑法是各国现行刑法中最新的。[③] 不过，即使如此，也在起草新草
5　案。[④] 关于这一草案内容应该如何设置的《改正纲领》已公布。[⑤]

　　新公布的草案具有的各种特色是被认可的，但其中最显著的是刑罚之
外的保安处分。保安处分分为两类。其一是《改正纲领》第 21 条有"作为保
安处分设置关于劳动嫌忌者、酒精中毒者、精神障碍者等规定"。其二是关
于累犯特别是惯犯的规定，即《改正纲领》第 17 条有"设置关于惯犯应特别
6　加重刑的规定"，第 19 条"设置不定期刑规定"。其他的保安处分的规定不
再列举。各国草案中设置了对累犯执刑后还要对其附加保安处分内容的
规定。

　　另外，各国的草案中还有一个特色得到了认可。其是指明确尽可能对
犯罪人宽大处理的规定。《改正纲领》第 8 条"设置宽大自由刑的执行犹豫
和扩大宣告刑范围的规定"，第 9 条"设置扩大刑的执行犹豫的范围，涉及罚

---

　　② 　《刑法重点的变迁》(1929 年)第 2 页对各国的草案有所记录。意大利最近于 1930 年 10 月
19 日制定了新刑法。战后的新兴诸国还对刑法法典进行编纂。例如，波兰、捷克斯洛伐克、罗马尼
亚等。作为新的刑法，俄罗斯的新《刑法》(1926 年)有特色。还有古巴的《刑法草案》(1926 年)，以
及诸国以前的刑法都面目全新了。

　　③ 　日本刑法制定于 1907 年。除去俄罗斯的新刑法(1926 年)，日本刑法是世界上最新的，其
内容也是最新的。1926 年土耳其的刑法制定完成，但其不过是意大利 1899 年刑法的翻译而已。
1928 年西班牙刑法也暂时除外。

　　④ 　刑法及监狱法改正调查委员会内设于司法省，1927 年以后一直负责这项工作。

　　⑤ 　1926 年 10 月 15 日临时法制审议会通过了"刑法改正纲领的决议"。拙著《刑法重点的变
迁》第 75 页有收录。

金、通信费、公权丧失及停止规定",第 10 条"设置对刑的执行犹豫的效果进行宽大的规定",第 11 条"设置有罪判决的宣告犹豫制度"。这是首先必须要注意的。刑的执行犹豫制度是其沿革的新内容。但目前已经是在常识性的当然的被承认。这种常识性的承认进一步在扩大。各国草案中有认可赦免制度的规定。这样即使行为在形式上构成犯罪,对于其行为没有科以刑 ⁷的必要的情况下,完全不对刑进行宣告,而是认可赦免宣告制度。⑥ 其次还有《改正纲领》对假释制度的规定。《改正纲领》第 20 条"设置宽大假释的要件,保护假释受刑者的规定"。与各国刑法比较而言,关于假释日本刑法的规定已经相当宽大,这也是日本的特色。不过关于日本刑法的改正要更进一步设置"受刑者保护规定"。与此关联的还有《改正纲领》第 12 条应该被注意。《改正纲领》第 12 条规定,"若设置对于免除刑的执行者受到刑的免除或刑的执行完毕,在法律上和裁判上使判决效力归于消灭的规定"。即要认可法律上以及裁判上的复权。在现行法下仅仅认可根据宪法的权利进行的复权。换句话说复权是一种例外制度。不过在法律上和裁判上刑法对其扩大的认可是必要的。

⁸

这样的改革不是根据犯罪事实的轻重裁量刑罚,而是依据犯人人格如何而定。诸国的刑法区分了重罪与轻罪,并对此规定了重罪之刑和轻罪之刑,例如,杀人通常是重罪,应该被科以重罪之刑,盗窃通常是轻罪,应被科以轻刑进行裁量判定。⑦ 但是,日本的刑法却领先各国做出了改革。一方面,对杀人罪的刑的执行可能进行缓期执行,另外对盗窃罪可以达到有期徒刑 20 年。这一点相对于传统的客观主义、事实主义、犯罪主义,又明确了主观主义、人格主义、犯人主义。所以,虽然世界刑法的改正运动程度上各有 ⁹

---

⑥ 另外,应注意《改正纲领》第 18 条设定了酌量减免的规定。现行法律上只有酌量减轻,应将其进一步扩大到酌量减免。不过,更进一步不限于刑的免除,而是因为要建立赦免刑这样的制度。日本《刑事诉讼法》第 279 条规定了公诉的方便主义,又称为起诉犹豫或者犯罪不检举。但事实上是认可检察官赦免处分的规定。若检察官正式起诉了应该赦免的案件,裁判所并不是没有采用刑的免除作出有罪判决而是应该作出赦免判决。

⑦ 日本的旧刑法(1880 年)是以法国刑法为模板,模仿其制定而成的。

不同,但都朝着这个方向前进。日本已经向这个方向迈出步伐,还要更上一个台阶是毋庸置疑的。

　　于是,这样的思想也影响到了犯罪构成和刑罚组织。

　　关于犯罪构成,首先列举两个事项。第一是《改正纲领》的第 25 条,"设置因法律错误应根据行为的情况减免刑的规定"。第二是《改正纲领》第 26条,"设置教唆罪为独立的罪的规定"。

　　未遂处分问题是作为世界立法问题而存在。关于这一点日本刑法已经
10 采用了主观主义。⑧ 那么《改正纲领》自然不对其进行规定。如果问题进一步细化的话,即必须考虑如何处置不能犯。诸国草案关于这一点采用主观主义倾向是很明显的。

　　那么思考一下关于法律错误。由于《改正纲领》规定了关于法律错误的刑的免除,其与现行法⑨相比明显有一个进一步。但是,更进一步进行论理性考量时,应该考虑法律错误至少或者在某种场合下会阻却犯意的成立,这也是最近的学说倾向。那么,若作为事物的理论性归结一定的话,《改正纲领》对其无视主张是不可能的。换言之,理论上,法律的错误至少或者在某
11 种场合是不能阻止某种刑的免除的。关于这一点,诸国的草案进行了慎重考量。⑩ "不知法律者不为罪"这样的说法今天早已不具有权威性。行为人的主观如实地受到法律上的批判,成为刑法上处置的对象。

　　若达到教唆的独立性,主观主义的刑法论已经作为解释论强烈地进行主张。作为事实上的必要性,在各种情况下,教唆行为必须以特别罪加以处罚正是其佐证。⑪ 作为立法论,虽在程度上有所差异,但各国的草案都同样朝着这一方向前进。

　　这里更要注意《改正纲领》第 27 条,"减少死刑无期刑的罪"。日本《刑

---

　　⑧　《日本刑法》第 43 条。法国刑法更进一步处罚上没有区别未遂和既遂。

　　⑨　《日本刑法》第 38 条第 3 项。

　　⑩　但是,必须注意关于法律的错误这样的争鸣,从主张传统的道德责任论到主张为社会责任论。

　　⑪　《暴力行为取缔法》(1926 年法律第 60 号)第 3 条是其显著的内容。

法》要彻底废除死刑还需要时日。不仅仅是时间问题，一般情况下法律制度 12
也要为其有各方面的准备。⑫ 但是，刑法的改正应该尽可能的减少死刑，不
能只是死刑，无期刑也应该得到减少。

为什么必须要减少死刑和无期刑呢？不言而喻，是因为应该让受刑者
回归社会。但是，受刑者具有社会危险性而使其回归社会，对其的回归能够
安心吗？一方面，日本设置了保安处分制度维护社会的安全。这样一来，减 13
少死刑、无期刑事犯罪人从刑罚执行中释放影响社会的安全，换言之，营造
一种对受刑者进行教育的效果，这种观点就是教育刑主义。

关于起诉的方便主义和缓期执行制度是因为科处以刑而引起一定不利
结果。所以，反过来，加上这样的不起诉处分，宣布缓期执行是因为重视营
造一种教育效果。⑬ 假释是刑的教育效果被保全的基础上已经没有必要继
续对刑进行执行。⑭

14

这样的精神最终会对行刑制度给予影响。比如，不定期刑和累进制。
若应该设置关于刑的等待首要理由是教育的效果的话，事先确定刑期是没
有意义的。假释明显是对刑期确定主义的突破，这也是一种不定期刑的设
定。不定期刑主义把这样的精神以刑的制度的名义进行了明确化。日本少
年法是针对日本少年规定了这样的制度。⑮ 还有对于累犯刑的加重处分与
假释制度具有浓厚的不定期色彩。那么，作为推定累进制会被考虑。对于
监狱受刑者的待遇根据其现实效果而变化，简言之，从严重到逐渐缓和。日

⑫　对于特殊的犯罪人，从世间的报应思想的角度执行死刑是理所当然的这种主张是很有市
场的。根据这种衡平的要求在其他法律没有做好准备期间也许是无可奈何的事情。例如，对于被
害人的赔偿方法在现实中还没有发达到一定程度的情况下，死刑对于特殊的犯罪就是报应所得。
但是，刑法发展到一定程度应该持有一种尽可能减少像这样报应性作用的观点。

⑬　我认为使用威慑也是一种教育。威慑是教育的一种具有其合理性，因此，超越教育效果的
威慑是不应该被考虑的。应该尊重避免免刑不起诉和缓期执行以及其的威慑性。

⑭　《日本刑法》第28条中明确对于"有悔改状者"应该允许假释。重犯罪事实，怀有报应之心
而对假释而不甘心不是刑法的精神之所在。

⑮　少年裁判所运动是20世纪的世界大事。假释和刑的缓期执行是19世纪末期已经被完
成。只是日本在20世纪初采用了缓期执行制度（假释制度已经在1880年的旧刑法中规定了）。20
世纪开始诸国至少意识到对少年首先采用教育刑主义。对于少年即使其所谓依据责任能力应该宣
告刑的情况下，其刑的性质及执行与传统的一般的主旨是有区别的。

15 本的行刑实际上已经基本上是采用这样的制度。这样一来,其效果也是相当显著的。关于监狱法的改正应该在法律上明确规定这个制度是没有问题的。

　　从假释开始制度乃至思想的变革是被扩大至缓期执行,其更进一步发展到少年法是刑法最近的趋势。即使现在,有的学者认为这样的制度是刑16 法的例外。但是,我认为规定一定的制度或者例外是回应制度的精神的契机。这样一来,例外现象发展的同时制度得到发展和进步。若这个在法律范围内说明的话,法律是以例外法为基础发展的。我是长年这样主张这个观点的。大致而言,进化不是形式逻辑性的发展,其所谓只是辩证法性的。17 这样,刑法也是作为法律的一方面确实把这样的发展呈现在我们的面前。⑯

三　罪刑法定主义的意义

　　不过,对于我们事业的将来。我先暂时回顾一下 19 世纪刑法思想的发展。⑰

　　关于刑法作为法律的刑法,作为我们的思维基点考虑的罪刑法定主义被明确化是在 19 世纪初期。1789 年的《人权宣言》第 8 条首先提出,181018 年《法国刑法典》第 4 条对其进行了规定。⑱

---

　　⑯　作为法律发展现象的辩证法性质,我特别举耶林的例子。耶林未必使用过辩证法这样的用语。但是,进化论适用于法律现象保全实证的态度的同时给予逻辑性构成体现了辩证法的意义。耶林对罗马法的论述,在当时是比较少见的,称为《进化史》在此特别说明。我们对耶林的所说进行了许多尝试性的修正。但是在方法上从耶林那里得到了很多启示。作为对于这个方法上的论述,拙稿《意识性法律和无意识性法律》(拙著《法律意识性与无意识性》第 1 页以下)。我并非意图特别抬高辩证法这样的用语。只是,想强调辩证法的观点并不是部分论者的特权。

　　⑰　参照拙著《刑事学的新思潮与新刑法》第一章和第二章。

　　⑱　关于罪刑法定主义拙著《罪刑法定主义与犯罪表征说》有记述。《日本旧刑法》第 2 条对其有提及,但现行刑法对其没进行特别规定。《日本宪法》第 23 条,刑罚规定作为立法事项事实上保全了罪刑法定主义,另一方面,《日本刑事诉讼法》第 36 条,有罪判决必须明示法令的适用。关于罪刑法定主义的树立,必须特别提到贝卡利亚的名字。

　　针对中世时发展的警察国制度,罪刑法定主义明确了近世的法治国主义。警察国制度作为警察国制度在加强社会纽带的意义上一定具有促进社会进化的职能。[19] 但是,近代以后所谓个人觉醒注重个人才能。这里作为思想有自然法论的勃兴,刑法树立了罪刑法定主义和客观主义。[20]

　　大概是作为对警察国制度的反抗,宣扬道德和法律的区别,政府按照想要的样子想到了不干涉人的内部心意。于是,其作为罗马发达的私法研究,适用一定的法律效果和关于一定行为或者事实而发生的事情以表里的关系发展。罗马法中,法律特别发达是因为罗马人将法律效果发生的原因归结于行为乃至事实的区别,以及定义都展开了反复的、细致的研究。带着罗马法这种分析态度,19世纪当初的法治国制度才能对警察国制度中针对高压行为统治国家乃至政府。[21]

　　近世纪发展起来的法治国主义是很重要的。法治国主义主张不仅仅是个人相互之间实际上还有国家和个人之间通过法律秩序来支配。法律秩序的概念主张社会生活秩序必须是通过法律进行运转。法律性的观点排斥暴力,因此与政治性革命也不相容。原本进化以及变迁逃避社会的命运,这样一来,实际上我们认可其进化乃至变迁中人类文化的进步。[22] 那么,秩序这一想法并不主张肆意维持现状。[23] 但是,进化乃至变迁通常必须不断营造保全秩序,这样一来,相信其正是这样的法律秩序观点的要点所在。因为进

19

20

---

　　[19]　首先必须要明确作为辩证法考虑事物进化的适用对于法律进化的各阶段,从营造社会职能的评价开始着手。我们强烈主张其作为实证性方法的要点。

　　[20]　关于这一点我的论著已有不少。如《格劳秀斯之基点》《法律具体的妥当性》第422页以下)、《淳风美俗与美风良习》《法律意识性与无意识性》第39页以下)、《法律的种种相》《生的法律与理的法律》第1页以下)。这些论述是关于19世纪初开始的思想变迁如何逐渐波及现代又如何逐步发展。

　　[21]　拙著《罪刑法定主义与犯罪表征说》第153页以下,论述了中世纪意大利学派用罗马法的不法行为论讨论刑法开始发展刑法客观主义,以及进一步从政策性意见发展而来。

　　[22]　探寻人类进化,进行文化性批判,认可人类的文化进步,是我们的立场。我们将此作为信仰而非主张。从探寻进化这一实证态度中我们得到了学理性结论,根据这一结论,认识了我们研究的学理价值。以刑法为资料,在刑法的范围中进行论证,是我们今后的工作。

　　[23]　我常常想对现状尝试辩证式的转变。我又模仿康德将此进行了哥白尼式的转变。只有在想认可事物的新发展时,在需要这样的转变的意义上,我必须坚决反对反动思想。

化打破现状,也可以理解通常有战争。但是,那样的战争通常必须是法律性
21 的。这就是说,法律性的观点是不能认为暴力乃至政治性革命是战争的必
然要素,同时必须排斥暴力乃至政治性革命时,"法律的"这一思维方式的必
22 然要素就成立了。㉔

构成法治国思想要点的这种法律秩序观念讽刺地带着暴力被实现了。
要说原因,是因为关于旧体制的文化进化到 19 世纪法国革命成为必需。但
是,法国革命并不是把革命接着革命当成其理想。而是为了通过革命终结
社会各势力的平衡而令法律秩序普遍于世。换言之,希望并预想这次革命
成为人类历史中最后的存在。我们必须考虑到法律秩序这样的思想会随着
文化今后的发展而为更高的存在。然而,在我们今日的文化中,这难道不是
我们应该思考的指导性的内容吗?

但是,对于罪刑法定主义的原则,我们却主张反对。㉕ 我们只将罪刑法
23 定主义和客观主义不可分离地结合在一起而形成现代学说,并止步于此。
说到罪刑法定主义,其是一定的事实的犯罪与对于其刑罚的法律关系。不
过,以罪刑法定主义来说刑法的法律秩序这一点上,其论理上自然应该是客
观主义。然而,以罪刑法定主义构成刑法中法律的秩序的意义时,这并不是
必须意味着逻辑上当然是客观主义。换言之,罪刑法定主义只不过是用 19
世纪初期的思想和用语不可避免地是现在看来很朴素地将"法律秩序"这一
观念说出来而已,所以作为我们,对这一思想乃至用语加以批判、加以淳化,
必须提高为现在必须掌握的思想乃至用语这将最终成为"法律秩序"。

像这样的发展是在 19 世纪大约有三种事由合流的原因。其一是人道
24 性的事由,其二是实证性的事由,其三是论理性的事由。

㉔ 在"马克思主义的"这样的表述下,我必须强烈反对重新被世人主张的否定主义。现在,必
须努力增强这一点,单纯地否定这一点,特别是对这一否定使用暴力,与我们"法律的"这一思考方
式互不相容。

㉕ 参照拙著《罪刑法定主义与犯罪表征说》序言。

四　刑法思想的人道性、实证性，
以及论理性事由

作为人道的事由，我们必须注意的是监狱改良运动。[25] 监狱改良运动在 18 世纪就已经被提倡。[27] 但是，鉴于改良运动是 19 世纪的著名事件，而且是始于美国。

警察国制度下的行刑，实际的残酷是无法想象的。19 世纪人权思想的勃兴对监狱的影响的第一个表现就是独房制。独房制是使犯罪人在监狱内独居，企图进行改善。今天，像这样的方法基本上是一种空想。当时是改善刑，威慑主义的一种显著进步。确实，罪刑法定主义限制国家乃至政府，保护犯罪人的地位。刑罚不仅仅是作为威慑，还有作为改善的目的话，罪刑法定主义这样的保护使命必须进一步发展。尽可能限制作为刑的威慑方面的国家刑罚权，这是罪刑法定主义消极的一面，而其积极的一面是从营造刑的改善的作用角度而言，国家的行动是保护个人的地位。

行刑之后的实际从独房制发展为沉默制。这是白天杂居夜间独房的制度。这个制度是对独房制的改善主义，其中有一定的人情味。更进一步累进制，还有自治制。[28] 行刑加入人情味，行刑一方面其的伦理社会这个意思上得以发展，同时也有其的科学化与合理化。为什么其是伦理性的？因为对于犯罪人的改善与仅仅是可以恶报相比应该是向善的理想进步，对于社会的侵害者作为社会的成员社会生活更加圆满。这样，为什么其具有科学化和合理化呢？因为累进制、自治制对受刑者不仅仅是朴素的人道保护，其中心理学、社会学、教育学等的科学研究必须充分利用。这样一来，结果避

㉖　拙著《刑事学的新思潮与新刑法》第 60 页以下。

㉗　这里必须想到霍华德的名字。

㉘　行刑制度的发展有正木学士的《行刑上的诸问题》。还有，参照正木学士《美国行刑的重点》（志林第 31 卷第 8 号至第 12 号）。

开行刑上的负作用,对于犯罪人营造国家的行动,其目的具有妥当性和合
27 理化。㉙

更进一步,对刑法思想的发展有促进作用的第二个事由是实证性事由,
其是关于犯罪与刑罚的人类学以及社会学的研究。㉚

实证性研究方面学者首先纯正客观性观察了犯罪与刑罚。不要看这两
者均是自由意思的产物,犯罪是犯罪人的自由意思所致,刑罚是国家基于犯
28 罪人自由的判断而科处的。将其作为自然现象之一客观地看,其中自然法
则的成立是很明显的。这是 19 世纪初期学者完全没有注意到的地方。这
个研究首先需要确认两个事项。第一,犯罪是一定原因必然的结果。这大
致能分为社会的原因和个人的原因来理解。第二,传统意义上的刑罚绝不
是充分减少犯罪。刑罚在传统意义上据统计是增加犯罪,特别是累犯方面
的增加是正常的。

如果像以往想的那样对犯罪单单判以作为报应的刑罚是纯理论上的要
求,犯罪的增加特别是累犯的增加就是当然的事情,所以对比不必吃惊也不
29 必懊恼。然而,事实上,我们在这样的不该发生的事实面前不得不既吃惊又
懊恼。就这样,对于犯罪为什么要科处以刑罚的问题,从应该单纯地对犯罪
处以刑罚这样朴素的事实开始发展到必须有目的性地加以考虑。

像这样通过树立目的观念,就不得不变成处理实证研究。实证研究停
留在实证研究的范围内,不会引发事物价值判断的问题。但是,这样的实证
研究自然而然地会脱离实证的界限,所以必须再次树立目的观念。换言之,
目的观念是以实证研究为基础开始的,自然而然地形成,另外,同时通过利
用实证研究而看到其发展。㉛

㉙   我在此提倡社会现象的能量论意义的文化价值。关于这一点,拙稿《法律能量论的观察》
(拙著《现代文化与法律》第 456 页以下,特别是第 488 页以下,第 516 页以下)。

㉚   龙勃罗梭和凯特勒,前者是对犯罪人进行人类学的研究,后者是统计性研究。两者实证的
态度如出一辙。前者的学说引起了特别关注。

㉛   特别明确法律中目的观念的是耶林。耶林通过论述罗马法的历史,批判其进化轨迹,意识
到了目的观念,并加以构成和发展。

也就是说，19 世纪末期新学者㉜首先注意到了减少犯罪的可能和方法。刑罚不是减少犯罪的唯一方法，并且也不是最有效的方法。所以，开始 30 广泛地思考刑罚以外的刑事政策。就这样，因为刑事政策上的要求，刑罚本身也必须接受统制。假释和刑的暂缓执行制度更进一步地促使这项工作的开展。㉝

31

更进一步刑罚应进行根本性改造。传统的刑罚只是一种对于犯罪的报应，在此之外，首先要考虑实证性效果即减少犯罪的效果等，其次是进行改造。

为什么希望减少犯罪？不用说这是为了维护社会生活平安与秩序。即首先与社会防卫联系起来。处刑应是根据其针对犯罪进行社会防卫。这样一来，一方面，一般形势政策是必须针对犯罪的社会原因而言，另一方面，刑罚是被科以犯罪人自身。因此，必须考虑犯罪个人原因的作用。刑法的主 32 观主义就这样被树立。一派学者从单纯到纯粹评判犯罪与刑罚的相互关系中构成了报应刑论。由于刑罚仅仅是以其作为刑的目的，这是适用目的观念的不当。这样一来，对于犯罪科处以刑罚是先决性，是不言自明的原则。因此，刑罚使犯罪减少是不充分的，在刑的性质上是不知道的。刑罚在政策性改造不仅是不必要的而且理论上是不合理的。㉞ 对这样的报应刑论，强调目的观念的新的学者的立场被称之为目的刑论。

在此必须考虑刑法思想发展的第三个事由即论理上的事由。也就是说，在刑法发展中批判性态度如何发挥作用的问题。㉟

33

㉜　这里必须提到李斯特和菲利的名字。李斯特接受了耶林的目的论。是德国社会学派的代表人物。菲利以社会学发展了龙勃罗梭的学说，在法律范围内是意大利学派的代表人物。《刑事学的新思潮与新刑法》第二章对此有说明。还有本书所收《刑法改正基本问题》是纪念菲利在职 50 年与李斯特永逝的 10 年而写。

㉝　假释和刑的暂缓执行诸国在实施上多少积攒了一些问题。不过，其实施效果今天已没有了疑问。尽管如此，也有学者怀疑其理论根据。但是，有实证性立场的学者看制度效果的妥当性，不因其对理论的违反而非难，相反，考虑的是对理论必须进行改造。

㉞　这样的论者反对假释和刑的缓期执行，也反对起诉便利主义。其对刑法改正的趋势通常也持有相反的态度。至少关于刑法改正案不是出自这样的学者之手。

㉟　应该如营造批判在法律学者中的作用，特别是刑法有关这方面的论述有：拙稿《法律学的哲学精神》《法律意识性与无意识性》第 196 页以下）。但是我在这里并不是提倡哲学家的"批判"用语，仅仅是辩证法性质地看待批判的方法，其并不是某一派学者的特权。

罪刑法定主义是犯罪人的大宪章。㊱这是近代人权思想的勃兴,个人对于国家其地位抗争的结果之一的适用。但是个人对于国家其地位的抗争事由是预定条件的。若个人只是单纯为了与国家斗争,那么我们的团体生活和社会生活当然地会被解体。因此,个人与国家之间的斗争,即人权思想即使由于有这样的斗争我们的团体生活和社会生活不被解体作为前提进行考虑。㊲那么,中世纪的警察国制度充分强化我们的社会生活的纽带,直到仅仅因为人权思想对这个纽带的影响树立了近世的法律组织。

34

理论上而言的话,应该被保护的首先是社会而不是犯罪人。如果主张对于国家言应该保护犯罪人的话,刑法就应该被废弃。一方面肯定刑法的成立,而另一方面根据刑法保护犯罪人这样的思维在用语上多少存在矛盾。

这样的话,我们应该批判刑法是犯罪人的大宪章这样的思想。也就是说,必须反复推敲根据理论进行建议的妥当性。然后,辩证性的理解从警察国向法治国的转变。

35

从我的角度来看,随着警察国制度的成熟,其制度营造社会职能仅仅是被当做理所当然在不知不觉中被忘记。作为结果,对于国家仅仅注重犯罪人的地位也就有了论者的论调。但是,警察国制度营造的社会职能即社会生活的纽带作为矛盾命题是不能被排斥的。仅仅是作为反对命题处理,新的思想要克服旧的而且对其进行包容。所以,作为犯罪人的大宪章的刑法思想是社会生活纽带是不能进行弱化的。我看待这一用语,其实是面向社会和个人之间调和的终极理想,是 19 世纪初期的一种进步。仅仅根据各种观点,这种思想的妥当性被得到理解。

36

不过,随着其思想与客观主义的结合,超过其限度,法律的制定乃至适用方面变成了现实。其结果是增加了犯罪,特别是累犯的增减。这样为了除去事实上的弊害有了种种的改正方策。但是,只是罗列具体的改正方策

㊱ 李斯特的名句。

㊲ 学者注意到这一点,是某些东西不能被遗忘。这样,像亚当·斯密的《看不见的手》的理论,由于斗争使社会的纽带被强化。但是,关于这一点警察国制度过去营造的职能当时未必被合理的认识。

是不能有效果的。那么,理论上刑法的基础成为了新的观点。这就是所谓的社会防卫论。

社会防卫论其形式上可以说是功利性的。但是,对于罪刑法定主义明确其忽视的部分这一点上,不能否定其思想上有进步。无论如何,社会防卫论也在最初的质朴形式中,把犯罪分子与社会对立起来,只是为了强调两者之间的斗争,所以要注意的是,即使是思想也会在警察国以前发生逆转。㊳ 37

从罪刑法定主义克服警察国思想并对其包容扬弃的角度来看,今天我们克服罪刑法定主义而且包容更要扬弃形成新的思想。这种新的思想认为罪刑法定主义是以个人和国家的和谐为目标,在此基础上应更进一步发展。在此,社会防卫论被纯粹化,有了教育刑主义成立的契机。对于罪刑法定主义国家的传统立场的消极性,教育刑主义的新刑法是国家积极地同化犯罪人自己。 38

国家的观念是近代发展起来的,国家一方面被认为是无限权力的主体,而且另一方面也必须服从法律上的一些限制。19世纪的公法论的争论的目标是主权观念存在的矛盾如何处置争论。这样,其争论的难点首先是国家的法人观念是分离了国家和个人而存在。但是,实证性的见解我们不应该考虑国家和个人这样的分离。应该是认可的国家的独立个性,离开个人其也是不能成立的,认可个人的地位其离开国家也不能取得生存。国家的法人观念是国家意识的第一步。但是应该考虑现在克服其法人观而且对其进行扬弃。刑法上其是教育刑论。这个新的构成国家事实上已经不是无限权 39 力的主体。我们必须首先从实证的角度对其进行确认。但是规范性国家承担最高的责任和义务。由于国家有保全最高的责任和义务,价值上是无限

㊳　对于刑法的罪刑法定主义,其是国家乃至社会不当无视个人地位的而被责难。不定期刑过去不能被理解就基于此。在社会防卫论的初期,社会防卫论的立场强烈主张死刑。例如龙勃罗梭,主张死刑。但是龙勃罗梭学说整体理论发展应该归属于人道性的东西,没有维持死刑的主张。对其的批判,拙稿《法学家眼中的龙勃罗梭》(《刑事学的新思潮与新刑法》第384页以下,特别是第414页以下,第416页)。龙勃罗梭的学说在社会学的发展,就是菲利排斥死刑。

的权威即主权的主体。㊴

考虑刑法范围上国家观念的最近发展时,首先,必须从社会隔离犯罪人,使其对一般社会不发生侵害。其次,国家应该对犯罪人进行教育使其与社会同化。以此达到国家和社会的和谐。这样一来,国家的各种行动在事实上拥有强大的力量,在道德上占有无限的价值。也就是说,我们必须无限
40 服从国家的各种行动。

这样的结论,我的批判性考察,结果达到了一定的论理性。这样的话,其实违反常识的。但是,我认可在某种程度上其的反常识性。不过,批判性考察与常识相互之间的距离是很理所当然的事。而且其必须通常让常识站在自己一边。我对刑法改正运动最近的趋势是这么评价的。㊵那么,不得不考虑这样的考察像是与常识分离,又逐渐成为常识,与常识相比,更有社
41 会性、道德性、理想性和合理性。这也是法治国思想最近的要点所在。

㊴   这个新思想是个人相对于国家权利主体被认可之前,对于国家的责任和义务的主体考虑。这个思想已经在拙稿《宪法三十年》(拙著《法律的正义与公平》第 203 页以下,特别是第 209 页以下)有说明。

㊵   1900 年布鲁塞尔会议(国际刑务会议),道理上应被允许禁止的不定期刑,在 1925 年的伦敦会议上,在道理上理所当然地认可的事实正好说明了这一点。最近 25 年间思想上的发展,是对刑法性质给予了哥白尼式的改变。

第二章　刑法的"相反状态"

五　日本学界与多数相对的诸观点

对于我的这些观点,用传统用语即目的刑主义和主观主义难以理解的批判,时有听到。

对我的观点最近反对的意见归纳起来有三家。首先不可思议的是这三家都通过我的观点在我国被广泛承认。

首先,看看泷川教授①的观点。"今日的日本刑法学界社会防卫论、犯罪表征主义、主观主义拥有压倒性的势力。正确而言的话,多少存在差异主张的基本要素是三者的共同之处。犯罪是认识犯罪人的性格。通过犯罪看到的犯人的性格给予处罚的标准。刑法的目的是从犯人的危险性格的威胁进行社会防卫。这样的逻辑,社会防卫论、犯罪表征主义、主观主义是在自由法论的相同的基础上的"。② 据此,认为我的观点"今日的日俄本刑法学界……有压倒性势力"。

42

---

① 泷川幸辰(1891—1962年),法学博士,专攻刑法。毕业于京都帝国大学法科大学德国法科。任同大学助手,并任职于京都地方法院的同区法院,后任京都帝国大学法科大学助教,后任京都帝国大学法科大学教授。日本刑法学会首任理事长,日本学士院会员,获得正三位勋一等瑞宝章。率先在日本介绍了德国刑法学的构成要件理论,构成了日本刑法学的基础。主要著作有:《刑法讲义》(弘文堂书房出版,1926年);《刑法中构成要件的机能》(刑法杂志1卷2号,1950年);《犯罪论序说》(有斐阁,1938年);《泷川幸辰刑法著作集·全5卷》(世界思想社,1981年);《新版刑法讲话》(日本评论社,1987年);《刑法分论》(弘文堂书房,1938年)等。——译者注

② 泷川教授《风早八十二译贝卡利亚的〈犯罪与刑法〉》,载《法学论丛》第23卷第2号第293页。

其次是久礼田教授③的见解。"刑法古典派和近代派的论争在日本学界特别是作为客观主义和主观主义的尖锐对抗发展而来。表面上看,虽然主观主义阵营的猛烈攻击一时突破了客观主义的城池。但是古典精神特有的传统坚实就连'近代的喧嚣'和'功利性猛击'也能承受,今日两者阵营进入了相互对峙的持久状态"。④据此,主观主义的主张好像在某个时期有过以"阵营攻击"获得"突破"之势。提及"近代的喧嚣",企图进行"功利性猛击"。但是,今天比想象的要衰落。

最后我试着考虑一下安平教授⑤的观点。"关于日本,李斯特一派的见解是完全幸运的。学界从一开始对其观点绝对服从,未曾有认真的攻击。我认为李斯特的学说原本是德国的却相反地在日本开花结果了。那么,与此同时日本的刑法学被认为几乎不出李斯特主张的范围"。⑥由此可见,好像"日本学界从一开始"所有的学者对李斯特的见解"绝对服从"。于是,与李斯特的本国相比却在日本"开花结果了"。

遗憾的是,关于日本学界的现状,我与三位大家的观点是不一样的。在某种程度上而言,我最明白、最直接的根据是李斯特的观点,主张了目的刑

---

③　久礼田益喜(1893—1975年),毕业于京都帝国大学法学部。曾任东京地方法院、东京上诉院、大审院法官,东北帝大教授等。构建被称为"综合主义"的独自的理论体系。主要著作有:《日本刑法总论》(严松堂,1926年);《刑法学概说》(严松堂,1930年);《进客观主义的刑法理论》(严松堂,1934年);《罪刑法定主义的日本法理论的展开》(严松堂,1941年);《日本犯罪论》(严松堂,1943年)。——译者注

④　久礼田教授《刑法学概说》序言,第1页。

⑤　安平政吉(1895—1976年),法学博士,律师,东京地方法院法官,毕业于东京大学法学部。留学于德国、英国、美国和法国。后任东京上诉院法官、大审院检事、最高检察厅检事公判部长、青山学院大学教授。主要著作有:《团体主义的刑法理论》(严松堂,1935年);《刑法修正的基本理论》(南郊社,1936年);《人格主义的刑法理论》(严松堂,1938年);《刑法》(钻石社,1942年);《日本刑法总论》(严松堂,1944年);《新刑法概论》(法文社,1948年);《刑法理论的新发展》(弘文堂,1967年)。——译者注

⑥　安平教授《最近的刑法理论与日本刑法改正预备草案》,载《台法月报》第24卷第3号第20页。

主义和主观主义。我作为目的刑主义、主观主义的主张者,必须对前辈胜本[⑦]小河两位博士的所持观点进行说明。[⑧] 还有,不能忘记作为李斯特的门下的前辈冈松博士、恩师冈田博士[⑨]。但是,胜本小河两家的观点未必引起了学界的注意。那么,冈松、冈田两博士也未必主张的是目的刑主义和主观主义。[⑩]

45

我在现行刑法施行之际大量论述了目的刑论与主观主义。由此至今,事实上我还记着与一个论敌的交锋。[⑪] 但遗憾的是,能够确切理解我的观点并支持我的主张的人几乎没有。最近数年,虽然没有像安平教授所说的没有人从正面攻击李斯特学说,但对我为数不少的论著进行的充分评论的学者也没有。只是看到泷川教授主张报应刑论,我仅从我自己的立场对其进行若干的批评。若司法部的实务家门除了一些同情者之外,大多对目的刑论和主观主义是不能充分理解的。我在日本刑法下为了实现刑的不定期

---

⑦　胜本勘三郎(1867—1923 年),日本刑法学者,检察官、律师,财团法人立命馆首任协议员。毕业于东京帝国大学,任检察官,后任东京帝国大学法科大学讲师,京都帝国大学法科大学助教,京都帝国大学法科大学教授。留学于德国、意大利和法国。获得正五位、勋四等瑞宝章。向日本介绍了德国旧派与新派的学派之争,同冈田朝太郎一起构成了近代刑法学的基础。主要著作有:《刑法析义分论之部上卷》(有斐阁明治法律学校出版部讲法会,1899 年);《刑法析义分论之部下卷》(有斐阁明治法律学校出版部讲法会,1900 年);《刑法要论总则》(有斐阁明治大学,1913 年);《刑法及政策》(有斐阁,1925 年)等。——译者注

⑧　胜本博士的立场是在其去世后由其子根据其论文集编纂的《刑法理论及政策》中所见。还有拙著《刑事学的新思潮与新刑法》增订版第 81 页有关胜本博士关于这一点工作的记述。此外,还有博士去世后我为其写的讣告《吊唁胜本博士的永逝》(志林第 26 卷第 2 号第 201 页以下)。关于小河博士也写过《哀悼小河滋次郎博士》(志林第 27 卷第 5 号第 590 页以下)。

⑨　冈田朝太郎(1868—1936 年),法学博士。专攻刑法。毕业于东京帝国大学法科大学法国法科。东京帝国大学法科大学讲师,东京帝国大学助教,曾留学德国、法国,后任东京帝国大学教授。在日俄战争时期因主张对外强硬政策而被罢免东大教授。1906 年受到大清政府聘请赴北京,一边协助修订法律大臣沈家本编纂中国近代刑法,一边在京师法律学堂任教。获得勋三等瑞宝章,正四位受勋。主要著作有:《日本刑法论》(信山社,1894 年);《刑法讲义》(明知法律学校出版部讲法会,1903 年)等。——译者注

⑩　尽管冈松博士在李斯特的研究室学习过,但我称其是报应刑论者,这一点也在我为博士写的讣告里明确指出(拙稿《故冈松博士的记忆》志林第 24 卷第 2 号第 280 页)。

⑪　其是已故的大场博士。参见拙著《刑事学的新思潮与新刑法》增订版,第 82 页。

刑主义,"有关量刑从重,利用假释的规定对其进行调节"。[12] 然而并没有对
其充分理解。我对杀人罪的刑罚进行暂缓执行判决的事例是知道的,对于
惯犯的盗窃判决接近 20 年的事例也有耳闻。但是,整体上对于刑事判决法
庭无疑是根据我们的主张并考虑对犯人施行效果。[13] 其间,只是耳闻最近
数年来的行刑的当局考虑累进制甚至自治制的实施。[14]

　　只是,必须深入考虑关于刑法改正的临时法制审议会的决议。[15] 这个
决议尽管一方面其保守的立场显著,[16]但也有很进步的一面。[17] 若关于刑法
的改正这个决议被实现的话,这应该是最近我们的主张逐渐有力量的一种
体现。

　　概观日本学界,我对我尊敬的三家所见完全不同。我这些年的主张,今
天为止绝对没有获得"压倒性的优势"。只是幸运的是最近临时法制审议会
逐渐地在一定程度上认可了我这些年的主张而已。

---

　　[12]　拙著《刑事学的新思潮与新刑法》,第 166 页。遗憾的是,现在看来,关于假释,尤其是必须
利用假释的主旨言过其实。

　　[13]　如今,法庭依然在判决短期自由刑。对于新的受刑者的刑期状况,千余人中被判处 3 个月
以下的 1916 年为男性 152 人、女性 235 人,1925 年为男性 93 人、女性 141 人,被判处 6 个月以下的
为 1916 年男性 250 人、女性 306 人,1925 年为男性 182 人、女性 187 人,以上两者都存下降趋势。
被判处 1 年以下的 1916 年男性 215 人、女性 193 人,1925 年为男性 313 人、女性 262 人,被判处
3 年以下的 1916 年为男性 211 人、女性 180 人,1925 年为男性 281 人、女性 263 人,此二者存在上升
趋势。过去,多数为 6 个月以下,但近来三年以下占最多数(《第 46 次日本帝国统计年鉴》,1927 年,
第 466 页)。关于假释这一点该如何考虑尚不能根据统计结果深入理解。于 1925 年平均每天 100
个受刑人里有 3.6 个人,1926 年则为 4.1 人被予以假释,接着,部分取消假释后平均每天 100 人受
刑人里 1925 年有 1.6 人、1926 年也有 1.6 人被予以假释(《行刑统计年报》1925 年部分,1927 年发
行,第 428 页;1926 年部分,1928 年发行,第 426 页)。从数据来看,可以说假释制度也没有被充分
利用。对于新受刑者的情况的数据,参照拙著《刑法重点的变迁》,第 240 页注 3。

　　[14]　关于累进制、自治制,日本还没有法规。但是,作为事实已经对其试着实施了。参照正木
学士《美国行刑的重点》(志林第 31 卷第 12 号至第 1479 页注 2)、住江氏《关于日本的累进制》(《刑
政》五百号纪念行刑论集所收)第 438 页以下。

　　[15]　决议的正文见拙著《刑法重点的变迁》,第 75 页。

　　[16]　内阁总理大臣对于临时法制审议会的询问,"现行刑法规定,是认可其有必要考虑从日本
固有的道德及美风良习改正",对此,有审议会的决议第一项"对于各罪的轻重,以维护本邦的淳风
美俗为目的,特别注意关于忠孝以及其他的道义的犯罪"这样的规定。

　　[17]　一方面认可不定期刑且认可对惯犯的特别加重的同时,另一方面,暂缓执行和假释更进一
步宽大处理。还有认可刑的交互代替。作为决议的特色,应该考虑的是几乎我这些年的主张都有
所采纳。

但是,三家任一家都很高调地反对我这些年的主张。我好久没有遇到这么认真的攻击了。在此品味了"古典精神特有的传统坚实味"。

六　刑法改正的现代趋势

让我们先来思考一下安平教授所阐述的观点。[18] 安平教授在其观点中对我的立场和观点进行了最认真地评论。

安平教授在关于刑法的问题上认为,"过去被认为只是国家与犯人间的问题,目前已逐渐作为社会一般对犯罪人间的一个社会问题来考察"。[19] 50 而且,刑法在以往一直仅仅被认为是犯人的大宪章。面向国家对犯罪人权利自由的主张是刑法的使命。这样,上升到人格层面的国家变得非常个人化,国家与犯罪人是相对对立、相互竞争、相互斗争的双重人格。然而,刑法中的新派会在阐述关于国家的理论之前首先会致力于研究社会这一层面的问题。社会必须要防卫犯罪人带来的危害,而与此同时也必须将犯罪人也视为构成社会的一部分。即,刑法上的问题是"社会问题"。所谓社会问题是社会关于社会弱者、酗酒者、被虐待者等自己同化的问题。我用"最后的人的生存权"这样的用语来解释。[20]《五条誓约》中的第 3 条所提到的"领导阶层要全心全意,争取让每一个人民都能实现自己的志向,不能让人心倦怠。"这一点,被视为解决社会问题的目标。依我之见,自始至终都对犯罪者也保持前文提到的这种看法,正是在完全实现社会防卫论的过程中国家应 51 该负有的使命。

安平教授认为,大战后由于时势变迁除了刑法的改正是别无他法,新时

---

⑱　安平教授的观点见《最近的刑法理论和日本刑法改正预备草案》(台法月报第 24 卷第 3 号及第 4 号所收)。

⑲　安平教授前揭第 3 号,第 11 页。

⑳　拙稿《最后的人的生存权》(拙著《法律与生存权》第 1 页以下)。本篇论文受到了新派成员的强烈误解和抨击。然而,我只是想如文中一样将《五条誓约》中的第 3 条誓约的主旨进行阐释而已。

代的特色是,"从传统的纯然的法治国替代为学者的所谓的文化国家的出现",也就是说,"传统的仅仅是国家主权保护问题根据法规首先被解决,国家主权绝对不动地被确立,国家从这里开始产生考虑其他问题,转换视角,以一般人民的幸福、一般文化的向上为标准考虑一切法律制度的时期到来了。这样的结果是以主权保护为目标的刑法,以威慑一般人为目标的刑法,改变成了以维护社会一般安宁的刑法,保护犯罪人为目标的刑法"。㉑ 我也在有关法治国家的问题上对自己始终保持的观点进行的扬弃,认为应当将以文化理想为中心的国家理念树立到刑法当中。但是,就自始至终法治国家思想里的刑法都是"以主权保护为目标的刑法,以威慑一般人为目标的刑法"这一点上,笔者还是不得不提出一些异议。想来,和中世纪的刑法作对比的话,法治主义都会有不正当的宽大以及不正当的自由主义,这也是法治主义的一个特点。但是这个自由主义在防卫社会这一层面上是十分不充分的。而且,犯罪者也没有因为这不正当的自由主义而获救。这样,利用社会防卫论,为了将社会防卫进行到底,必须对犯罪者进行保护,也就是在此对罪刑法定主义的精神进行扬弃。依据笔者的理解,对社会和个人同犯罪者进行调和,文化国家主义的特征也因此显现出来。㉒

　　以我之见,前文提到的内容正是世界刑法改正运动的要点所在。注重淳风美俗的日本刑法改正运动也必须服从这一点,㉓现实中也是如此。㉔ 不过,安平教授认为日本刑法的改正的趋势是"立法的根基,技术使其与西欧的轨迹一样的话……感到其类似的相近的一种巨大差异,同时感到一种悲哀"。㉕ 安平教授对刑法统一的世界趋势㉖持有一种反感。不过,文化国家

52

53

　　㉑　安平教授前揭第 3 号,第 12 页。

　　㉒　在 19 世纪的刑法当中,以主权保护为目标的刑法,以威慑一般人为目标的刑法,有关这一点安平教授同强调刑法的阶级性的学者保持相同意见。只是在其他方面,正如安平教授在后文也提到的,安平教授还强调 19 世纪刑法的特点责任主义,并且将其称为"反动"。

　　㉓　拙稿《淳风美俗与善良风俗》(拙著《法律的意识性与无意识性》第 39 页以下)。

　　㉔　拙著《刑法重点的变迁》,第 180 页以下。

　　㉕　安平教授前揭第 3 号,第 13 页。

　　㉖　拙著《刑法重点的变迁》,第 308 页以下。

的树立是世界的趋势。因此,关于刑法的范围,我们努力的方向一方面是考察世界的趋势,另一方面是从自身的进步影响世界趋势。㉗

54

　　还有,安平教授认为最近世界的刑法改正"国民性特别是民众化显著"。㉘ 这里的意思是草案似乎有"民众思想的代表作成"。㉙ 这样,"日本也近来流行"。㉚ 我对于刑法的改正草案的起案,于任何一个国家都对学者的意见相当尊重的事实是认同的。但是,对于特别像"民众的"的事由与 20世纪的刑事立法关系却很难理解。那么,这种趋势是"传统的刑事立法,是根据立法者的经验使成熟的社会常识作为立法的基础,其根本问题是没有根据科学的结论",但是"今后的立法必须以科学上的原则为基础"。㉛

55

　　即,安平教授认为,"刑事立法非常清晰地认识到了所谓目的观念并将此观念自觉的政策化"是最近的改正运动的特色。㉜ 这个"非常清晰"的认识是"一个很大的进步"。㉝ 因此,"神经敏锐的学者,早已高唱现代刑法重点变迁的到来"。㉞ 但是,由于这点是安平教授最强烈反对的,还是"刑法改正的根本问题"应该是"传统刑法的正义主义、报应主义、道义主义见解","把人引导成什么样的理想,与回归到一定目的的实现问题"的新观点是进步的,但是"存在大的疑问"。㉟ 不用说,刑法重点的变迁是我的特别的立场,企图"把人引导到理想中去"是我一贯的刑法理论、教育刑主义。对于安 56平教授的疑问及其积极主张应该试着进行若干研究。

㉗　拙著《刑法重点的变迁》,第 458 页以下。
㉘　安平教授前揭第 3 号,第 13 页。
㉙　同上第 14 页。
㉚　同上。
㉛　同上。
㉜　安平教授前揭第 3 号,第 14 页。
㉝　同上第 15 页。
㉞　同上。
㉟　同上。

七　刑法重点的报应刑

　　安平教授认为,在德国旧派的学者与新派的学者妥协,特别是关于刑法改正有卡尔和李斯特握手言和的事实为依据,正是"与改正的事实被促进一样,同样也留有后患"。㊱ 因为"对于法律之争,以解决的判定规范来看的时候,必然是不得不使一方胜出一方败北,到最后也无法解决的情况较多。在此,刑法也果然要有一定的统一原则",正如《现在的刑法诸法规》中所写,"坚信道德的要素和坚信社会政策的要素常常错综复杂,刑法的本质精神还是难以判定的情况很多。"安平教授认为这些是不合理的。㊲

　　然而,我不得不考虑与安平教授旨趣不同的事。总而言之,若以德国的问题为例思考刑法的改正到底意味着什么,采纳多少李斯特的见解就成了刑法改正时应做的事。站在旧派的立场上看,刑法的改正就没被呼吁过。因为旧派常常只是刑法改正之路上的绊脚石,假如他们有一些社会作用的话,那也不过是在新派的流派之末动辄陷入的一种弊病,㊳起到一种制动的作用。但是,如果刑法的改正已经毫无疑问地成为时代发展的必然趋势,作为新派的学者不得不考虑的就是妥协一事。李斯特曾这样表明。刑法在妥协中改正也就是进步和发展是众望所归的话,那么哪里可以被称之为"留下祸根"呢。目的刑思想作为一种进步被安平教授承认。这样,全面促进进步也需要妥协。㊴ 妥协是平稳中求进的唯一手段。

　　㊱　安平教授前揭第 3 号,第 17 页。

　　㊲　同上。

　　㊳　正如新派的流派之末有弊端,旧派也存在很大弊端。不仅以存在弊端为由批评新派的主张是不妥当的,拿新派的极端主张来做文章并向世间传达,多数都是旧派的人浅薄地揣度新派而得出的结论。旧派拿来做文章的,无非是新派想要惩罚无罪的人,或废除刑罚这样过甚且显著的地方。

　　㊴　一定要问的话,妥协的哪一点非被认为是"祸根"不可呢。不幸的是我并没有从安平教授的论文中找到具体的点。

毋需多言，深思熟虑后妥协的方法中最显著的第一点是斯托斯在 1893
年的瑞士第一草案中尝试的保安处分的设定。第二点是最近发生的行刑的
改正主要是累进主义。实际上，这使保安处分和刑罚的区别不仅仅停留在
形式上，也促使新旧两派不断妥协。于是，我们一面要顾及维持社会治安，
一面要保护犯罪人。那就不存在"使一方胜出一方败北"的事了。法律在解
释关于"针对解决纷争的判定规范"之时必然不存在争议，然而，要解决纷
争，主要是利用当事人之间的善意和信义诚实的原则。民事案件当然也是
如此。所以，我们的宗旨就是在刑法中也发挥这一精神。安平教授认为，
"使一方胜出一方败北"，这是不是意味着教授主张报应主义是合理的呢。
原本，所谓文化国家，就是"为了社会普遍得到安宁的刑法，保护犯罪人的刑 60
法"这一点，是否应作为基本来考虑刑法改正呢。

　　于是安平教授认为，刑法的性质若只由刑罚的目的来决定，例如犯罪人
的教育改善，社会治安等来决定，就没有必要故意让犯罪人受苦。即使不被
处以刑罚，为了达到这个目的去实施一定的处分也不为过。[40] 关于这个有
必须要注意的两点。第一，安平教授认为，必须"故意"让罪犯受苦。从主张
报应论的安平教授的立场上来看，这或许是必然的结论。然而，我不得不对
这个"故意"的内涵心存疑虑。其原因是，关于处刑，是否应该处刑的 ob（是
不是）的问题和应怎样处刑的 wie（怎么样）的问题。目前来看，首先，安平
教授在与讨论这二者的区别无关的事。假如，处刑是理所当然的事，那就不
仅是 ob（是不是）的问题，从 wie（怎么样）这一点来看，是否报应地处刑也成
了必然。至于 wie（怎么样）的问题，以"社会防卫和保护犯人"为基点的文
化国家一样，在处刑方面，安平教授其实如下文所述，是一个这样的论者，在 61
这层意义上，教授显然是妥协论者——假如有比刑法更能达到这个目的的
方法，关于 ob（是不是）的关系是否也是取决于它呢。既然如此，在这样纯
论理的意义上我甘愿受到安平教授的抨击。然而实际上，至少现在，我们也
只知道为了得到这样的效果而被称为"刑罚"的剥夺犯人权利的办法。（假

---

　　[40]　安平教授前揭第 3 号，第 19 页。

如安平教授避开应被判刑的处分,告诉我们这是"为了达成目的而做的一些处分",我认为我们应该遵从教授的想法。)所以,刑事政策中的实际问题只有以今日的刑罚为基础,来改良它。[41] 我们不应该考虑什么全新的东西,而应该努力改善现有的行刑制度。我们计划的行刑改良没有被认为是"从目的化政策来看"和"现在的社会观念到底能不能容忍它"。[42]

安平教授认为,李斯特所主张的"除去独断地哲学地论断刑罚目的"这句话"态度稍唐突假空,但至少是实证","从一般刑事实证来看,产生了近乎滑稽的结论"。[43] 我希望,新派刑法学者能主张真实的刑法改正论,举出一个个例子,指出那些唐突的假空的,非实证的甚至滑稽的理由。在各国的刑法草案甚至日本的临时法制审议会,多少采取一些自由的态度,宣称提出了先进的见解。而这些并不都是刑法新派的主张。如此,这些观点与旧派的主张相比真的独断、唐突又滑稽吗? 还有,实际上,与旧派形而上学的态度相比,正是新派的学者站在了崭新且看重确凿证据的立场上,坚持将人类的本能行为由目的观念控制的这一主张。批判李斯特的所见,没有实据,不仅在方法论的观点上很是意外,作为学术界的批判也很少见。

所以,安平教授认为,"报应主义乃至报应的观念是……所有成人都应经验并理解的切实的实证概念"。[44] 于是,"那其实是能够约束犯罪和刑罚之内的现代人唯一普遍信仰的概念,也是一种先天概念"。[45] 我反要站在这样的立场上解释"独断的哲学的"这一含义。因为考虑到我们不得不如此本能地由目的观念控制已经成形的报应观念,单独审视报应观念的成立这一单纯的事实,我不认为那是维护实证科学方法的应用。所以,所谓的"信仰概念或者先天概念"就成了"必须由一定的目的来赋予解明的价值"。[46] 于

---

[41]　关于实施保安处分,希望大家考虑到它将伴随着剥夺重要权利。
[42]　安平教授前揭第 3 号,第 20 页。
[43]　同上。
[44]　同上。
[45]　同上第 21 页。
[46]　同上。

是,于我而言,赋予价值其实必须被认为是我的转换理论。[47] 耶林和李斯特都用目的观念的方法论指导着我们,但是我们不应认为安平教授根据耶林和李斯特的目的观念展开的见解是最新思想,黑格尔、索尔乃至迈耶报应刑论作为新报应刑论"一种反动的氛围"成为最近的思想。[48] 于是,里普曼和我们的教育刑论与其反动相对。

　　我所说的新旧并不是依年代顺序而论。其必须只依思想理论发展。那么从这个角度而论,安平教授指出黑格尔、索尔乃至迈耶有如"反动的氛围"这样的特色是不能否认的,[49]里普曼和我们的教育刑论是李斯特的目的刑论进一步彻底地成立。[50] 但是,现在我没有精力对诸家的学说一一进行评论。试考虑一下安平教授所指出的"反动的氛围"为什么必须是新思想?

　　安平教授认为应这样评价教育刑理论,"依据行刑的实证事实,刑法中的一般原则还没有被树立"。[51] 如此,我们重视对于行刑的"实证的事实"的社会学心理学的考察,而对因报应观念中有"信仰概念或先天概念",所以将这认为是"切实的实证概念"。与这一立场,应考虑到遥远的实证。自己的"信仰"实际上是基于社会学、心理学、生物学的考察,被"实证的事实"批判,将其辩证法发扬是科学思考事物方法的必然的命运,是否也是使命呢。这样一来,安平教授也认为"事实的刑罚是对千差万别但都想活下去的犯罪人而言,是现实的或将来的问题"。关于这点有无限的展开,也有明确且真实的证据,更有莫大的价值。如此,犯罪人和刑罚的实际关系如何成为行刑方

65

66

67

------

　　[47]　关于转变的理论,我几乎在自己的作品中都着重强调过。尤其是拙稿《权利观念的转变》(《法律中具体的妥当性》第 290 页以下)比较法学中,关于《民法的基本问题》第二编第 212 页以下,关于历史的方法《民法的基本问题》第三编第 172 页以下,另外关于刑法中比较法学的研究,《刑法重点的变迁》第 295 页。李斯特论述刑法的完善,从本能的行为到目的的行为是转变理论中最巧妙的应用,参照拙著《法律中的有意识和无意识》第 315 页以下。

　　[48]　安平教授前揭第 3 号第 22 页。

　　[49]　这些学者并不是对李斯特反动的看待,而是也受李斯特的影响,同时抛弃报应观念。

　　[50]　安平教授对于里普曼的反动而反动(前揭第 22 页)。里普曼绝不是对于反动而反动而进行解说。其是对李斯特所说的进一步发展。还有,安平教授认为我是与里普曼许多观点相同的学者,安平教授认为"日本刑法学基本上没有超过李斯特主张的范围"(前揭第 3 号第 20 页注),多少有些令人失望。

　　[51]　安平教授前揭第 3 号,第 23 页。

面首要被重视的问题,至于紧随其后的在立法方面也广为讨论的应被称为是必然的事。[52] 但是安平教授强烈反对我根据那个理由提出的认为刑法的重点在转移这一说。我虽主张从目的刑主义乃至教育刑主义所谓政策的见解来看,刑法中的解释也不得不变得不同,自不必说,我也一直主张作为主观学说关于未遂关于共犯,关于法律的错误[53]关于那些,安平教授认为我的观点是不合适的,"那(刑事政策的见解)主要是作为重点的刑罚执行和刑罚裁夺的方面,也就是如何有效执行已经确定的刑罚。乃至如何给已经被认可的刑罚的责任范围量刑,并且在还未明确的刑罚之前,也就是关于应不应确定犯人的刑事责任这一基本判定依然被报应思想支配",这或许才是教授的本意吧。[54] 于是,教授认为,"考虑到法庭内法官的心理的人应不得不对这点(我的立场)产生疑问"。[55] 关于安平教授的这个提议,我有两点疑问。第一,根据安平教授所说,主要是仅仅否定最近的刑法理论,"刑事责任的肯定"仅局限于报应主义的适用,这是因为为这一理论特色鲜明。它作为实际理论,在立法解释上意味着什么才应被当成问题,也就是说,我认为那只是形式上刑法和保安处分被相提并论。除此之外,不仅是理论的问题,那是怎么作为刑法的重点,或许是成了我们应集中精力去努力的。不仅如此,第二,刑法的重点至今还在停步不前,至于应该是以"法庭里法官的心理"为基础被论定,我想批判"法庭里的法官"的"信仰概念或先天概念"。我并未打算追随着它进行自己的研究,我认为"法庭里法官的心理"没有忽视它,而是依据它并在它的基础上得出的结论。

安平教授认为的必须依据教育刑主义讨论有无刑事责任的想法,[56]指出"与判定刑事责任的根本精神相反,既危险又独断",[57]"假如无论在现在

---

[52]　安平教授前揭第 3 号,第 24—25 页。

[53]　我想在后文中仔细体会安平教授关于这些问题的想法。

[54]　安平教授前揭,第 26—27 页。

[55]　同上第 27 页。

[56]　责任能力的观念在这里成为问题。少年法的制定明确了责任能力正在被接受为是教育刑主义的见解。

[57]　安平教授前揭第 3 号,第 28 页。

还是将来,刑法都作为一个审判规范存在,审判作为裁判来判断与一定的事实是否相符,多大程度违反相关规范总是有限的",而这是不能被允许的。㊳于是,事实上,更加完善的是"不必不拿出不完全的统计理论,事实上刑罚多数出自不良教育方法。要说关于刑罚,教育能做的不过是以我们的独断,大多数场合是靠实施它的人的浅薄臆测"。㊴ 在这里,我也必须明确自己的两点想法。第一,从刑法是审判规范这一点来看,报应必须作为刑法的根本原则,而这一必然性当然无法演绎出来。我们在宣告教育刑的时候也需要必要的裁判的程序。否则,对于无责任能力者宣布的保安处分也必须认同为这是我们裁判的必须。于是,如果刑法的功能被否定,为什么"刑法的执行和裁判方面",为什么一定要重视政策的见解呢。没有教育意义的刑必须被政策性地裁定并执行,这究竟又有什么意义呢。

安平教授说到底要将主张贯彻到底,其认为"不以犯罪的形式解释报应的原因,如果用这个当做使依据刑罚教育手段得到肯定的认定资料,我不想故意玩弄诡辩,作为必然的结论,如果是过去曾经犯过罪,现在不需要采取依据刑罚的教育手段的人,法官就不需要给他判刑"㊵。安平教授是怎么看待假释、缓期执行,以及关于公诉便宜主义的盛行呢。并且,我们又应该如何看待作为立法问题被各国特别考虑的赦免制度,由酌情免除以及依据自由裁量的减刑呢。于是,安平教授重复强调,"如果由其他事实证明不属于犯罪但是需要接受刑法教育的人,那在这里就变得必须肯定刑罚了"。㊶ 不幸的是,就今日的科学发展程度,因为我们从有犯罪行为的地方开始到能够确认犯罪性这一过程被认为不过一般而已,这就必须明确征表主义的构成。于是,实际上,根据场合不同,或者有累犯加重的事例出现,进行轻罪重判又或者对于精神障碍者不得不考虑处以与实质的刑罚不同,由剥夺权利带来的保安处分这一后果。如果是那样的话,至于我们认定的"罪刑法定主义完

70

71

72

㊳ 安平教授前揭第 3 号,第 27—28 页。

㊴ 同上。

㊵ 同上书,第 28 页。

㊶ 同上。

全没有存在的意义。这是因为,教育这一善的行为应该没有限制",[52]虽说是教育刑罚,刑罚的内容被忽视为特殊的,我们关于保安处分也需要走审判程序,同时必要的罪刑法定主义也被忘却。

总而言之,安平教授的结论最终归结于:"值得发问的是,有罪或无罪的判定是否应该由政策决定的这一点。想来,因为即使现在,我也始终坚信,由康德指示的刑罚,这种关乎人格尊严的问题,决不是应该被政策视为道具的。"[53]与此相对,我也想先提出自己的疑问。第一,我们没有考虑过无视以往含义中有罪之人的罪责。相反地,我们认为,以往的学者放任所谓的无责任者这件事是否对社会造成危险。第二,我们没有想过硬使刑罚和安保处分在名义上一致。在不行刑之外考虑安保处分,在实际上这二者不过是分量不同。于是,第三,因为这个原因,也就是"反动的"见解,在李斯特所说之上、刑法改正之上,没有提供什么。并且,第四,根据我们的教育刑主义,因为安平教授在引用的木村学士的话中变成了"事到如今,在这个个人被刑法保护的现代,可以说必须靠刑法保护了",[54]我们要考虑到,要一直认同每个犯人的人格,诚然如同康德的指示,将它政策的加以利用,才是明确人格尊重的本意。因此,最后,我不得不怀疑被认为是安平教授在李斯特的基础之上新得出的刑法报应理论,到底是在哪一层意思上提示了伦理的且文化的最先进的见解呢。

安平教授认为,最后,刑法的重点是不变的东西,阅读最近各国的草案。一般来说,"依然,刑法的重点在于行为责任主义,报应的精神被认为是核心,我想承认犯人人格主义与以此为基础的保安处分是第二次地树立见解"。[55]如此,关于什么人应该被处罚的形式,我们也承认世间的报应观念,赞成在形式上区别刑罚和保安处分。不,那是反复多次才已经得出的新派

---

[52]　安平教授前揭第 3 号,第 29 页。

[53]　同上第 29 页。

[54]　引用同上第 27 页。对木村学士,安平教授引用了学士的话并驳斥了他,刑罚在实际上是不好的教育方法,理论上必须是报应。

[55]　安平教授前揭第 3 号,第 30 页。

学者的创意。然而,那到底是不是安平教授郑重其事地强调的"如同以往的传统思想不仅潜在地俨然存在,越发深刻化一样被我们认可"。⑥⑥ 一直"俨然存在"并且"深刻化"的东西呢。根据形式上区别刑罚和保安处分,如此, 75 使报应刑主义的论者满足的是,对于尊敬"俨然存在"和"深刻化",我们没有打算吝啬。斯托斯在 1893 年瑞士刑法第一草案中认可保安处分的时候,问题已经有了着落。实际上,报应刑理论在那之后的我们眼里,没有表现出何等的进步和"深刻化"。⑥⑦

八 责任主义的深刻化

于是,安平教授便主张"传统思想的深刻化",在这种立场下,进而论及与我们刑法改正预备草案⑥⑧的特色问题。 76

安平教授列举了"刑法改正预备草案的三大重点"。⑥⑨ 其中,第一是"责任主义的深刻化"。安平教授将其用德语表述。⑦⑩ 我把此德语表述解释为"与犯罪处置相关的心理学的深刻化"。如此,与其说是"责任主义的深刻化",不如说是在"心理学的深刻化"的意义方面,体现了刑法最近的趋向。这不得不说是十分有趣的事情了。 77

想来,我们所倡导的主观主义是与客观主义相对立的关系,在这种情况下,每遇到犯罪事件,便会十分重视主观的东西。这是最终导致了我们的理论被认为是犯罪人主义的原因。然而,我们更加强调实证主义。在这种意义上,我们只是朴素单纯地,或者是在形而上学的意义上,并不喜欢以因果

---

⑥⑥ 安平教授前揭第 3 号,第 31 页。

⑥⑦ 但是,这就是安平教授认为,那是永存"祸根"之处。

⑥⑧ 此预备草案,是于 1927 年,司法省成立刑法改正调查委员会之际,当局将其作为审议的资料提供给了委员会。此外,还向裁判所及律师方面征求了相关意见,因此,等同于已经自行公布。我想顺着安平教授的议论,对草案上的一些规定加以评论。

⑥⑨ 安平教授前揭第四号第 14 页以下。

⑦⑩ 同上第 15 页。

报应的道德意识作为基础而加以议论。因为与此相对,不得不更加站在实证主义的立场上进行批判,所以,十分重视对犯罪人心理学的考察以及在此基础上对犯罪人的处置问题。如此一来,必须明确主观主义存在第二发展阶段。第一阶段不仅仅停留在论述犯罪事件的表面问题,更要论及犯罪人的心理问题,所以,在第二阶段,必须带有目的性、实证性,特别是要心理学式地论究犯人的心理过程。即,所谓的新古典主义[71]的立场和我们的实证主义,在第一阶段的主观主义的范围里必须步调一致。在第二阶段,我们应该进一步推进发展以往所谓的道德论,坚持我们固有的主张——社会意义层面的道德论。

安平教授在责任主义深刻化的基础上,进一步举出作为"刑事责任愈发道德化的意义",即,淳风美俗论。预备草案中,至少有两件事项表明了这一点。第一,关于面向直系尊亲属的犯罪,大多情况下都规定要特别加重量刑。[72] 这样一来,甚至都不允许对直系尊亲属进行紧急避险行为。[73] 第二,关于量刑,规定犯罪的动机,特别应该考虑到其动机是否是"忠孝以及其他道义上或者公共利益方面应该特别谴责的行为,或者应免除的行为"。[74] 那么,毫无疑问,淳风美俗论本来是一项基于因果报应论立场上的主张。然而,我们必须考虑到,在预备草案采用的这项主张的范围内,它就能和我们的社会防卫论步调一致。究其原因,第一,在能抽象地列举犯罪的种类并且

---

[71] 古典主义学派在客观主义方面不得不接受批判的主要原因,是由于限定责任者的观念未被承认。这不得不说是实证主义的原因。这样一来,作为结论便考虑到了由于心神耗弱的减刑问题。从社会防卫的角度思考,这可以说是毫无意义,然而,在刑法的个别化方面,却踏出了一大步。如此一来,接下来犯罪的动机就成了问题。

[72] 除了杀害尊亲属之外,一般情况下,伤害尊亲属也会被加重刑罚(264 第 3 项)。对尊亲属施加暴力亦是(269)。众所周知,遗弃之罪的刑罚加重问题和现行刑法中的条例相吻合,而不履行赡养尊亲属的义务的行为更要特别加以重罚(287 第 3 项)。虽然关于逮捕监禁问题和现行刑法相吻合,但是关于胁迫罪又新加了刑罚加重的规定(308 第 2 项)。

[73] 关于紧急避难的第 19 条规定第 2 项,和现行《刑法》的第 37 条第 2 项相同,规定了业务上有特别义务的人不适用于关于紧急避险的规定。特别是在第 3 项中提出"对自己或者配偶的直系尊亲属实施加害行为的人,亦适用于前项,但是根据情况可酌情减刑"。

[74] 第 48 条提出"关于刑罚的适用问题,要综合考虑到主观及客观情况,特别应参考斟酌上面的事项",并列举了八种情况,其中这里规定了第三种。

能对此抽象地规定刑罚的范围里,刑法作为告诉世人这是怎样的犯罪及罪行的轻重的一个手段,承担着一种教育世人的作用。⑦ 虽然我们在刑罚的具体运用方面,并不认为对于重罪就要施以重刑,⑦而刑法规定,犯罪和刑法抽象地持有一种比例,但是这两者并不矛盾。第二,必须考虑到,如此区别对待犯罪的动机,促使了一直以来依靠客观主义的刑罚划一主义的逐渐个别化。我们主张的刑罚个别主义是以社会防卫为本位,这和因果报应的刑罚个别论的要旨不同。而关于报应刑罚论转变为目的刑罚论,在转变的 80 过程中我们考虑到刑罚个别化问题,首先在报应刑论的角度下,论及了刑罚的个别化问题。这最终随着重重的批判,并未能顺利地转变成目的刑论。在这种情况下,刑事责任的道德化逐渐发展成为社会化,我认为这个过程是前进性地十分有意义的,值得体会。

　　接着,安平教授批评了预备草案的错误规定。预备草案第 10 条关于这一点作了如下规定。首先,应该成为罪行的事实和所知的犯罪行为不一致,81 其犯罪性质相同时依照下例。即,第一,比所知犯罪严重的情况下按照所知犯罪情况处理,第二,比所知犯罪轻微的情况下按照所犯罪行处理。另外,犯罪性质不同时,应以"按照所犯罪行处理,以故意罪论处,只是,比已知应以故意罪判刑的犯人的犯罪行为更加严重的情况并不在此范围内,这种情况下应讨论已知的犯罪事实"为准。对于这项规定,我所疑惑的是,在现在发生的事实比行为人所知情况轻微时,应该按照所发生的事实进行处理这 82 一点。这与犯罪性质是否一致无关,都将受到同一处理。然而,首先以犯罪性质一致的情况为例来考虑,在带有杀害尊亲属性质的普通杀人行为的情况下,应该仅仅将其视为普通杀人行为。这与泉二博士关于其适用于现行《刑法》第 38 条第 2 项的论议的主旨相一致。⑦ 而对此,已经有了强有力的

----

　　⑦　这可以说进一步扬弃了刑法依靠威慑进行社会一般预防的想法。

　　⑦　因此,关于杀人罪,预备草案不仅未排除缓刑问题,甚至规定关于纵火和抢劫亦可执行缓刑。

　　⑦　泉二博士《日本刑法论总论》第 40 版第 486 页。只是,对于《刑法》第 38 条第 2 项,泉二博士只论述了犯罪性质相同的情况。

异论。⑦ 特别是考虑到关于所谓的方法错误的情况下,更是非常不合道理。这都是从责任主义的角度出发考虑到的情况。对此,安平教授提出了以下批评。第一,他说,下面的情况"虽然有些反责任主义,也呈现出了确切的观点,但是法律原本就不仅仅停留在人的内心层面。在肯定了违法行为会产生一定的后果之后,故意过失才开始被看作是一个问题,这是法律原本的精神所在。以此精神为鉴,理所当然。"⑦于是,第二,他又说,预备草案关于错误的规定,"基本上一直以来,主观论者只在理论上主张关于刑法错误的问题,而现在立法应该采用这一点"。⑧ 然而,我们必须强烈反对,对于在现在发生的犯罪事实比行为者所知的要轻微的情况下,仅仅将其看作"只停留在人们内心的事件"的看法。因为在那种情况下,犯罪行为已经成立。即使是在什么结果都尚未发生的情况下,那么至少由于行为者已经知道方法错误,也不可能逃脱掉犯罪未遂的责任。那么,以产生的后果很轻微为理由,只用承担轻微的事实责任,这从责任主义的角度来看,岂不是无论如何都无法理解的事情吗?我虽然承认,预备草案在错误方面,无论犯罪性质是否一致,都予以同样的规定这一点上采纳了主观主义论者的观点,但是我相信,仅在前述的一项规定的范围内,不能说我们多年来一直主张的,作为我们主观主义的结论,即,预备草案的规定,通过立法展现了出来。

安平教授也论及了关于预备草案采纳了公序良俗的想法的问题。这是对关于违法阻却事由规定的批评。第一是预备草案第 17 条。其规定"不将由如同法令一样的正当业务引起的行为或者由如同公共秩序一样善良风俗中所不能违背的习惯引起的行为看作是犯罪"。关于阻却了行为违法性的事情,虽然《中华民国的刑法》中曾经采纳过公序良俗的主张,⑧但是作为立法的例子还是十分稀少的。我认为,在民法方面十分受重视的公序良俗的

---

⑦　草野学士《刑法第三十八条第二项的解释》(协会杂志第 29 卷第 4 号)。对于此异论,未能听到泉二博士的辩白。另外,参考拙著《刑法研究》第 2 卷第 78 页以下。

⑦　安平教授前揭第 4 号,第 18 页。

⑧　同上第 19 页。

⑧　在冈田博士起草相关的《中华民国暂行刑法》中见到此点。参考黑田学士的《行为的违法》第 26 页。

观点,在刑法上也应该受到肯定,并且必须承认其作为一般法律常识的重大价值意义。然而,预备草案仅仅将其规定为"由如同公共秩序一样善良风俗中所不能违背的习惯引起的行为",只将其限制为"习惯"究竟是什么情况? 85 关于这一点,安平教授并未论及。然而,在此我想进一步斟酌一下关于第13条对不作为犯成立的规定。第13条第1项规定"不履行法律义务,未能阻止会成为罪行的事情的发生的人,将和实施了此项犯罪行为的人承受同样的处罚。"此处的"法律义务",不仅是形式上法令的规定,也包括公共秩序及善良风俗中广泛的约定俗成的义务。上述的规定仅仅是"法律义务"。如此,关于违法阻却性事由,其规定由于广泛普及与公序良俗相左的行为,可能不仅限于"违背公序良俗的'习惯'而导致的行为"。一直以来的客观主义关于违法阻事由的规定,总是过于狭隘。这是基于客观主义的概念法学的结果。然而,现在我们在主张客观主义的同时,也应该站在自由法论的基础上,对违法阻却的事由提出广泛的见解。 86

　　关于正当防卫和紧急避险,安平教授论及预备草案第21条驳斥了以往的必要性问题,明确了适合性这一点。安平教授并未论及此项修改为何会与公序良俗的理念不谋而合。于是,一方面强调这种贯彻实现了临时法制审议会的纲领要求,另一方面,"实际上,问题是草案和现行刑法基本毫无差别"。㉘ 然而,至少在形式方面,不得不说"不得已而为之的行为"与"根据情况应该采取的行为"之间存在巨大的差别。于前者的概念性相对,后者属于价值性。前者是以事实判断为基础,而后者必须依靠健全的常识做出判断。于是,为了掌握健全的常识,对于公序良俗的观点我们应该持有自己的价值判断。 87

　　其次,关于犯罪未遂的规定也有问题。预备草案关于中止犯与不能犯设立了应注意的规定。关于中止犯,第21条第3项规定,"未能实现犯罪结果或已经实施犯罪行为但是未造成犯罪结果的情况下,犯人为阻止结果的

　　㉘　安平教授前述第4号第20页。关于正当防卫、紧急避险和自救行为,预备草案第21条规定,"在承认此行为是当时根据具体情况所做出的正当行为的情况下,不适用于此项,过激行为可根据情况减刑或免除刑罚"。

发生做出了真挚地努力时,按前项(中止犯)处理。只是,若犯人事先知道这种处罚制度则例外"。此外,关于不能犯,第 23 条中规定,"即使犯罪结果未能发生,由于对自然法则的极度无知导致进行犯罪的行为人,不能将其作为不能犯进行处罚"。这不得不说是明确地处于主观主义的立场。对此,安平教授将其与德国 1927 年的法案进行了比较,并提出了批评。的确,预备草案中的"对自然法则的极度无知"与德国 1925 年的法案的第 23 条第 4 项的案例基本相同。然而,关于所谓的"对自然法则的极度无知"的概念不够确切,1927 年法案的第 26 条规定,仅关于不能犯,裁判所可以摒弃这一条自由裁量进而减刑,[83]案情非常轻微的情况下,可以做出免除刑罚处理。安平教授比较了德国 1927 年的法案和预备草案,并且有这样的表述"在比较这两者的时候,我感到有些奇怪"。[84]虽然我有些无法理解安平教授感到奇怪的具体内容和原因,但是无论是什么,非常明确的一点是,德国 1927 年的法案和我们预备草案都是主观主义的立场,这是毋容置疑的。

最后,关于共犯的规定也遭到了批评。临时法制审议会的改正纲领明确了应该承认教唆的独立性的主旨,而预备草案的第 27 条对其进行了规定。第 1 项规定,"教唆他人使其犯罪的人在被教唆者并未犯下罪行时,虽然要遭受惩罚,但是关于犯罪未遂的罪行并不在其范围内"。于是便将其加入了第 2 项,即"依照前项规定应受处罚的人的刑罚可依照各项减刑规定进行减刑,根据情况也可免除刑罚"。第 2 项规定中,虽然草案的起草者考虑到了客观论者的立场,但是第 1 项规定明显采用的是主观主义。另外,必须要特别明确的是,第 30 条否定了间接正犯的概念,并将其全部并入共犯的概念之中。即"前五条(共犯)的规定,即无能力承担责任的人、无意犯罪的人或者处于不能抗拒状态的人及其他对自己的行为无法承担罪责的人,帮助这些人实施犯罪行为或者打算帮助其实施的情况,适用此项"。对此,安平教授如此评价道,"必须承认这也与责任主义相作用,广泛且深层次地运

---

[83]　裁判所可以不依照一般的减刑案例而广泛地减刑。

[84]　安平教授前揭第 4 号,第 22、23 页。

用了刑法的主观主义。"

　　除上述诸点以外,安平教授还列举了预备草案设立了关于结果性责任的规定[35]以及关于不作为犯的明确规定。[36] 我认为,此外,必须值得一提的是预备草案关于法律的错误允许免除刑罚这一点。[37] 那么,预备草案的这些规定之中,虽然所谓的淳风美俗,倒不如说和保守论者的主张有关,然而 90 其他诸点是我们多年来的主张多多少少被采纳的结果。然而,即使是所谓的淳风美俗,也并不一定完全和我们的主张背道而驰。如此考虑一下,不得不说整个预备草案都彰显出一种极其鲜明的色彩。对我们的想法始终抱有反感主张的安平教授,将反对前述的哪一点,又将在何种意义上反对呢?[38] 91

九　防卫主义的深刻化

　　这样考虑的话,可以说关于"责任主义的深刻化"所提到的安平教授的主张是不应将此看作传统思考方式上的责任主义。即便是传统思考方式, 92 如果能够接受将此作为责任主义深刻化的改正的话,在立法上将彻底与我方达成一致意见,故而,刑法改正很可能顺利进展下去。这样一来,进一步

---

　　[35]　安平教授前揭第 4 号第 17 页。预备草案第 12 条规定,"犯人能预见犯罪结果的发生的情况下,根据其结果加重刑。可根据结果轻重予以处理。"判例作为现行刑法的运用认可的纯正客观责任并没认可这一点。

　　[36]　安平教授前揭第 4 号第 19 页。预备草案第 13 条规定了不作为犯。其第 2 项仿照德国草案的案例认为,"导致犯罪事实可能会发生的人,承担阻止事实发生的责任"。安平教授对其进行了说明,并指出"根据公序良俗的看法,他积极规定了导致犯罪事实可能会发生的人承担着,阻止事实发生的法律上的责任"。

　　[37]　关于法律的错误,预备草案第 9 条第 3 项规定,"不能以不了解法律的为借口,故意实施犯罪行为,只是可根据具体情况减刑或免刑"。虽然我们的主张是,法律的错误至少在某种程度上在理论上的犯罪意图是不成立的这一点上,但是临时法制审议会和预备草案并未明确到这一点。然而,对于法律的错误,事情能发展到可以免刑这一阶段,是因为我们多年来的主张在某种程度上被接纳了。

　　[38]　必须明确我们对于预备草案之中规定的细则持有极大的异议。然而,由于预备草案的整体精神采纳了我们多年的主张,所以在这种意义上,在关于刑法改正追赶世界性趋势这一点上,我认为预备草案应该成为有刑法改正事业讨论的蓝本。

推动保守派对我方妥协的就是保安处分制度。关于保安处分制度安平教授这样认为,"通过刑罚与处分并用实现社会防卫政策的深刻化"。⑧ 这是作为预备草案三大要点第二项,依据安平教授指示所制定的。

安平教授认为"原本,刑罚与处分在法律上的性质和目的有所不同。前者属于刑法固有范围,后者本来属于保安警察的范围这一点无需赘言。⑨ 然而,关于刑法在刑罚之外认可保安处分的《二元主义的见解》,大概也不能完全反对吧。实际上,关于刑法改正,这种二元主义是世界性趋势"。⑪

关于保安处分的发展,有三个阶段可数。在第一时期,对于少年与精神病人,保安处分以个别形式规定。既能在各国的现行法得以实现此种形式,也能结合我国旧刑法加以考虑。第二时期,是 1893 年斯托斯起草瑞士刑法草案时采用的主义。保安处分在刑法之外得以被特别关注一事被认为是完全仰仗斯托斯之力。⑫ 虽说必须承认此项功绩有其伟大之处,但斯托斯本人维持其认可刑罚与保安处分之间的性质差异的态度。⑬ 可以说德国与瑞士的草案是遵从这种态度的产物。这样一来,保安处分就以刑罚的附属形式一般被规定下来。到了第三时期,刑罚与保安处分完全合而为一。那就是 1921 年的菲利法案。这样一来,某种意义上可以说比利时的社会防卫法案正是采用了这种主义的产物。⑭ 然而,菲利法案在其本国并不至于被完

---

⑧　安平教授前揭第 4 号,第 27 页以下。

⑨　同上书,第 27 页。

⑩　安平教授认为存在于保安处分之外应当具备其他特别法这一观点,故而举了比利时的社会防卫法案这个例子。那到底是差别主义的例子,还是特别法的例子,关于这一疑问百思不得其解。在我看来,比利时的社会防卫法案并非将刑与保安处分从实质和形式上来区别看待,反而是为了将二者合二为一而产生的特别主张。关于这一点有《比利时的社会防卫法案》(收于志林第 29 卷第 12 号)。这个法案自 1930 年 4 月 9 日起成为法律。参照大塚学士《比利时的社会防卫法》(志林第 32 卷第 8 号)。

⑪　鲍姆加登和迈耶特别在斯托斯诞辰八十周年纪念论文集里明确指出了这一点。冯姆加滕(Faumgarten)《瑞士刑法的基本新意》,载于《瑞士杂志》,第 43 卷,C. 斯托斯纪念集,第 1 页以下;米特迈尔(Mittermaier)《从 1893 年斯托斯草案以来的刑法立法现象》(出处同前,第 73 页以下)。

⑫　斯托斯(Stooss),《奥地利刑法教科书》,第二版,1913 年,第 245、246 页参照。

⑬　社会防卫法案规定于刑法之外,但对于与此规定相关的特殊犯人,不采用刑罚与保安处分并用的烦琐程序,而是简单地依据防卫处分来处理。在这个范畴内,刑罚与保安处分没有区分开来。

完全全认可。由此,意大利更是生成 1927 年法案。1927 年法案对于保安处分,承认其重要地位。保安处分与刑罚相对立,演变成二分刑法领域的形式。保安处分并非弥补刑罚的不足的补充的附属,而是与刑罚并立一同完成社会防卫的。[95] 95

我在此并不打算反复讨论刑与保安处分的性质差异如何。但是,必须明确一点,自不必说二者的性质并非安平教授所说的。尤其上述关于保安处分的观点的变化过程,不外乎是认为未来刑法的重点在于保安处分。然而,就思想现状而言,由于刑罚与保安处分并用的规定,"传统思想仍然隐秘地俨然存在",而且"防卫主义深刻化"一旦实现的话,其意味着有关斯托斯主张的保安处分可以说是支配 20 世纪刑法改正的立法手段。[96] 96

十　法官自由裁量权的扩大

即"在此裁判所的自由裁量权的扩大"便成为了问题。安平教授将此点视为预备草案三大改正特点中的第三点。[97] 97

稍微引用一些安平教授的观点。首先,安平教授认为"草案在贯彻责任主义的同时广泛实行政策主义的必然结果就是在对刑事责任进行裁定时,法官必须从道德观和风险性两方面进行精密审查之后决定该以两者中的哪一方为重,做出最合适的对策,进而法官自由裁量权的扩大也是无须赘述的必然结果"。[98] 我并非不知道立法上的传统立场和妥协是必然存在的。而

---

⑤　特别论述 1927 年年法案这一特色的主张就必须要提到拉比诺维茨(Rabinowicz):《防治的方法》,1929)拉宾诺维茨主张未来刑法的重点在于保安处分。

⑥　关于保安处分的规定以外,还有行刑的改良,都不能忽视在其他方面刑罚与保安处分实质上正在逐渐合二为一这一事实。关于保安处分,在此我想省略预备草案规定的细则。只是特别想明确的一点是,预备草案依据临时法制审议会的改正纲领,第 21 条"保安处分是针对犯罪嫌疑人、酒精中毒者、精神障碍者所设定的",对于累犯采取刑的加重主义、不定期主义,从这一点而言,刑罚与保安处分是合二为一来看待的。

⑦　安平教授在前揭第 4 号,第 33 页。

⑧　同上。

且也并不是不能预想到在实际的案件审理中法官在大多数情况下会做出折衷的判决。但是科学是无法妥协的。我也非常想知道安平教授所认为的
98 "要从道德观和风险性两方面仔细的分析思考"这一点的标准是如何构成的。以我的立场来看,判决案件时所谓的道德观无非是在论述社会防卫是可以采用的一项资料而已。社会防卫这种思考方式,其实并非所谓的道德观的对立面或相反面,而是可以对道德观进行包容并对其进行扬弃的高阶思想。但是,相较于在此深入探讨此问题,我想说的是,法官自由裁量权的扩大是社会防卫论的必然结果——主观主义的主张,在我看来这并不是将传统见解同我们的立场折衷基础之上提出的观点。[39]

　　但是,有一点是不言而喻的,那便是只要刑法还是作为法律存在,刑法
99 就不应该永不限制法官裁量权。安平教授也再次强调过刑法的法律确实性。但是在这一点上我与安平教授的见解略有偏差。在我看来,第一,刑法必须依据罪刑法定主义在刑罚中保护个人;第二,犯人也必须依据刑罚来得到保护。在此,罪刑法定主义的其他意义也是成立的。在此意义上,我们需要认识到,不定期刑罚作为刑法的原则必须被运用到社会防卫当中,与此同时,要在确认犯罪概念的同时,倡导其他方面行刑的法定化。确定犯罪概念,从而抵制法官的独断一直都是刑罚论在努力的方向。刑罚论在这一点上始终会有所作为。但是,罪刑法定主义在刑罚适用这方面向来不会做出约束。这是在解决社会防卫不够完善的问题的同时,完善依据刑法对犯人
100 进行保护的进程。要实现社会防卫,首先原则上至少应该尽量使刑不定期化。这样一来,通过教育性运用不定期的制度,通过刑法实现受刑者保护。一方面,关于行刑内容,必须完全实现累进制、自治制等制度的法定化;另一方面,必须在法律上尽量扩大假释(那样的话,在某种意义上扩大了刑的缓期执行)。刑法上的法律事实正如字面意思,因此,量刑相关的裁判权限的

---

　　[39]　安平教授指出:"自由裁量权的扩大是草案追求责任和政策的必然结果。"(第34页)但是实际上,内奥·克拉希克的责任论,亦或是社会防御论都会作为刑罚个别论的结果,必然导致法官裁量权的扩大。

扩大,在理论性质上,并没有与法律事实相矛盾。⑩

　　这也罢了,安平教授着眼于预备草案的相关规定,其认为"草案大体上认识到了现代一般趋势并广范围地认可这种趋势。"⑩ 　101

　　如此一来,关于这一点安平教授指出了七项事项。其一,关于刑的量定规定的一般标准;其二,对惯犯加重刑罚;其三,规定刑的替代或数罪并罚;其四,酌情减免刑罚;其五,认可不定期刑;其六,执行犹豫扩大化;其七,假释的扩大化。

　　安平教授所说有两点需要注意。一,关于刑的量定的一般标准,预备草案很大程度上注重当事人的主观情况。安平教授这样认为,作为量刑标准,问题在于是注重受刑者的主观情况还是注重犯罪的客观程度这一点。要说草案是个别草案还是共同草案的话,还要把重点放在主观情况上。必须说,这是值得关注的一大进步。⑩ 值得注意的第二点是关于不定期刑的。安平　102
教授这样说道:"关于不定期刑,草案一般不认可这种制度。只是关于累犯"。这样一来,以少年法的规定为例,预备草案如此指示,"恐怕终究必须广泛认可这种制度并实施。"⑩我不得不疑惑于安平教授在责任主义的立场上到底要主张什么。不定期刑到底能从责任主义来解释吗?

　　如此,在论说了预备草案的三大要点后,安平教授在最后总结性说道:不能立足于贯彻预备草案的刑法理论,要采取折衷的态度,一方面,确保报应观念甚至是责任主义,另一方面,广泛追求功利目的政策主义。这种意义上来看,应该说草案是现代的刑事立法一般倾向一成不变的产物。⑩ 如上　103
所述,安平教授认为,新旧两派的妥协"促进了改正事业,并永久断绝了后患","刑法也必须有统一原则"。我们的改正意见,"有空想性的态度,也有

***

　　⑩　安平教授前揭第 4 号第 34 页。只是,最大程度上认为刑罚是单纯的报应恶果的话,刑的教育效果在考虑范围之外,传统意义上的法定主义或者说量刑的确实性就能够被认可。我并不是打算无视这种主张的现实意义。然而,那也不是能够阐述刑法改正的目的的科学性理论。

　　⑩　安平教授前揭第 4 号,第 34 页。

　　⑩　同上。

　　⑩　安平教授前揭第 4 号,第 7 页。

　　⑭　同上第 38 页。

实证性态度"。凭着一股"反动的情绪",实现最大的进步,刑法的重点不作改变,但迄今为止,我们不知如何理解教授的主张才好。

十一　责任主义和政策主义的统一理解

接着,安平教授进一步认为"问题的要点在于应如何理解说到底水火不相容的责任主义与政策主义的对立"。[105]于是,就有了"中途妥协作为刑法科学层面的理论,不能被承认"这一条。[106]关于这一条,我的想法如下。责任主义和目的刑主义二者的关系并不是水火不相容的,二者的关系应理解为,一方依存于另一方,被批判、被修改、被扬弃的关系。因此,科学必然允许妥协的存在,但是不得不承认科学是在不断发展的,在这层意义上,理解立法上妥协成立的理由也就可以理解了。[107]

安平教授在论文中明确指出,"走在时代前列的刑法学者应当考虑当下,不断提出自己的主张"。[108]所以,这或许意味着"一种逆流而动的想法"。[109]而且,安平教授对我们长久以来坚持的主张持反对态度,认为基本由我们的主张构成的草案的三大要点是"看透了近代一般的思想倾向"。[110]虽说"应凭怎样的刑法理论取胜",但说到底不过是由"能否顺应时代潮流"而决定的。[111]并且,批判草案站在了中庸的立场,认为"中途妥协决不能容忍"。[112]安平教授在最后阐述了"责任主义和政策主义的统一理解"这一观点。

---

[105]　安平教授第 4 号,第 39 页。
[106]　同上。
[107]　参考拙著《刑事学的新思潮与新刑法》修订版,第 3 页。
[108]　安平教授前揭第 4 号,第 39 页。
[109]　安平教授前揭第 3 号,第 22 页。
[110]　安平教授前揭第 4 号,第 34 页。
[111]　同上第 40 页。
[112]　同上第 39 页。

安平教授指出,第一次世界大战后,世上对传统正义观的信仰在明显地逐渐淡化,基于此上,道德观念的淡薄风气随之而来。[⑬] 刑法中的责任主义和政策主义这二者都取得了胜利这一点,被认为已经没有哪个由认定哪一者就能救济现世,以来解决之外的方法了。[⑭] 我认为如今已到了传统的正义观必须接受批判的时代了。于是,在这一时期应坚信,已不存在"刑法的使命是在维持传统正义观意义上的'救世'"这一说了。刑法也应保持与时俱进的精神。这样一来,刑法就不是在责任主义和政策主义这二者中选其一的问题了。而应扬弃责任主义,依靠宣扬政策主义来使二者统一。

106

　　这样一来,安平教授认为社会群众的道德心必须为刑法所用。也就是说,"比起抽象的漫无边际和社会的危险防范政策主义,主张具体的维持道德和责任主义更易被常人理解"。"从这一点来看,高呼道德的责任主义在理论层面就有模糊不清的地方,不管说起哪个都是感性化的,……是直接且现实的"。教授认为最终是一种功利理论。[⑮] 至于提到目的刑主义是漫无边际,责任主义是感性化的,刑法理论是由安平教授考虑如何科学利用的,于我而言至今也是令人迷茫的。安平教授反复阐述的"构成从刑法到刑罚的轻重的理由是,这包括了由国民道德观念支持的分子",而这一点将使刑法应适当利用社会群众的道德意识这一主张丧失意义。而当"利用"作为普通词汇出现,或许会招来误解。重点是,认识存在于传统道德意识的重要社会意义,尊重它并以此为基础。然而,批判它,用它来扬弃更高级的某种东西。如同安平教授阐述的那样,传统道德意识中,想要构成高级的某物的即是目的刑主义。这是与责任主义相比的抽象之处,但并不应被评论为漫无边际的性质。

107

108

　　因此,安平教授仍然主张社会的责任论。即"以往那样道义上的责任基础存在于法律的何处……若被要求解释清楚,我认为,那就必须要用社会的

---

⑬　安平教授前揭第 4 号,第 41 页。
⑭　同上。
⑮　同上第 42 页。

责任论来解释了"。⑩ 然而,在社会责任论中个人自由的保障并不完善,于是,安平教授认为,"在报应主义和责任主义中"、"这个(政策主义)是基本原则","想把它当作限制来考虑"。⑰ 这里想指出的是,责任主义自身并不包含刑法理论上的合理性,但是,它会起一种抑制的作用。这究竟是不是应理解为是责任主义和政策主义的统一呢。安平教授认为目的刑主义是"理想的哲学的",责任主义是"现实的法律的","于是,若被问及为什么必须承认以往那样显示的表象,只能说那是追求表象的法律本身的存在理由"。⑱ 我

109 作为适度地尊重责任主义的人其中一员,一方面不能死板地只看表象,另一方面强烈反对只去看法律本身的表象。这是作为责任主义的深刻化的安平教授指出的改正要点,也因为如安平教授指出的那样,意味着"刑事责任的日益道德化"。⑲ 我们经常使法律社会化,进而道德化,一直想要将法律的社会道德权威提高。法律决不是"表象"的东西。

　　最后,安平教授这样论述责任主义和政策主义相"统一的理解"。其认为"是否肯定刑事责任这一基础问题,最终还是应取决于报应主义和责任主义。然而,当责任被肯定,关于责任的种类、程度和如何定刑就必须要取决于目的主义和政策主义"。⑳ 这是刑罚之外应规定保安处分的二元主义,决

110 不应该是"统一的理解"。于是,关于立法上采取这样的二元主义,因为目的刑论者没有异议,在这层意义上,二元主义是"反动的","最激进的刑法学者"这一说法就不具有能和我们长久以来的主张对抗的意义了。

---

⑯　安平教授前揭第 4 号,第 42 页。
⑰　同上第 43 页。
⑱　同上。
⑲　同上第 16 页。
⑳　同上第 43 页。

第三章　刑法中批判的方法

十二　批判的方法

我进一步深入了自己的研究，想要询问久礼田教授的意见。与我的立场正相反，教授在他的新书①的序中鲜明地表明达了"对峙"的态度。上文也提到过久礼田教授的如下看法："古典精神特有的传统的坚实性就连近代的叫喊和功利的猛攻也能承受得住，在今天，这两个阵营进入了相对峙的持久战状态"。②　我迫切地想从久礼田教授的立场上来学习"古典的精神有着特别的坚实性"是怎么一回事。

假如于我而言，这是一种误解呢。从久礼田教授的立场来看，是一种"批判的立场"。教授认为"所谓的'理论的政策化'和被称为'政策的理论化'若不都是漫无目的的实际上的妥协，就是不严格的理论上的折衷。于是，我们只能采取一种批判的落脚点"。③　这也就是所谓的批判的立场。那么这里就产生了一个问题。仔细思考一下，所谓"批判的"是学术界中一部分人的流行语。实际上我也在使用这样的词。④　我自己也是悄悄地遵从批判的方法在论事。恐怕这才是应称作批判的吧。那么，久礼田教授就应该认真学习被声称为"批判的立场"的这一点。我认为据旧派和新派的想法和认可刑罚以外的保安处分的立法政策，暂且可以考虑为接受妥协。然而，我

111

112

---

①　久礼田教授所著《刑法学概论》(1930 年)。久礼田教授还写过《日本刑法总论》(1925 年)。但是我想潜心研究的是教授的新作。

②　久礼田教授前揭序第 1 页。以上全都是引用了第 42 页。

③　同上。

④　作为在这一点上考虑到的，我想先举出拙稿《法律学中的哲学精神》(《法律的意识性与无意识性》第 196 页以下)，《刑法进化的精神》(同书，第 315 页以下)也有一样的论述。

认为政治上允许有妥协,科学上却决不能容忍。"立法毕竟是一种妥协。但是,这种妥协的背面有着巨大的进步的浪潮。关于看透这个进步趋势的意义,科学上是不允许妥协的。这实际上是关于刑法的研究,我采取的态度"。⑤ 我认为,批判地审视进步现象;这展现了刑法理应的发展方向,毕竟对于已成立的妥协的现行刑法,作为解释,这为运用它指明了方向。我想要根据研究久礼田教授对现行刑法的解释的立场,也就是"批判的立场",仔细113 思考尤其是被称为久礼田教授的批判的立场。

　　久礼田教授说过,"何为批判的立场。那既是知识学的立场,也是法律学的立场,还是刑法学的立场"。⑥ 细细想来,所谓的知识学,正是反省科学的认识的本质。例如,将刑法这一法律的分支如何作为一种解释来运用这一问题,就如同是认识存在的问题,还是把握义务的问题一样,在这里是不是被问题化了呢。⑦ 我必须承认,事实和义务的区别这样可以说是原始的观点,在法律中,尤其是和我的研究有关的刑法范围中,实际上是非常复杂混乱的。我也和久礼田教授一样,从这个观点来考虑事情吧。接下来,所谓114 的法律学的立场,也就是科学里说的一般情况法律学所占的地位吧。我自己的观点是,作为解释论的法律学有着一种特色。作为现行法明确一些事实的同时,必须作为规范明确它所有的价值。关于法律学固有的一种性质,我早就想强调了。⑧ 不如说一般情况下,相对于解释"恶法也是法律"的看

---

　　⑤　拙作《刑事学的新思潮与新刑法》修正版第 3 页。并且,法律上一般,尤其是以民法为资料,论述到这一点的是,《法律学历史的精神》(拙著《民法的基本问题》第三编第 172 页以下),以及《民法的基本问题》第二编第 42 页以下。也就是说,关于"历史的精神"这一观点,在此我必须表明,借重萨雷尤的著作的地方很多。

　　⑥　久礼田教授前揭序,第 1 页。

　　⑦　久礼田教授基本以索尔(Wilhelm Sauer)的论述作为书本根据。我并未熟读索尔的著作。但是,我想在仅知的范围里,考虑索尔论述的观点。依据索尔的观点,事实的学说和义务的学说的关系,不是源于自然科学和精神科学自古以来的区别,是来自全新的,价值学说和模型学说的区别〔索尔《法哲学社会哲学教科书》(1929 年),第 102 页〕。关于法律学是讨论价值的还是讨论模型的,首先讨论是可能的。

　　⑧　参照拙作《民法的基本问题》第一编第 255 页以下及同书第二编第 22 页以下。那本书论述了与比较法学相关的问题。

法,我的立场是认为法律的解释是无限的。⑨ 也就是想要着重强调现行法
的规范性。⑩ 最后在让我们看一下久礼田教授的宣称的刑法学的立场。我
所理解的是,刑法就是对于想要尝试去扰乱社会秩序的人,论述国家应该如
何做工作的学说。面对这种扰乱,国家不应袖手旁观。于是,作为国家的使
命,国家必须对此采取一定的措施。在这层意义上,处置就是对侵害这种行　115
为的反动。然而,刑法上的争论必须是规范的,这种反动就不止于被举出的
单纯的事实上的反动。假使,那种反动是一般用语意义上的刑罚,这种刑罚
的目的就必须被仔细考虑。必须讨论刑罚是否无论如何都是最合理的,最
文化的。⑪
　116

　　这样一来,久礼田教授认为"我们在此立场上,明白了法律学是文化科
学,并且刑法学正是法律学在伦理社会方面的协调"。⑫ 正是这样,法律学
即是文化科学,是明确价值的学说。刑法学作为法律学的一个分支,是论理　117
的,即规范的,社会学的,⑬即法则的协调统一,将这些法律性组织建立起
来。因此,如久礼田教授所说,"作为使这个立场变得可能的有力论据,我们
人类必须要先做一个'向往自由的社会成员'。不是人类的话,法律学和刑
法学也就不存在了"。⑭我认为,讨论着刑法的我们必须要向往自由。在这

---

　　⑨　关于"恶法也是法"这种观点,请参照我在拙稿《"恶法也是法"的格言》(《法律的意识性与
无意识性》第146页以下)中的批判。并且,关于法律的解释是无限的这一观点,请参照拙作《民法
的基本问题》第一编第一章第三节(同书第64页以下)。
　　⑩　关于法律的解释,索尔再次强调了它的规范性。索尔认为,法律学是规范且批判的(索尔,
前揭第237页)。
　　⑪　关于刑罚的本质和目的,我和久礼田教授或索尔的意见都不一样。然而,索尔本身仅主张
历史且心理的事实,并不能明确刑罚的本质和目的。这里也想所有的规范学中说的那样,明确它的
目的和意义(价值)就是相对于它的本质和存在的认识论的先行者索尔《刑法基础》(1921年),第69
页)。
　　⑫⑭　久礼田教授前揭序第2页。
　　⑬　我读了久礼田教授在文章中阐述的"伦理性和社会性",恐怕对此有一些不同的见解。我
并不是认为以往的伦理论是个人主义的东西。然而,论理性考虑,伦理性与一般社会性并不是相对
的。在此,根据伦理性规范的和社会学的存在相对比,才构成了这个意思并且得以解决,我对此兴
趣颇深。

层意义上,我们必须有足够的批判精神。[15] 必须认识到,法律学乃至刑法学
是为了"人"被讨论着的。我们要把犯罪人也当成一个人,在此"论据"上构
118 成我们的讨论。[16]

因此,久礼田教授提出了"理论的界限"和"政策的限制"。[17] 与此相对,
119 我认为理论和政策及伦理互相协调统一。然而,久礼田教授一味排斥妥协
和折衷,并认为理论的界限和政策的限制是批判研究的结论。但这种界限
在哪里呢。这种限制又在何处。我觉得必须充分研究久礼田教授提供给我
们的见解,久礼田教授明确提出了六条纲领:"(一)在他的主观主义上所谓
的情操应该是刑的适用或刑的量定的对象,由此论述违法性这一法律学本
质是不正当的。(二)即使我们常说违反条理是违法性的实质这一论述是合
适的,也就是说,因此明确违法性的实质还是失之过急。(三)我们常说的社
会责任论,与其说它是主观主义不如说更能呼应客观主义。(四)作为以犯
人的改过自新的基础,与社会责任论相比,道义的责任论更为贴切。(五)即
120 使刑罚和保安处分的目的相同,因为二者性质不同,反躬自问这一点,在执
行上要施以不同的手段。(六)因为除刑罚和保安处分之外还有为了预防犯
罪和加强社会治安实施的其他有力手段,从国家的和社会的角度看,这些对
策应该被广泛宣传"。于是,这就是成了"全都是批判的结果"。[18]

这毕竟还会成为关于刑法改正久礼田教授的提案的吧。教授认为,"立
法应当是现实的,不应只听取尖锐化的某一派的一种说法"。[19] 教授对我们

---

[15] "向往自由的人"这一说法当然是斯坦勒构想出来的。所以我想引用一节斯坦勒关于正当
法的论述。这些是关于信义诚实的原则或善良的风俗,斯坦勒并不认为它们是法律以外神秘的伦
理。我想思考一些非常具有批判性的事。一方面,我想要单纯地避开历史的和心理的东西,又想单
纯地避开神秘的伦理的东西。在刑法中,即使是同样的事,斯坦勒也会加注,并引用李斯特的《刑法
的正当论》。关于李斯特的那些论述,请参考拙著《刑法中重点的变迁》第295页以下,尤其是第302
页以下。

[16] 正如康德所说,人类不能把这当作道具。于是,英国的内务大臣乔因森·希克斯(Joynson-
Hicks)在1925年的伦敦会议上倡导说,希望大家认识到罪犯在犯罪之前也是一个普通人。

[17] 久礼田教授前揭序第2页。

[18] 同上。

[19] 久礼田教授前揭序第3页。我并没有理解这里的"立法应当是现实的"这句话中"现实"的
意义。我只想停留在"政治应当是妥协的"这里。

的主张持反对态度。我想要研究上文所述的六条纲领在怎样的意义上,从批判的角度怎样反对我们的目的刑论和教育刑论。[20]

十三　违法性的观念

首先,我想探讨一下久礼田教授关于违法性的观点。如果我的理解没有错的话,在久礼田教授关于违法性的观点上,我注意到了两件事。第一,违法性有两层意义,即,形式意义(违法禁令或命令)与实质意义(危害依法受保护的社会生活上的利益即侵害法益)。第二,关于违法性的本质问题,有主观观察(如,无责任能力人的行为不算违法行为的观点)与客观观察(如,从法规的整体精神判断行为的客观价值的观点)。[21]

关于第一个问题,久礼田教授认为,"实际观察看来,形式违法的行为并非就是实质违法,另外,实质违法行为也并非就是形式违法",然而,"规范社会共同生活的法规,必须以彻底保护社会生活利益为目的,因此,从法律的理想状态看来,形式违法必须与实质违法一致"。[22] 我无法理解久礼田教授将现实与理想区别开来的想法。在这里,我们必须将作为规范科学的刑法解释作为讨论的基础。[23] 关于刑法的解释,有现实解释和理想解释的区别吗?从社会学的角度来看,裁判所判定的违法行为和我们认为的违法行为之间的确有些许差异。但是,我们现在并不是从事着社会学的研究。从规范的立场看来,我们讨论的是,在思考违法性问题时,刑法解释应该是怎样

---

[20]　久礼田教授继续表明,"批判是整体的,整体的合理化。被合理化的整体以外没有现实的立法的指南针(序第 3 页)。"作为指南针唯一科学的东西必须被想定。因为科学是不存在妥协的。然而,关于"现实的立法",我们常常考虑到妥协,就像将事关自己的批判的唯一原理视为强行一样,作为事实我认为这是不可能的。

[21]　久礼田教授,前揭第 200—202 页。

[22]　同上第 201 页。

[23]　在此附注,久礼田教授在其著作的前言中,像信条一样写到,"自然科学的结构并不适合法学,亦不适用于私法、刑法。法学是规范科学,其基本问题只有站在规范的立场上才能正确把握"。

123 的问题。如此一来,从这一点看来,暂且不论刑法各条文中或多或少都指出了犯罪的构成要素,我们必须要在理论上规定违法阻却性事由的范围。《刑法》第35条至37条的规定必须要扩大到何种程度的问题就在于此。刑法的各个条文都列举了一定的事实。由于与一定的事实有关联,这种列举难以扩大解释。㉔但是,违法阻却性事由的规定,由于是关于行为的社会评价问题,解释的余地绰绰有余。㉕ 这是因为,关于行为的违法性问题,应停止仅仅停留在探寻法规形式,讨论形式违法层面,必须明确法规的精神,对实质违法进行说明。因此,无论刑法的形式上的规定如何,未造成实质违法的行为就不在刑法的范畴内。虽然从刑法的性质而言,并非所有的实质违法行为都会受到处罚,㉖但这并不适用于缺少实质违法的行为。至少在这一

124 方面关于对刑法的解释是有很大余地的。

如此想来,我十分不理解久礼田教授所认为的,带着违反条理㉗的想法

125 是无法讨论违法性本质的这一观点。刑法上违法性的观念与其他法律中的违法性观念一致,都是违反条理或者是违反公序良俗。久礼田教授却否认这一点,那么关于违法性问题究竟该树立怎样的观点呢? 我不得其解。如此一来,不幸的是,我并不知道传统学派在目的刑论的哪一点上比较可靠。㉘

㉔　关于这一点,我也并未打算坚持一直以来所谓的严正的解释。然而,从刑法中的罪刑法定主义原则看来,另一方面说来,从刑法是制裁刑法的法律看来,关于刑法无法囊括所有违法行为的这一点,请参照拙稿《犯罪的实证意义》,载于《刑法研究》第3卷第1页以下。

㉕　关于违法阻却性事由,即使是以往的学者,也允许他们对此规定进行类推解释。《刑法》第35条的"业务"一词,根据其文脉进行狭隘解释的学说,至少并不是通用解释。关于这一点,久礼田教授也沿用通用学说(久礼田教授,前揭第210页)。刑法改正预备草案第17条,"由如同法令一样的正当业务所引起的行为或者如同公共秩序一样不可违背的习惯的善良风俗所引起的行为,不为罪",特别是扬言及"习惯"这一点,免不了会受到批评。

㉖　在这种意义上,我承认刑法中存在法源的限制(拙著《刑事学的新思潮与新刑法》修改版第54页)。但是,我曾经认为"我并不相信法律的解释是无限的"(该书第49页),但是随着自己的自由法论的发展,时至如今有必要对此进行修改。

㉗　我用了违反公序良俗一词,也可以说是违反文化规范。我只是为了与民法用语一致才用了此词。

㉘　久礼田教授强调应该区别讨论违法性的实质与本质,然而我依旧不能理解这一点。

如此,关于违法性本质的主观观察与客观观察的讨论,久礼田教授在这一点上,显然赞成客观学说的观点。他说,"客观学说明确了违法性的社会 126 基础,主观学说是探寻个人的道德渊源,即,实际上是关于行为的责任问题。因此,作为关于犯罪的客观要素的违法性的学说,客观学说是正当的"。㉙ 实际上,新派学者完全将精力倾注在十分客观地考虑违法性上。将违法性从"社会基础"层面理解的话,即使是所谓的无责任能力人的行为,由于其行为的违法性十分明确,就必须要进行处罚。这样一来,我们并未考虑到带着行为人的情操来讨论违法性这一要素。我仍不理解,在这点上,久礼田教授从批判的立场上看来,新派的恶性论情操刑论是不对的。 127

十四 社会责任的意义

那么,我们接下来讨论一下社会责任论。久礼田教授在谈及社会责任论时,认为社会责任论"与其说是主观主义,倒不如说是与客观主义相对应"。参考久礼田教授以往在这种情况下的发言,尤其是要如何理解他对于新派的主张持有异议,并进行辩论的这一过程,让我煞费了一番苦心。久礼田教授主张要协调道义上的责任和社会责任,也就是强调社会伦理责任论的"整体的真理性"。与此相对,虽然一直以来道义上的责任论都被视为个人伦理方面的问题,但我认为,它更是一种社会层面的伦理问题,并且,也正是由它构成社会的责任论。如果认为我这一派的理论无视了伦理上的问题的话,那就大错特错了。我只是把原本只被视为个人方面的伦理问题,又从社会角度树立伦理观罢了。不过,我并不是主张"社会责任论和道义责任论 128 两手端平的真理"以协调两者的关系,㉚而是想通过批判既往的道义责任论,接着反复推敲使理论成熟,再使用辩证法的扬弃思维使其有主次之分,

---

㉙ 久礼田教授,前揭,第202页。
㉚ 久礼田教授的发言,于同书,第240页。

最后得出社会责任论的结论而已。久礼田教授和我虽都是采用了批判性的思维进行思考，但是方法论上却是大相径庭，这才导致了结论的不同。

久礼田教授曾认为，"社会责任论是和意志必至论互相呼应的，刑事责任的社会基础也是根据这一理论得以确立的，但是对于我们道义上必然的要求，以及在当今社会有着极大现实性的意志自由的理想的过度忽视，是这个理论的不足之处。"③对于这一观点，我想做一个回应。社会责任论并不否认意思自由这一事实，只是不大同意自由论者们所宣扬的那些"自由"罢了。换言之，社会责任论认为对于有着意思自由的犯罪人，必须给予与之相称的社会制裁，但在这个衡量的过程中，没有必要执着于"自由"这一要素。那么，"意志自由的理想"对我们而言无非是句空话；"把行为和行为人的人格同在道德的基准下结合起来"这一观点概括来说也不过是形而上学的发言，在科学的角度看来既无意义也无用处的。

但是，久礼田教授认为我们的见解存在缺陷。那么，这一缺陷究竟存在何处呢。久礼田教授说过，"如果过度着眼于现实，就会抹杀人类应怀有的理想，反而会导致生而为人的真正意义的丧失。所以在确定刑事责任时，也应该树立道德方面的标准，并从这一方面来确认个人的自由。更何况，考虑到如果不承认个人道德上的自由的话，就会导致通过个人的改造，使社会防卫这一刑法的终极使命无法实现，我更加感受到了此事的重要性。"㉜对此，我的看法是这样的。对于"极端现实性考察"，我并没有这样的打算。但是我认为，对于现实的考察的确需要科学严密的贯彻执行。也正是在对现实的科学严密的考察之上，我们才能拥有坚定的理想。基于这样现实的考察，新派的学者抛弃了所谓的意思自由的观念，对犯罪者施加相应的影响也就是刑罚以改造而不是单纯的隔离的通过隔离犯罪者来阻止犯罪，这与我们所主张的教育刑论不符——那么就不得不采取社会防卫的手段。我们构建了社会防卫也就是人与社会的协调这一理想。对于"生而为人的真正意义"

③　久礼田教授前揭于同书第 234 页。

㉜　同上第 235 页。

是否会因此而丧失,不在我至今为止的考虑范围之内。久礼田教授所认为的"通过个人的改造,以实现社会防卫",通过对拥有自由意思的主体给予其作为因果报应的刑罚,到底是不是"无法实现"的呢。③

　　以及,对于社会责任论,久礼田教授认为"必须从社会的角度考察刑事责任这一观点自不必多说,但既然是所谓的社会责任,就不应该和动物,又或者是遭遇到的自然现象等纯粹客观的责任混为一谈。"㉞这个批评完全不是在理解了新派的社会责任论的前提下作出的。我们同样认为"在承担责任的必须是人这一点上,有着刑事责任的重要意义"。㉟我们只是在实现社会防卫这一目标下,对待在实际情况下所考察的人罢了。对于"虽然意思自由缺乏自然的实在性,但是它作为一种人应有的道德上的行为,拥有另一种独立的普遍适用性"这一观点,㊱我遗憾地表示不能理解。以及"所谓责任就是以个人伦理标准来评价社会性违法"这一看法,㊲无论是从立法论的角度还是解释论的角度,我甚至都不明白要如何展开。

　　但是,根据既往的研究,对于久礼田教授认为社会责任论和客观主义相呼应的原因,我还是能够理解的。也就是说,久礼田教授将自己的责任论表述为"我们的学说,不仅仅只是站在个人伦理的立场上,从行为的客观违法性出发进行考虑,的确社会责任论与道义责任论相比更为重要。㊳还有,不仅仅是行为的客观责任即违法性的社会功利性质的目的观,换言之社会防卫论,㊴可以通过将其与个人伦理性结合起来,在其目的观中加入'使用主

131

132

_____

　　③　关于索尔在这里主张报应论,倒不如说是种坦率的行为。通过刑法的使命来改造个人,实现社会防卫,这在纯正的报应论中是不可能的吧。比如索尔,基础的第 69 页以下,特别是第 86 页,第 141 页以下尤能看出此点。又或者可以参照教科书第 287 页以下。

　　㉞　久礼田教授前揭第 236 页。

　　㉟　同书。

　　㊱　同书同页至第 237 页。

　　㊲　同上。

　　㊳　但是,即使站在旧派的立场,换言之个人伦理的立场上,行为的客观违法性也不可能,也不允许被置之度外。

　　㊴　虽然说久礼田教授是这样解释社会防卫论的,但对于刑法新派而言却并非如此,关于此点已有多次声明,自不必多说。

观改造手段'这样的道义色彩,在这一立场上比起社会责任论,道义责任论发挥的作用更大"。[40] 呜呼! 依久礼田教授所见,我们站在传统的立场上,排斥社会责任论,只相信客观主义,像这样的看法的要点究竟存在何处,我百思不得其解。我认为久礼田教授对于所谓"主观的改善"可能存在着误

133 解。[41] 刑法理论中的改善主义,实际上是目的刑论中的主观主义所特别强调的内容。[42]

对于久礼田教授进一步的发言,我也持有异议。久礼田教授认为,"不

134 得不说,出于社会防卫的目的,对需要承担社会责任的行为科以刑罚,说到底不过是犯罪人的主观(值得注意的是宣扬社会责任论的人总喜欢强调这一点),如果考虑所谓的刑罚适应性,就已经要进入主观主义的范畴了。"[43]首先,久礼田教授认同社会责任论者尤为宣扬主观主义,但同时,他却认为这仅仅"要进入主观主义的范畴"。如果那样的话,久礼田教授所主张的古典的精神,难道是更加深入主观主义了吗? 传统且坚实可靠的客观主义又被赋予了怎样的意味呢? 我认为随着近年来学说的丰富与发展,旧派的客

135 观主义已经逐渐变成新的古典责任论,并且渐渐转变成新派的主观主义。[44]

上述的内容,是对久礼田教授所主张的,对于犯人的改造,作为基础的与其说是社会责任倒不如说是道德责任这种观点的我的一些批判。我们当然会对行为者的责任做道德上的评论,换句话来讲,为了刑罚的效率,也要充分考虑行为者乃至社会大众的道德思想。但是,我认为,这个道德思想也需要从社会防卫也就是社会和个人的协调这一立场上进行充足的指正和规

---

⑩ 久礼田教授前揭,第 239 页。

⑪ 久礼田教授并不是主张所谓的"伦理方面的改造"(同书第 233 页),通过赎罪,不是对犯罪者进行单纯地净化,事实上是带有为犯罪者回归社会做准备而进行改造的意思。

⑫ 索尔宣扬,把改造主义当做刑罚固有的本质乃至目的,是不可被原谅的。轻罪只能适用轻刑。刑罚的轻重,只能根据违法程度的轻重和责任的大小来决定。参见索尔,教科书,第 278 页。

⑬ 久礼田教授前揭,第 239 页。

⑭ 拙著《刑事学的新思潮与新刑法》改订版的第 187 页就此有所描述。还有,撒赖耶(Saleilles)在《刑罚的个别化》第二版(1909 年)中对于学说的发展,认为其存在第一旧派(不存在个别主义的刑罚),第二新古典学派(根据刑事责任所确立的个别主义),第三意大利学派(根据主观恶性所确立的个别主义)。

制,同时,在道德思想这个手段之外,也要对像是社会学和心理学的一些方法上述以及其他一些技术性方法的应用怀有极大的期待。[45]

136

十五 刑与保安处分的关系

在此我必须要询问一下久礼田教授关于保安处分的见解。久礼田教授站在所谓的批判性立场上提出的见解已经在前文提到过。即,"尽管刑罚将保安处分及其目的统一了起来,但由于这两者的性质存在着差异,因此在具体实施过程中必须要把握好尺度反复斟酌。"刑罚的本质在于因果报应,从这点来看,主张将刑罚和保安处分区别对待的主张这一派的观点就无须赘述了。总而言之,由于旧派论者扬言要重视有关因果报应的社会情感,所以如果这样来看的话,我们也不是不能向他们的观点妥协的。而妥协点就在于采用刑和保安处分的二元主义。然而,久礼田教授认为,仅仅像这样认同刑和保安处分之间的差异是不够的,还需要在刑罚的执行上,也就是有必要实质上进行"相当程度的斟酌"。

137

当然,我们也并未认为刑和保安处分在实质上是完全一致的。没有人会认为所谓的责任能力人和无责任能力人之间的待遇是没有差异的。[46] 与此相同,就算是在责任能力人之间,我们也必须区分成年犯罪人和少年犯罪人的区别。就算是在成年犯罪人之间,也必须认清种种类别的差异。就算是对同一个犯罪人,随着刑的执行的逐渐深入,犯罪人得到的待遇也会随之改变。这便是所谓的累进制。累进制作为刑的个别主义,早就被新派的学者提出了,并且在立法上以及实际上逐渐推广向各国,实际上日本也在逐渐

---

[45] 刑罚执行的改良在这里存在着问题。索尔也认为在行刑的问题上新派的主张能成为重要的贡献。参见索尔,教科书,第 278 页。

[46] 1921 年的菲利案件也是如此。1926 年的苏联刑法也是如此。1926 年的古巴案件也是如此。也就是说,就算不区分刑和保安处分的区别,这两者的区别也会自然而然的被重视。

实施累进制。[47]

　　除了我们所写的"斟酌"之外,久礼田教授在对于刑的个别主义的要求
138 中,在具体斟酌多少这一点上用了"相当"一词。正如久礼田教授前文所叙
述的一样,他特别强调了从"个人伦理的改善"、"个人的改善"到"主观的改
善"。所谓的改善便是有赎罪产生的净化,在我们看来,这并不是单纯停留
在观念层面的东西,如果这还意味着要给予犯罪人回归社会的能力的话,我
们所主张的刑的个别主义便会要求所有能够实现改善的必要因素,并且会
将所有超越这些必要因素的东西都视为是不当的。这样,刑和保安处分之
间在本质上便不存在差异了。但是,久礼田教授脱离了这种必要因素,并且
139 主张超越这种必要因素,让"相当程度的斟酌"得以成立。[48]

　　我必须要对久礼田教授对于刑罚的本质的"批判"进行批判。久礼田教
授提出"刑罚是犯罪出现之后才开始实施的。单纯将此命题在形式上进行
解释的话,刑罚是对犯罪的因果报应"。[49] 但是,第一,如果仔细思考一项
前文引用中的前半句的话,刑罚仅仅应该在犯罪之后进行,那么我们就必
须思考能否说刑罚得以实施非常明确的前提;第二,如果看前文引用中的
后半句的话,我不得不说所谓的因果报应简直就成了毫无内容的单纯的
"形式"。

　　从主观主义的前提出发的话,就算是在没有犯罪行为的情况下,只要恶
性的表征还确实存在,我们就不能没有针对这些恶性的法律效果。[50] 从我
们的科学现状来考虑的话,恶性就是等待犯罪并吸收其所有的表征,为了个
140 人的权力自由那是非常必需的。但是我们至少得注意两点。第一,对于累
犯,特别是常习犯的处理从最近的发展来看,已经逐渐超越了犯罪行为和刑

---

　　[47]　刑务协会发行《行刑论集》(1930年)是有关此点非常有说服力的论文。特别是正木学士的
《少年行刑》(同书第191页以下)、住江氏《日本的累进制》(同书第145页以下)。

　　[48]　我认为索尔所说的新派的有关刑的执行的主张有着重大意义这一点是十分讽刺的。参见
索尔,教科书,第278页。索尔认为,刑和保安处分在抽象意义上是对立的,但是在具体意义上却
并非对立。参见索尔,基础,第189页。

　　[49]　久礼田教授前述第52页。

　　[50]　虽然菲利强烈反对此结论,但是苏联《刑法》第7条却明确认同了此结论。

罚的关系这一范畴了。⑤第二,如果要就精神障碍者谈论恶性的话,所谓的犯罪行为如今已经不再被重点考虑了。⑤

原本,只要有犯罪的地方刑法就会如影随形。在此意义上,刑法被视为是因果报应的产物是没有问题的。但是,如果在此意义上,刑法便仅仅具有单纯形式上的意义,就好比事物的影子一样没有任何内容。从规范的立场来看,也未必就一定要像报应论者所说的那样,刑罚一定要成为对于犯罪的报应了。以此为由,久礼田教授又提出,这种报应"必须要合理化"。⑤若是如此,要如何对社会学上的报应现象进行解释才能实现这种合理化呢?久礼田教授提出,"这需要实现蕴含在报应中的刑法正义。由于刑法正义存在于对法的否定的否定当中,报应便是刑罚的主要要素。在否定违法,并且在将抵偿作为犯罪其他要素的主观犯罪的过程中,报应的合理性便能显现出来了"。⑤用语方面仅仅抽象地用"否定的否定"在描述时,还是可以认同此观点的吧。但即使是这样,对于暂缓起诉,缓期执行的制度针对犯罪没有报应的情况的理解就变得相当困难了。如果是"抵偿违法",从词到观念我都无法理解其意思。如果因为所谓的"抵偿",犯罪人将"主观改善"贯彻到底的话,那么对于刑法在19世纪是如何受到针对犯罪社会学心理学的批判这一点,我们是完全无视的。我对于"在确保作为法的价值的正义这一点上保有普遍妥当性"⑤这一点,是持有非常大的异议的。保安处分在刑法之外是非常必要的结果,便是明确赎罪产生的净化作用在贯彻"主观改善"上并不是十分明显,这是事实。

但是,久礼田教授也并没有无视目的刑论。他提到"这样,我们必须说,对于保有了形式上的普遍妥当性的刑罚,让其具备在现实生活中的效果

---

⑤　各国针对常习犯的刑法草案在这一点上保持着步调一致。最近日本《盗犯防治法》第2条以下。

⑤　《精神病院法》第2条第1项第2号规定:"司法官厅特别强调将只有犯罪人才会被认定为危险者",但是在精神病人监护法中,则必须考虑只要是精神病人便要进行拘留。

⑤　久礼田教授前揭第53页。

⑤　同上。

⑤　同上。

性,以及在社会生活中保有功利性的要素,必须说这一点是在法律价值中的现实性方面,也就是回顾法律中的目的观时的必然要求"。⑤⑥ 这样,久礼田教授认为在刑罚的形式本质之外存在其实质本质,"这两种本质在作为刑罚本质的刑法正义当中相互融合",⑤⑦这里的"融合"便是"存在刑罚中的各种目的被存在与刑罚中的报应所限制,存在刑罚中的报应因为存在与刑罚中的各种目的而变得更有效果",进而,"存在于刑法正义当中的刑罚形式性本质和实质性本质是相互制约的"。⑤⑧ 久礼田教授认为,文中提到的"相互制约"既不是"漫无目的的妥协",也不是"温吞的折衷",而是在"批判性立场"下的"全面性真理"。

久礼田教授还认为:"为了实现刑罚的目的,必须要进行刑罚,并使其与犯罪人恶性的深浅以及犯罪对社会的侵害程度大小相适应"。⑤⑨ 这也是"相互制约"的必然结论了吧。但是我想在对前文提到的久礼田教授"报应是刑罚的主要要素"这一观点表示赞同的同时,在其他方面提出以下一些自己的见解。是这样的,"假如认同了刑罚中的目的,其中主要的目的便是,将犯罪人作为对象,力求改善。因为不管怎么说,在追求刑罚的实质性本质时,刑罚应当要比一般社会先一步将犯罪人作为对象,并且尽可能提高将犯罪人重新带回法治社会的可能性。当然,这和刑法中的一般预防的目的并不矛盾。因为不管怎么说,虽然刑罚法规把针对特定的犯罪人提升特别预防的效果作为直接保护的利益,但是在间接上通过针对违反刑罚法规进行刑罚制裁,来对一般法规设定的法益进行二次保护。而且,改善应当作为实现刑罚当中应当存在的实质性正义最理想的手段来推进,即使现实当中存在无法改善的人,也绝对不和刑罚中应该存在的本来的大目的相矛盾。因此,就算如果有像这样无法改善的犯人,而为了社会防卫而不得不淘汰改善论,我

---

⑤⑥　久礼田教授前揭,第 53 页。
⑤⑦　同书,第 54 页。
⑤⑧　同上。
⑤⑨　久礼田教授前揭第 50 页以下。

们也应当将视为实现作为刑罚理想的实质性正义的一种方法"。[50]

总而言之,站在所谓的批判性立场上来看的话,报应是刑罚主要的"要素",改善是其主要"目的"。[51] 我不得不看破其中的二元性理论。立法论也好,解释论也好,对于"古典精神特有的坚实性",我不得不反复反省。

索尔认为,刑的量定论是刑法论的最高点,它将刑法的中心观念不法、责任和刑罚调和,进而实现生活中的法的理念,贯彻人世间的正义。[52] 就是这样,作为否定的否定来实现报应后的净化,就算是为了最后一个人,也要致力于保障他作为人的基本生活。这种理想和这种正义,是存在于前者呢?还是存在于后者呢? 果然问题还是停留在了这里。[53]

146

---

[50]　久礼田教授前揭第 50 页以下。

[51]　索尔也认为要区别本质和目的。

[52]　索尔,基础,第 659 页。

[53]　见于拙著《刑法重点的变迁》第 67 页以下,特别是第 71 页以下。

第四章　刑法中怀疑的态度

十六　怀疑的态度

最后,我要研究与安平教授和久礼田教授持完全相反立场的泷川教授的主张,尤其是这位教授对于我的一种立场。

目前,泷川教授对于我的目的刑主义、社会防卫主义持有明显反感一事自不必说。那么,我就泷川教授在传统立场上主张报应刑论这一点展开讨论。[①]然而,最近我才得知泷川教授的报应刑论可在一个崭新的立场上来认识。

实际上,泷川教授未曾彻底论证自己独到的报应刑论。泷川教授历来的论述是传统立场上的报应刑论,因而,我所能接受的不过一般意义上的客观主义罢了。因此,在此范围内,我有意在一定程度上理解泷川教授的报应刑论。然而,直到最近才有人下论断说:泷川教授所持立场并非传统立场。因而,在这个意思上,极大引起了我们的学术好奇心。

这个论断至少有两点主张。一个是对于风早学士所译贝卡里亚的《犯罪与刑罚》一书的批判中可见的主张。另一个是收于法学全集的《刑法总论》序言中的主张。

第一种主张认为[②]:"在现在的日本刑法学界,社会防卫主义、犯罪表征主义、主观主义占绝对优势。"确切地说,三者或多或少存在差异,但三种主张的根本要素却是相通的。犯罪是认识犯罪人性格的途径。而借由犯罪看

---

①　由此来说,我在评价泷川教授方面同安平教授与久礼田教授为同一系的学者。

②　这种论断的前半部分已经写到过。

到的犯罪人性格以给出处罚标准。刑法的目的在于从犯罪人危险性格的威　148
胁之下保护社会。如上所述,在这个纲领的相关范围内,社会防卫主义、犯
罪表征主义、主观主义立足于自由法论的同一基础。③　然而,这就衍生了一
个问题。所谓社会具体来说做何意义? 是指为支配阶级建立起来的资本家
的社会? 还是作为被榨取阶级饱受压迫的无产者的社会? 或者是把阶级斗
争置换成阶级调和的空想社会?④　再或者是超越了一切阶级的抽象社会?⑤
这个问题没有定论,什么样的犯罪人的性格算危险呢? 因此,通过犯罪看到
的犯罪人性格是哪种程度上的危险,也不好下判断。换言之,在资本主义的
现阶段,社会防卫主义、犯罪表征主义、主观主义应当如何批判刑法,关于这
个问题,《犯罪与刑罚》的译者要求我们加以解答。特别是根据治安维持
法,从辩证法的发展过程来看,被认为是无意义反动的刑法,如何认定其
意义、目的、方法、程度,这是一个问题。⑥　我所理解的译者的期望也就在
于此。⑦

　　第二种主张认为:"我们生活在政治性国家制度和经济性私有财产制度
的国度。这是目前社会生活的根本组织。那么国家主义是否合理,无政府
主义是否合理,还是应该维持私有财产制度? 这是应该特别研究的问题。　150
我在承认现有制度的前提下,尝试刑法的说明"。⑧

　　泷川教授的这种立场可以称为一种怀疑主义。第一,泷川教授以贝卡
里亚的《犯罪与刑罚》的翻译为契机,揣测此书译者对于我们的刑法理论所
持的疑问,并向我们寻求相应的"解答"。译者存在这样的疑问,我们一旦给
予同情加以探究的话,会发现这疑问无疑与泷川教授的一样。不过,泷川教

149

---

③　必须注意在这里对于自由法论有一种明确的反抗意思。

④　所谓社会调和毕竟是空想一说,是否成为泷川教授的提案呢?

⑤　在现实社会中,即使阶级对立认可这种抽象社会,但社会本身也不予认可这一看法或许是
泷川教授主张的主旨?

⑥　在此我想明确的是,关于应当将治安维持法作为解释论来对待,而非作为立法论来批判,
我曾写下《思想国难令评释》(志林第 30 卷第 8 号第 85 页、通卷第 981 页以下)。

⑦　《法学论丛》第 23 卷第 2 号第 293 页。

⑧　泷川教授《刑法总论》(收于《法学全集》)第 13 页。

授只是将这种疑问提出来,丝毫未曾在其刑法理论体系中明确出来。我站在泷川教授的立场也不外乎是对疑问加以解答。

第二,泷川教授只是将他所持报应刑论乃至客观主义的刑法论建立在某种假定之上。这种假定被当作事实。然而,对于这事实的合理性,泷川教授同样抱有疑问。因此,泷川教授的法律理论体系仅仅建立在某种假定之上。假定的合理性是"应该另作研究的问题",在此范围内,必须说这种假定应当置于怀疑立场之上。我对泷川教授的主张存疑,恐怕失礼于这位自己敬爱的学界同僚。但基于以上理由,我再三思量,还是想建议就泷川教授的主张展开一些研究。

十七　刑法解释

我是从客体的角度来讨论法律的解释的。我想以此为中心,将泷川教授的方法性立场和我的立场试图进行比较分析。

第一,我想在对刑法进行解释时,将法律考虑为社会规范。因此,对于我来说,所谓解释法律,就是去明确法律的社会规范性层面的意义,也就是法律的价值。如果是某些存在着两种意义的法律,那么更具有规范性的那种意义就更能准确地对法律进行解释。那么,如果说站在准确解释法律(也就是前文中提到的准确一词)的立场上的话,追求对法律更准确的解释变成了我们的努力目标。对此,泷川教授提出:"在承认现实制度的前提之下尝试对刑法进行说明"。这样,现实制度是否合理,就成了一个"别的应该研究的问题"。泷川教授也许是相信就算去除了事物的合理性也仍然可以对法律进行解释。这样看来,泷川教授非常强烈地主张报应刑主义和客观主义,也只不过是在现实的制度下单纯地列举一些事实,从形式伦理的角度来推测罢了。

第二,如果按照前文所说的一样来看的话,那么泷川教授有可能并不承认在法律解释中存在的理想意义。有一派学者认为法律只不过是上层建筑中的一部分,这种主张完全否定了这种理想意义。自始至终,法律都作为国家权力的体现者,就算极大程度地承认法律解释中的理想意义,法律也应当完全按照形式伦理来进行处理。因此,我们才会说恶法亦为法。但与此相对,现今时代,法律的理想意义被完全否定,这样的法律也只不过就是上层建筑中的一部分,这样我们也可以说成是恶法亦为法了。我们也就可以去除事物的合理性来对法律进行解释了。⑨泷川教授的报应刑主义和客观主义并不是因为合理正确而被主张的,而是在现实的社会制度下,仅仅因为形式正确而被主张的。

154

第三,泷川教授对自由法论表示反对。"刑罚的目的是防御社会以使其不受到犯罪人危险性格的威胁","只要符合主题,社会防御主义、犯罪表征主义、主观主义就能成为自由法论的同一基础"。但是,关于如何解释自由法论,在何种意义上将社会防御主义和主观主义同自由法论放在同一基础上的问题,泷川教授并没有明确。我近年来一直主张民法中的自由法论,并倡导刑法中的主观主义。并且我主张将两者放在同一性、合理性基础和同一性方法性立场上。所谓的同一性基础,总的来说就是与从来的个人主义相对的国体主义。所谓的同一性方法,总的来说就是与从来的伦理主义、形式主义相对的合理主义、实质主义。这样,要贯彻刑法中的社会和个人的调和社会防卫,我们就必须对刑法的主观主义进行解释。但是,对于我们所说的"社会",泷川教授有着很大的疑问。于是,在方法性立场当中明确采用客观主义的主旨。关于未遂论,在明确"着手实行"这一观念,对于泷川教授所采用的客观说,我能够看得懂一个例子。所谓"着手实行"的,具体解释为"当行动符合构成要素里的任何一项时,刑法的评价就开始有了客观妥当性。也就是说,对不满足构成要件的行动进行不能处罚的这一立场,就必须用客观说使其正当化"。⑩ 在我看来,刑法必须将罚该罚的人作为第一使

155

⑨　泷川教授用的并不是"解释"一词而是"说明"一词,这应该是有什么特别的意义。

⑩　泷川教授《刑法讲义》改订版第146页。《刑法总论》当中主旨稍微有些不同(第153页)。但是,泷川教授紧接着提到:"这是一个在进行了某个具体行动,并且这个行动是否满足构成要件中的任何一项是事实符合法律的直观问题",并且特别强调了"直观"一词。

命。这里存在一个主观主义的要点。⑪ 但是,泷川教授的见解是,对于特别
强调针对社会的个人立场的观点,需要特别注意。⑫

　　第四,对自由法论表示反对的泷川教授,在对"刑法解释"进行说明的时
候,引用了如下的语句,对此我们必须要特别注意。泷川教授提到:"刑法的
渊源是'法律'。虽然只要制定下来的法律词汇本身不被废止或者修改,那
么它就永远不会改变,但是法律的合理性内容⑬却会随着时代改变。因此,
法律解释就是在从法律词汇中存在的各种意义中选择最能称之为法律的唯
一合理性内容中成立的。⑭ 刑法和其他法律在这一点上和其他法律并没有
区别。⑮ 有必要以刑法是侵害人权利的法律为理由尽量严格地进行解释,
并且,在刑法中,只有在涉及犯人利益的时候才得以类推,这样的见解只是
对罪刑法定主义从始至终的要求进行无批判性的认同。⑯ 总而言之,主张
认同刑法解释和其他法律解释之间存在差异的主义,不管是从规定上还是
从理论上都是没有任何根据的。社会是无限进化发展的。⑰ 法律,包括刑
法,都必须依据解释对新的社会生活进行规范。⑱ 这便是作为社会科学的
法律解释学的使命。"⑲

　　泷川教授提出的如此见解,真的能和"在承认现实制度的前提下尝试"
相对应吗? 从来我都是认为所谓社会,"政治层面是国家制度,经济层面是

---

⑪　自不必说,考虑到犯罪人必须受到刑罚并被刑罚所挽救这一点,我主张进行行刑改正。起
规范作用的刑法的发展目标就在于此。

⑫　泷川教授在《刑法讲义》的卷头的序言中,引用了"刑法是犯罪人的大宪章"一句,并将其作
为信条。但是,对于斟酌序言的我们来说,要更进一步,不仅停留在犯罪人被刑罚挽救这一层面,更
应该强调犯罪人必须被刑罚挽救。

⑬　泷川教授主张"合理性内容"。

⑭　所谓解释,就是根据事物的价值进行"选择"。

⑮　这是我很早以前就开始主张的东西。关于这点,我和日本的一般刑法学者都有争论。但
是,归根到底,都应该归结到一种自由法论上去。

⑯　总而言之,从学术态度来讲,一定要避免对事务"无批判性的认同"。

⑰　如果否定了社会的进化,那么法律学从来的方法论和我们的立场就存在着差异了。

⑱　对于社会的进步,法律也是依据解释,执行也必须执行法律中的固有使命,这是要规范法
律解释的我们的立场。

⑲　泷川教授《法律总论》,第55—56页,以及《刑法讲义》,第45—46页。

私有财产制度"。^⑳ 如果是刑法的话，就可以说成是"罪刑法定主义"。但是，"社会是无限进化发展的"。究竟该往什么方向进化呢？我们不能对"现实制度无批判性地认同"。我们应当在批判"现实制度"并让其"无限进化"的过程中，认清其合理意义。在法律解释中，我们必须要将法律中应当含有的"合理内容"列举出来，并依此明确"刑法也必须依据解释对新的社会生活进行规范"的观点。^㉑

泷川教授是认同"社会"是在无限进化的。那么，刑法必须要对新的"社会生活"进行规范。但是泷川教授却像上文提到的一样强烈反对我们提出的"社会防卫"主张，并且否定所谓社会的存在。对此，泷川教授提出了如下的见解。泷川教授认为，"刑法解释中存在着不可避免的东西。那便是刑法解释能维护社会中一个阶级的利益。就算法律的性质就是主要维护社会中某个阶级的利益，法律解释学也必须要将维护多数人的利益作为自己的使命。无视多数人利益的法律解释学，作为社会科学来讲是没有存在意义的"。^㉒

不知是不是我有所误解，虽然泷川教授强烈反对我提出的"社会防卫"，但是实际上泷川教授还是站在"多数人防卫"的立场上的。这个所谓的"多数人防卫"究竟是什么意思？另外，这和我所说的"社会防卫"究竟有多大的差异呢？

我们提出的刑法为了实现"社会防卫"而存在的主旨意思从整体来讲是为了"社会"的。

从这个意义上来讲，直到最后一个人当然也包括犯罪人我们都必须依据刑法对其进行保护。在此意义上，我们并没有将刑法解释为仅维护社会

---

⑳　我只是单纯用"个人主义"一词对我们从来的政治经济法律生活的要点进行说明。

㉑　我认为有关"新的社会生活"，国家和以往的国家在大意上有着很大的不同。但是，我认为应当否定"国家制度"本身。"私有财产制度"也是如此。自不必说，想用历史法学、比较学来定义所有权观念是非常困难的。但是，19世纪开始发展起来的所有权制度和19世纪开始发展起来的国家制度都是非常个人主义的制度。我认为19世纪末20世纪初，事物的变迁正向我们展示了从个人主义向新的国体主义——如果能正确理解这里的语句的意义的话，果然还是称之为社会主义更好的转变。我们的刑法论是在对这种进化进行合理批判的过程中成立的。

㉒　泷川教授《刑法讲义》，第46页。

一个阶级的利益。就算这里的一个阶级是所谓的"多数人",那也是只是被称为"多数人"的"一个阶级"而已,我也并不认为要为了"维护利益"就来解释刑法。只要还将刑法理解为规范,我就会一直为了"社会"本身而去考虑事物。如果为了"多数人"的利益而"无视""社会"的利益去"解释法律学"的话,我想说这种解释法律学"作为社会科学来讲是没有存在价值的"。事实上,我们的国体主义存在于为了社会中的弱者来发挥法律使命的过程中,这点是毫无疑问的,而且正如前文提到的,弱者其实才是"多数人",这点也是毫无疑问的。但是,从方法论的角度来讲,只要我们还从伦理角度来进行思考,那么我们就应该将"多数人"和"一个阶级"包容起来,普及公平正义,并将其作为刑法的使命。原本,将法律考虑为一种历史事实,法律是社会中生存竞争的一个妥协点。[23] 从这个意义上来讲,认为法律"主要维护某个阶级的利益"这样的主张,不仅限于泷川教授特别列举的治安维持法当中。就算仅仅只看和盗窃有关的规定,那也是以维护"私有财产制度"为目标的。但是,关于盗窃的规定,怎样思考行为的违法性,怎样思考责任能力,刑法的解释论存在于这些问题当中。[24] 就算是在起诉犹豫制度、暂缓执行制度、假释制度当中,它们各自的意义也是成立的。我们舍弃报应刑论,大力主张主观主义的原因也才于此。

关于法律解释,特别是刑法解释,我和泷川教授在主旨的立场上存在着较大的差异。但是,在"用作为事实的法律来照亮并适用于理想,作为规范的法律在此成立"这一点[25]上,我们两个的看法是相同的。站在这个相同的

163

162

---

[23] 泷川教授特别论述了"阶级斗争"。他提到:"刑罚是在社会阶级斗争的漫长历史中拥有不可争的存在理由的社会统治的机器,只要阶级斗争不消减,有社会的地方就会有刑罚"(《刑法讲义》第 2 页)。我并不太了解所谓阶级斗争的理论,因此并没有使用类似词语。但是,用像生存斗争这样的一般词语来表达时,刑法同其他法律一样,都是作为生存竞争的妥协点而成立的。关于这点的见解请参照拙稿《法律能量论观察》(《现代文化和法律》第 488 页以下)。从这点来考虑的话,也可以说作为历史事实的法律,始终都是为了社会某些阶级而成立的。但是,与此同时,在法律是生存斗争的妥协点这一点上来考虑的话,也可以说法律是生存协作的约款。有关这点,请参照拙稿前揭。

[24] 请以著名判事曼纽尔的判决为例来进行思考。关于著名判事曼纽尔,请参照拙作《民法的基本问题》第三编第七章第 380 页以下。

[25] 泷川教授《刑法总论》,第 15 页。

看法下,泷川教授是在唾弃社会防卫说以及主观主义的,或者说在我看来,是站在怀疑的立场上的。

十八　刑法解释的三个问题

然而,法律的解释是在法律中探求事物的合理性,把作为事实的法律比照理想进行适用。在这种立场上,关于与刑法的解释需要特别重视的三个问题,[26]我想对泷川教授与我的观点进行比较。

第一,关于违法的认识问题。依据《刑法》第 38 条第 3 项的解释,在犯罪意图的成立方面,需要对违法问题有清晰认识。关于这一点,泷川教授和我已经进行了很多讨论。[27] 然而另一方面,泷川教授和我在重要的点上的通说和观点是不同的。

通说是对违法的认识并不能成为犯罪意图的要件。于是,《刑法》第 38 条第 3 项明确了这一点。因此,关于仅仅把犯罪意图定义为"对犯罪事实的认识"这一点,泷川教授认为,"对违反条例的认识是责任条件的关键。也就是说,除了犯罪的事实以外,有必要认识到其评价。对责任条件而言,认识到违反条例的关键所在,对犯罪事实的认识不过是次之"。[28] 这不仅没有只把犯罪意图看作是心理原因,更将其上升到伦理层面。[29]

164
165
166

---

[26]　参照拙著《刑法重点的变迁》第 6 页以下。这一方面是解释上的问题,同时也是立法上的问题。

[27]　拙著《刑法研究》第 3 卷第 25 页以下,第 64 页以下。

[28]　泷川教授《刑法讲义》第 136 页、《刑法总论》第 146 页。关于这一点,我认为没有必要"对违反条例进行认识"。认识到会成为犯罪行为的一定事实,但是仍然决定实施行为,实施人的反社会性已经十分明确,所以,与犯罪意图成立相关的伦理性要素已经存在。只是,现在详细论述的这一点,与本文的要点并无关系。

[29]　我赞成泷川教授强调的"伦理性要素"这一点。于是在这种意义上,我同意泷川教授在本文援用的"责任条件的心理性要素本身并不重要,一般它作为伦理性要素的'情况'这一点上有重要意义"。然而,对此我有些许疑问,"心理性要素一般会作为伦理性要素的'情况'"是指,除心理性要素之外伦理性要素也很重要,还是指心理性要素包括伦理性要素呢?

在这种立场上，泷川教授赞成我关于《刑法》第 38 条第 3 项的适用问题，必须认识到刑事犯与行政犯的区别的提案。[30] 但是，正如泷川教授之后承认的一样，通说并不承认这样的区别。[31] 于是，尽管我带着这种区别主张"责任理论的本质带来的限制"，[32]作为立法论，临时法制审议会拒绝将其明文进行登载。[33]

泷川教授应该十分清楚，通说为何不接纳我们的观点。泷川教授之所以强烈反对通说"法律不承认大多数人对此不知情"的论据，一定是因为他
167 相信对通说的主张明确了"合理性"。让我说的话，虽然作为历史事实的《刑法》第 38 条第 3 项，意将作为刑罚权的主体的国家看作是权力的主体，但是将其从社会性规范的角度解释的话，国家必须遵从事物的合理性来行使刑罚权。

那么，我认为泷川教授如何解释在这种立场下的"合理性"便成了一个问题。这难道只不过是在预定"国家制度"与"私有财产制度"之后产生的"合理性"吗？那么如果通过某些方法，在创造出能替代"国家制度"与"私有财产制度"理想的自治组织的情况下，在其预定之下，难道会产生完全不同
168 的主张吗？[34]

三个问题中的第二个是未遂问题，第三是共犯问题。泷川教授将这两

---

[30] 泷川教授《刑法讲义》第 138 页，《刑法总论》第 147 页。

[31] 泷川教授《刑法讲义》同页注。

[32] 泷川教授《刑法讲义》第 140 页。其注 1 中明确认同我的立场，《刑法总论》第 149 页。

[33] 临时法制审议会刑法改正纲领第 25 条，"设置了由于法律的错误导致的行为，根据具体情况可减免刑罚的规定"。

[34] 由于泷川教授认为，"对于无政府共产主义现在的法律学是有差别的"，我认为特别是泷川教授的这种怀疑的态度是个问题。我想参照苏俄刑法。苏俄刑法由于未采用责任理论，所以法律的错误不会阻却犯罪意图。这一点使与日本刑法相对的通说与结论一致。但是，因为讨论的基础是实施人的危险性论题，所以在这一点上，与我的意见是一致的。那么，从这一点看来，该如何解释行政犯呢？总之，关于这一点苏俄刑法并未设立规定［毛拉赫（Maurach）《俄国刑法典的体系》（1928 年），第 135 页］。但是，我想提醒大家注意，关于对刑（裁判性改善处分）的量定，苏俄刑法规定：裁判所应该根据自己的社会主义思潮（苏俄刑法第 45 条，毛拉赫，第 186 页）。这种意义上，虽然省略了责任的观念，但是仍然充分地考虑到了犯罪（犯罪意图）的伦理性（社会主义性）价值。此外，这个问题必须考虑到关于信仰与犯罪的问题，而且，关于泷川教授对此的看法在别处已经都讨论过了，此处便省略。拙著《刑法研究》第 3 卷第 60 页以下，第 80 页以下。

者解释为"刑法扩大原因",认为各条所规定的"典型性"[35]的犯罪意识扩大了,虽然一直以来的未遂论和共犯论都十分"模糊",[36]但是有学者认为,所 169
谓的刑罚扩大原因是"从犯罪理论的寄居性地位中分离出来的"。[37]

我并不认为"刑罚扩大原因"观点十分富有创意,也不认为值得那么重视。

为什么我认为它并未十分富有创意呢?因为从刑法尚未十分发达的角度来看,一般不处罚未遂与共犯是能说得通的。在文化程度较低的社会的 170
中,人们接受只有造成一定损害的行为才是犯罪的观点,这是正常现象。因此,除既遂犯罪之外也必须处罚未遂行为,除正犯之外也必须处罚共犯[38]的观点,是由于人们意识到刑罚的扩大之后,才形成的观点。我认为,从发生论来说,对未遂与共犯的"刑罚的扩大"的观点,学者们已经普遍都意识到了。[39] 我认为,此处的"扩大"在理论上尚未充分地扩大,但是关于未遂与共犯的客观学说是成立的。

因此,"扩大"在理论上尚未充分扩大之时,此学说并不值得如此重视。虽然刑法都暂且规定了犯罪的类型,但是我认为这并不是犯罪的"典型性"。171
不过是"暂且"的类型。因为一旦发生什么事件,都要遵从总则的规定,立即扩大到未遂与共犯。这里的扩大从理论上来说是理所当然的。因此,虽然从发生论的观点来看有前后的区别,但是理论上并无区别。我们在意识到犯罪时,必须要包括既遂与未遂,正犯与共犯。除了造成实质损害的情况之外,还要考虑到有发生危险的情况,除了正犯的直接关系,还要考虑到共犯的间接关系,在形成统一的犯罪观念之后再来分析的话,那么犯罪究竟应该

---

[35] 泷川教授《刑法讲义》第 144 页、《刑法总论》第 150 页。

[36] 泷川教授《刑法讲义》第 143 页、《刑法总论》第 81 页。此外,也经常重复评语。

[37] 两者同书同页。据我所知,此外,有学者十分重视这个观点。只是,其援引了其他的学说,认为与其说是"刑罚的扩大"更应该说是"构成要件的扩大",参见格莱斯帕赫(Gleispach)《新苏俄刑法典》,载于《瑞士杂志》(1928),41 卷,3 号,第 347 页。

[38] 即,包含教唆与从犯意思的共犯。

[39] 很早之前就讨论过共犯问题。拙著《刑法研究》第 1 卷第 19 页以下,第 2 卷第 70 页以下。

如何理解呢?⑩　如此想来,我不仅无法接受任何根据"刑罚扩大原因"的想法,相信未遂论与共犯论中的"模糊"是十分明白的观点,对于不过是发生论中的"扩大"的想法,正如理论上承认发生的先后区别这一点上,我认为避开172 这种想法才是恰当的做法。⑪

在这种观点下,思考一下未遂论吧。

泷川教授讲述了为何必须处罚未遂的基础,即,"客观学说主张,损害了法益的行为应称作违法。虽然未遂并不完全具备侵害法益的状态,但是它完全具备有危害法益的可能性。客观学说是正当的"。⑫　但是,即使是主观学说,也必须同样考虑到危险是立论的基础。主观学说认为,有了危险的行为之后,危险的性质才会显现出来。⑬　主观学说打算将除了实质损害之外还必须处罚有这种危险的行为的观点统一起来进行理解,只是从客观到主173 观都要扬弃统一理解的观点。⑭

因此,问题必须转移到潜在犯罪上。为什么不能处罚潜在犯罪呢?虽174 然泷川教授认为"本来所有的未遂都是潜在犯罪",但是他又认为"不能处罚概念上的潜在犯罪,可以处罚具体的潜在犯罪","这个问题与实着手施行与

---

⑩　关于法律上的观念或者思想的发展是以例外法为基础实现的想法,与我所持的观点不谋而合。

⑪　虽然此观点各自理论上不能说是理所当然使人在关于未遂与共犯的观点上,停滞在客观学说的程度上,我认为这不如说是不足之处。

⑫　泷川教授《刑法讲义》第 147 页。

⑬　泷川教授说"如果贯穿主观学说的话,那么就会变成不合理的结论。例如,无法说明怎样的情况是所谓的必须处罚迷信未遂的原因"(同页)。我认为这不过是信口开河。我也议论过,迷信未遂在怎样的情况下,并且由于何种原因,会免于被处罚。而且,事实上,这并不是像泷川教授所说的那么简单的一个问题。作为实际问题,请参照拙著《刑法研究》第 2 卷第 84 页以下列举的情况。我想考虑一下,作为立法问题,德国的 1952 年案与 1927 年案之间关于这一点若干的艰难曲折(参照 1927 年案理由书第 25 页)。泷川教授也列举了这两案(第 153 页),德国的立案者也承认关于这点,存在着相当大的困难。

⑭　问题是,间接正犯的未遂行为应该归结在哪一点上。我对此进行了说明(拙著《日本刑法》第 201 页)。不能只把危险放在紧急状态下考虑,将其作为危险进行考虑时,不会产生在被用者的行为里寻求间接正犯的着手点的理由。根据客观论者的从被用者的行为里寻求原因的观点时,对未遂的压制不仅会不当地延迟(拙著《日本刑法》第 196 页),对着手属于犯罪行为的看法也会不一致。但是,要注意的是,我的案例是根据这一派的客观学说举出的。泷川教授关于此的观点是这样,但是在我所理解的范围内并不明确。只是应该根据"直观"决定。

实着手施行的决定一样,根据契合法律事实直观进行解决",⑮应该弄清楚,为了"着手实施犯罪",实施者的行为相当于犯罪构成要件的哪一部分"。⑯如果我的理解没错的话,在这样的范围里,不仅没有合理地明确指出不能处罚潜在犯罪的理由,甚至颠倒了问题的重点,即事实上在何种情况下有"着手实施犯罪"的行为。对此,由于主观主义将对未遂的固有危险的观点从客观扬弃到主观认可,所以将潜在犯罪作为责任问题(即,犯罪意图)进行讨论。⑰

175

　　于是,不幸的是,我并不认为从泷川教授关于未遂与潜在犯罪的观点是合理的。

　　接着转移到共犯问题上。关于未遂,虽然泷川教授除了"直观"以外,还列举了"社会感情",⑱甚至断言"客观学说是正当的",⑲但是关于共犯的从属性问题,其态度十分不同。⑳

176

　　泷川教授说,"共犯独立犯学说是源于主观主义的刑法理论。因为犯罪是实施人的危险性的表述,所以一个人的犯罪从属于他人的犯罪一说是毫无意义的。共犯与独立犯只是与实施犯罪相关的事实关系不同而已。通说所谓的从属犯,即教唆犯、从犯只是在实施犯罪时利用了他人的犯罪行为而已,与是否应该处罚正犯无关,处罚从犯与处罚独立犯的情况是一致的。这就是共犯独立犯学说,自不必说,从理论上这对现行刑法解释而言,也是有力的学说"。㉑

---

　　⑮　泷川教授《刑法讲义》,第 150 页。

　　⑯　同书第 152 页。

　　⑰　拙著《日本刑法》第 142、265 页。虽然泷川教授评论主观学说为"如果仅仅从处罚犯罪意图的立场上来看,应该处罚潜在犯罪(中略)。不能单单把犯罪意图表示为'着手实行'"(第 151页),如果"犯罪意图的表示"与"决心的表示"(第 64 页)意思相同的话,这就不仅是评论了。如果不是这样的话,那么问题的重点就本末倒置了。序里列举了苏俄刑法的规定。苏俄刑法在对未遂与既遂的处罚上没有区别(第 19 条)。关于潜在犯罪,也没有特别规定。在解释上似乎认为这也应该受到处罚,参见毛拉赫(Maurach),前揭第 131 页。对迷信犯罪的处分并不清楚。

　　⑱　泷川教授《刑法讲义》,第 148 页。

　　⑲　同书,第 147 页。在上面列举了这一点。

　　⑳　关于共犯的从属性问题,我曾经与泷川教授进行了些许讨论。拙著《刑法研究》第 1 卷第53 页以下。

　　㉑　泷川教授《刑法讲义》第 165 页,《刑法总论》第 164 页。

虽然关于未遂论的主观学说并未被认为具有何等的"有力"性,但是在
177 共犯论方面,泷川教授认可了独立性论的有力性。[52] 于是,对于独立性论否
定了间接正犯与共犯之间存在的差异问题,泷川教授只停留在"实施人教唆
必须承担责任人的行为,只是道具利用"层面。虽然"从被利用人的角度看
来,理应承担责任的被利用人并不是出于自己的犯罪意识而实施的行为,必
须承担责任的被利用人完全是被操纵的玩偶",但是泷川教授又明确地认识
到,"从实施人的角度来看,被利用人是理应承担责任的人,也是不得不承担
责任的人,这两者是完全一致的"。[53] 而且作为如此排斥主观学说的理由,
泷川教授仅仅认为,"共犯即是属于 61 条与 63 条的刑罚扩大原因的各行
为。如果没有正犯就无法考虑共犯。即共犯从属于正犯"。[54] 这里并未引
用社会感情与直观。[55] 我认为,这不过是刑法明文规定的。如何理解解释
178 明确了作为规范的合理性这一点呢?[56]

我十分疑惑,关于法律的错误认为应该将实施人的责任看作基本问题
179 的泷川教授为何在关于未遂上,仅仅只举出了直观与社会感受。并且在关
于共犯问题方面,他甚至除了将法律明文规定作为盾牌以外不承认任何理
由,对此,我更是万分不解。

但是,我必须要反省恐怕是不是我误解了什么。因为我无法理解,即使
作为解释要明确事物的合理性,但要在国家制度与私有财产制度的制约下

---

[52] 虽然关于未遂论,引例迷信犯大肆议论主观学说的不当性,但是关于共犯论并不是这种态度。

[53] 泷川教授《刑法讲义》第 158 页。在未遂论中,没提出如果将实施人作为基本讨论的话,那为什么完全就变成了主观学说这一点呢?

[54] 正如李斯特所认为的,共犯的从属性在成文法上就是如此。泉二博士也这么认为。而泷川教授关于这一点的态度,既未提出方法也未提出通说。但是,我特别反对通说关于这一点的方法态度。参考拙著《刑法研究》第 1 卷第 74 页以下。

[55] 只是,《刑法总论》举出了"社会感情"(第 162、164 页)。

[56] 临时法制审议会在刑法改正纲领第 26 条中规定,"设立将教唆罪列为独立罪的规定"。这是由于现在被视为立法问题的德国 1927 年案将教唆未遂列为独立犯罪,使共犯的从属性论与独立性论互相妥协的同时,将间接正犯与共犯看作是一致的。虽然苏俄刑法在处罚方面对共同正犯与教唆犯以及从犯一视同仁(第 17 条),但是是否承认共犯独立性这一点并不明确,参照毛拉赫,前揭第 143 页。

尝试着解释这一点，所以，虽然我硬是抱着怀疑的态度，但是我坚定地认为，必须对为发现统一——元性的理论而努力的泷川教授的学说致敬。

十九　刑事政策的价值

不能犯不能受到惩罚，同时，共犯中的未遂（从犯中的未遂）也不能受到惩罚。这是从客观的立场来说自然而然能得出的结论，那么，在这种情况下，把行为人认定为无罪到底是否妥当呢？关于这点，用泷川教授的话来说："如果只考虑合目的性的话，刑罚有时和正义并不相符，而正义的刑罚，却偶尔会导致刑罚目的的无法实现。正因为如此，才需要刑罚之外的，其他具备刑罚性质的各种处分的存在，像是建立进行强制教育，劳动，禁酒的设施，或是收容危险的精神病人的场所，等等。包含这一切的就是保安处分。"⑰以上论述了通过承认刑罚之外的保安处分，找到报应刑主义和目的性主义两者事实上的妥协点这观点。泷川教授也承认了其的重要性。⑱

关于此点，我有两个问题。

其一，是刑罚与保安主义的关系。泷川教授认为，"对于行为人自身来讲，保安处分和刑罚没有区别。"⑲那么，像是"刑罚是在性质上给行为人留下了犯罪人的烙印，而保安处分在伦理上是中立的，刑罚重正义，而保安处分重目的"这样的观点，⑳只是名义、观念上的内容，与实质并没什么关系。㉑于是，我不禁就累进制度和保安处分之间的区别产生了疑问。泷川教授认为，"在较长时间的自由刑中，累进制度正渐渐成为问题所在。这指的是，在

180

181

---

⑰　泷川教授的《刑法讲义》第 29 页，以及《刑法总论》第 44 页。

⑱　在意大利 1927 年的法律案中，对于不能犯以及共犯的未遂，认定为应实施保安处分。泷川教授对于此点会有怎样的想法呢。

⑲　泷川教授的《刑法讲义》第 29 页。

⑳　同上。

㉑　前文也列举了，久礼田教授认为在对待刑罚和保安处分的关系时，"把握分寸"是必要的（第 139 页）。先不论实际上如何，这种观点也是贯彻了伦理的形式。

对囚犯的待遇问题上设置阶段,随着行刑时间的推移不断推进,最后一个阶段结束后就可以允许假释这一制度"。[62] 泷川教授仅仅把这视为"问题"而未做更多展开,但是,考虑到底是为什么要设置这样的阶段,最后还允许假释的话,对我来说,成为"问题"所在的倒不如说是刑罚和保安处分实质上的

182　差异。

其二,是作为刑事政策之一的保安处分本身的价值。"现如今,在各国展开的刑法改正运动,都是为了规定在刑罚之外,规定什么种类、范围、程度的保安处分,以及解决这是否对维持当今社会秩序是必要的这一问题而产生的。"[63]于是,刑事政策的价值使刑法解释合理化也是这个想法的适用内

183　容[64]成为了问题所在。

在"维持现有社会的秩序"这句话中,泷川教授特意使用了"现有"这个词。我再进一步举出泷川教授的一些言论。

泷川教授认为,"法律是由社会的经济状况所决定的。社会的经济结构是基础,而法律不过是上层建筑的一部分罢了。犯罪的大部分原因都存在于经济状况之中。"[65]

泷川教授还认为,"犯罪是一种破坏现有社会的秩序的行为。到底是什么样的行为会被定性为犯罪,其是由这个时代,地方的社会组织所决定的。

184　社会是通过法律所保护的,维持社会的秩序通常就意味着维持现状,从这个

---

[62]　泷川教授《刑法讲义》,第 28 页。

[63]　泷川教授《刑法讲义》,第 30 页。

[64]　"从人道主义的角度来讲,最好尽可能的废止死刑及无期徒刑"(泷川教授的《刑法讲义》第 28 页)从这句话的中心含义来讲,刑罚的适用也应该是尽量避免的。像是这样尽量避免的观念,它所基于的价值是问题所在。序言里提过,我也再次列举一个事实:如今,无期徒刑和假释相结合,产生了不定期刑。但是这个不定期刑,正是被泷川教授所不认可的(第 183 页)。不过,泷川教授也说过:"为了执行不定期刑,必须建立监督刑罚执行的合议机关。最好有像是在监狱、感化事业和保护事业中的从业人员,以及法学家、法官、检察官、律师等法律人士的参与"(第 28 页)。这是不是与我们建立监狱委员这一主张的主旨相同呢。如果是相同的话,就泷川教授的前提来说的话,要怎样才能得出这样的结论呢。再进一步,我还必须摘出泷川教授以下的言论:"不能接受改造的人,是无法在法律学上得到承认的'犯罪人性质'的人,裁判官是不能就此对其进行预言的。"(第 21 页)

[65]　泷川教授《刑法讲义》第 32 页。特别是还添加了"大部分"这个限制,到底是怎样得出这种结论的呢?

角度来讲,法律是作为一种保守的力量,经常会压制社会的进步要素。"⑯

　　泷川教授进一步认为"在当今社会的犯罪中,占据最重要位置的是财产性犯罪,特别是盗窃犯。盗窃是由贫穷、失业等种种不安定的生活所造成的,而产生不安定生活的原因,则在于缺乏合理性的社会组织。⑰ 现在的社会中存在着只能靠出卖劳动力而生存的无产阶级,和通过购买劳动力,榨取其剩余价值的资产阶级所组成。这两个阶级互相对立,并引发了严重的阶级斗争。无产阶级通过超越国境和民族的团结,正逐渐脱离资产阶级的控制(中略)。即使是主张阶级利益,一旦与现有的社会秩序相违背,也是犯罪。⑱ 况且,法律通常是以维持现状为目的,是一种保守的力量。虽然,社会组织的革新是与犯罪做斗争以减少犯罪的根本点,但是要是想维持现有的社会秩序的话,就无法做到社会组织的革新。从这一点来讲,通过刑罚和保安处分与犯罪进行斗争,不过只是改良主义者的纸上谈兵罢了。无论是刑法改正运动,还是刑事政策的纲领都应该在维持现状这一限度下进行。一旦超过了这个范围,就已经不是改正,更别提政策了。"⑲

　　对于泷川教授上述的观点,我有着以下的不同的观点。

　　第一,对于泷川教授认为法律只不过是社会经济基础的上层建筑这一观点,我无法轻易认同。我对像这样马克思主义性质的观点应心存敬意,这一点毫无异议,不过我认为法律在经济基础面前,并不只处于被动的状态。正因经济构成与法律紧密相连,法律会受到来自经济构成的巨大影响,同样地,也会对经济构成造成影响。我认为,法律解释的合理性和自律性的基础就仅通过各个研究得以确定。如果只是把法律当做上层建筑的话,法律解释就变成了"明确法律的具有合理性的内容",如果这样考虑的话,要怎样才能妥当地将其与经济基础相联系呢?

---

　　⑯　泷川教授《刑法讲义》第33页。这里也同样使用了"通常"这种限制说法。是怎样得出这个结论的呢?

　　⑰　在这里,泷川教授没有用任何的限制表达,而是用绝对的形式表达了自己的主张。

　　⑱　泷川教授所讨论的究竟是针对政治性社会犯罪,还是说他的主张中也包含着退化学说中的犯罪呢?

　　⑲　泷川教授《刑法讲义》,第34页。

第二，我并没有打算忽视法律拥有保守的性质这一社会事实。既然法律的使命是维持社会的秩序，那么它的保守性质就是不容怀疑的。本来，我们所经营的日常生活就常是以经验为基础的。如果不利用已有的经验，就无法使我们的生活进步。在利用以往的经验这一意味上来说，法律—道德、宗教、风俗习惯这一类的社会规范，以及技术规范亦然的确也拥有着保守的性质。但是，我们的进步即使社会层面上也是社会层面上通常就是靠着以保守的规范为基础，并不断克服，超越它们而达成的，法律生活也可以适用

187　这个一般原则。虽说"社会是通过法律来维护的"，但是，我们的社会是正在进步，也是必须进步的社会。因此并不是"维持社会秩序意味着维持现状"，而是在基于现状并不断超越现状中达到维持社会秩序的目的。例如，无论是罗马法，从市民法发展到万民法经过了千年的变迁，还是法国的《拿破仑法典》所经历的百年社会化发展，两者都是通过"基于罗马法，超越罗马法"这一方法来实现的。通过使这样的社会学上的事实规范化，就能确认法律解释的合理性。那么，我在理解作为规范的法律时，并不认为它会"压制社会的进步要素"，而是能使社会有秩序地导入进步要素的事物。就刑法来说，我们在讨论行为的违法性时，主张把一定的行为归到刑法管辖的范畴时，要基于公序良俗进行评价，也是立足于这个主旨。

第三，我承认现在的社会存在着阶级对立。社会问题归根到底说的就

188　是这个。根据泷川教授的观点，这两个阶级的对立将越来越"尖锐"。⑦ 但是从另一方面来说，在这对立之中，与以往的个人主义思想相对，新的团体主义思想正逐渐诞生，其给法律带来的影响也是不容置疑的。法律的改正，不是仅仅通过对法律法规的修改得以实现的，也不是通过对法律法规的修

---

　　⑦　泷川教授就罪刑法定主义做了以下说明。"概括来讲，罪刑法定主义就是（中略）认为犯罪和刑罚之间的关系是一种法律关系（中略）。罪刑法定主义的重点在于，犯罪和刑罚之间的关系必须是由民众参与法律制定的机关所决定的。"（《刑法讲义》第 39 页）这一说明将罪刑法定理论从传统的各种要素中解放了出来，并且叙述了"在阶级斗争尖锐化的如今，提倡罪刑法定主义的复兴"的必要性。但是，阶级斗争会变得如此尖锐，是由于社会组织的个人主义倾向，而罪刑法定主义、报应刑主义和客观主义正是刑法中个人主义思想的体现。通过一步步解放并复兴罪刑法定主义，泷川教授打算如何为社会组织的革新做准备呢？

改,来进行社会的改革而完成的。但是法律也是一种能进行自我修正,在修正中完成社会改革所带来的法律上的新任务的事物。也正是因为它不得不完成这一任务,才引发了法律社会化,以及刑法方面的个别主义运动。我并不是想一边"维持现有社会的秩序",一边进行"社会组织的革新"。因为这的确是"无法做到"的。但是,我认为应"在促进社会秩序进步的同时进行社会组织的革新"。这样,我们就能努力让刑法在与之相关的范围内,完成它的使命。如此,也能确定刑法的解释论和立法论的合理基础。⑦ 那些宣扬"改良主义者的纸上谈兵"的主张者们,对于"社会是无限进化和发展的"这一事实,他们要去哪里寻找进化和发展的方法呢。从历史的角度来说,一个方法是革命,而另一个方法是立法。而对于从法律解释这一角度思考的我来说,是以保持"必须通过刑法解释来调整新的社会生活"的态度,来达成我们刑法学家对社会的奉献。对于泷川教授所主张的刑事政策无能为力,毫无价值这一主旨,不幸的是,我只能认为这是一种可疑的观点。⑫

　　无论如何,不得不说对泷川教授各个观点的研究,自然而然地促使我们对马克思主义的法律理论,苏俄刑法的情况,以至于所谓的法律层面上社会主义的价值进行重新审视。以下,我们就这个问题进行一些思考。

----

　⑦　在社会各个方面,像这样来思考改革工作的话,就可以使刑法上的改革和其他方面的改革相结合,使社会组织的革新在法律意义上得以实现。虽然仅仅通过刑法无法达成社会组织的革新,但是在刑法所论述的范围中,我们能充分理解到与社会组织的革新相关的法律使命的伦理性质。

　⑫　我在此列举出泷川教授的以下观点:"无论何时何地,都有刑法的存在。刑法随着社会状态的变化而变化。在好的刑法之下,社会秩序可以有体系地向前推进,而在有缺陷的刑法之下,社会秩序则会处于不安定的状态。当因为革命等特殊情况,刑法不被承认时,社会将会被暴力所支配(中略)。因此,我们必须从符合国家,以及全体社会的目的这一点来探求刑法存在的理由。即使从道德的角度来讲,刑法也是为了达成维护团体生活的秩序这一目标的,不可或缺的道具。因为,有秩序的团体生活,也是道德本身的发展条件"(《刑法总论》第40页)。

第五章　刑法与马克思主义

二十　马克思主义者的刑法论

　　泷川教授的主张自然让人想到马克思主义。对于马克思主义,我其实了解不多。尤其是,关于马克思主义对刑法理论产生什么影响毫无相关知识。只是,最近接触过帕舒卡尼斯所著《法律的一般理论与马克思主义》,[①]泷川教授的主张与帕舒卡尼斯一脉相承,一事一看便知。[②]

　　帕舒卡尼斯与泷川教授持相同论调,非难我等的社会防卫说。他说:
192 "所谓刑法理论在论述刑事政策时,虽说要以全体社会的利益为基础作考虑,但那不过是对于现实情况的有意识或无意识的曲解。'全体社会'不过是存在于法律家的空想之上。事实上,我们认可眼下的阶级。这种阶级间
193 的利益相互对立相互矛盾"。[③] 这是泷川教授向我们"(社会防卫论)提出所谓社会具体来说应该做何意义"的诘问极其相似。但是,与泷川教授是报应刑论者相对,[④]帕舒卡尼斯大力反对报应刑论。因而,在我看来,或有不妥,

---

　　① 译作德语为 Faschukanis, Allgemeine Rechtslehre und Marxismus, 1929。最近公开了此书的两种版本翻译。其一为山之内一郎氏译《法的一般理论与马克思主义》(1930 年),这是直接从俄语翻译过来的。其二为佐藤荣氏译《马克思主义与法理学》(1930 年),这是从德译本重译而来。

　　② 关于帕舒卡尼斯的这一著作,山之内学士在其译本的自序里有如下论述:"原著者是现代苏维埃联邦的最为卓越的法学家之一。而且,年轻时候的他是共产主义协会的成员,也是莫斯科第一国立大学的教授。"因此,"原著是作者科学性的学术代表作","这本书一经发行就在苏维埃法学界引起轰动"。我是由德译本了解帕舒卡尼斯的主张,因而以下引用也依据德译本。

　　③ 帕舒卡尼斯第 158 页。在此必须要说明的是帕舒卡尼斯在否认"全体社会",论述自己的刑法理论时,俨然是社会防卫论者。关于这一点容我逐步说明。与泷川教授否定社会防卫论却主张"多数者防卫"相对,有一点应当指出,帕舒卡尼斯从唯物史观来看,认为社会存在阶级对立,然而这种对立可以依靠某种革命斗争来消除。

　　④ 尤其是我绝不会忘记泷川教授在某种重要的保留之下主张报应刑论这个事实。

但极端地说帕舒卡尼斯乃是教育刑论者。⑤ 我认为尝试研究帕舒卡尼斯有利于更好理解泷川教授对我等主张的攻击，同时，要了解帕舒卡尼斯在哪种意义上关联到法律，尤其是我等的工作也就是规范性法律的解释，又在刑法领域给予何种影响，仍需一些探究。⑥

194

另外，帕舒卡尼斯一方面非难刑法中的报应思想，另一方面又攻击从刑法中排除报应思想的新派学说。这样，从攻击刑法的改正运动这一点来说，确实是与泷川教授高调主张"改良主义者的空想"异曲同工。只是，帕舒卡尼斯论述所谓"无产阶级的革命斗争"并整理问题的解决要点，且仅仅据此就主张当使刑罚成为医学性、教育性社会机能。与此相对，我们考虑刑法的规范处置，在这个观点上，换言之，关于立法论与解释论，我必须与他立场相反。抑或，在明确刑法里的"合理性"之际，我们的工作有要点。这个"合理性"，不单是泷川教授公开主张的部分，"好的刑法之下，社会秩序有组织地进行"以及"有秩序的团体生活是道德的发展条件"，对此与泷川教授一样，我也信服。正因为这个缘故，相对于泷川教授固执坚持报应论乃至客观主义，我才坚决主张废弃报应论、实行社会防卫论，发展客观主义使之成为教育刑主义。

195

196

暂且，就上文提到的帕舒卡尼斯的著作进行研究吧。

二十一　刑法中的等价原则

帕舒卡尼斯从唯物史观的角度说明刑法的发达。从这个意义上讲，刑法始终都是优胜阶级对劣败阶级的剥削统治的手段而已。报应刑主义的社

⑤　在这篇论文里帕舒卡尼斯认为必须将刑罚转化为医学性、教育性方法，并且在医学性、教育性意义上，将刑罚变为技术性规定。

⑥　关于在刑法的国际运动中马克思如何给予影响，作为刑法学者来看，各国学者未曾做过多论述。关于苏俄刑法自不必说，关于刑法全新的构成我等也无意对此置之不理。然而，可以称作马克思主义者刑法理论的知识我们还所知甚少。对此，我认为即便在日本也必须着重研究。关于这一点，我对泷川教授的主张尤其今后的主张满怀期待。

会意义也因此开始被理解。⑦

考虑一下刑法沿革的话,首先,复仇是依据习惯来建立规则,以同害刑为原则逐渐开展报应。帕舒卡尼斯认同刑法这种原始形态中的等价观念,认为这是纯法律中的第一思想,商品形态也在此被认同。⑧ 也许,在复仇是无限制的情况下,当事人最终也只会一同死亡。⑨ 那么,等价观念就会起到支配作用,社会就会开始期待和平。⑩ 这样,等价观念就会先和同害刑一同进步,法律生活也会变得发达。但是,需要特别注意的是,帕舒卡尼斯所指的是商品形态⑪在所谓的等价观念的一部分中成立。

帕舒卡尼斯认为犯罪也是流通的一种。给予一定的行为进行一定的交易,从这一点来看犯罪和流通在契约上和主旨上都是一样的。亚里士多德将交换中的均衡作为一种正义来论述,但又将自发行动产生的均衡和非自发行动产生的均衡区别开来,将前者归类为买卖借贷,将后者归结为犯罪产生的刑罚。以此来看,在亚里士多德看来,犯罪是不经意间缔造的一种契约⑫。就刑法是犯罪的等价物这一点,格劳秀斯也是认同的。这种想法如果一直不变的话那看起来还是很朴素的,但是近代的法律家的理论也只不

------

⑦　帕舒卡尼斯前揭第七章以"法律及违反法律"为题(第149页以下)。但是,在我所理解的范围内,帕舒卡尼斯在某些点上对刑法所谓的剥削统治机能进行说明的同时,在其他方面认为刑法在经济生活中仅仅是商品形态的一种体现,并且认为这种体现是非常明显的。以下,我想逐步说明此点。

⑧　帕舒卡尼斯前揭第151页。

⑨　帕舒卡尼斯是认同这个事实的。那么在此意义上,复仇只是单纯的生物学上生存竞争的现象了(第151页)。

⑩　帕舒卡尼斯将这种由等价观点产生的和平别用的词汇(也就是别的思考方式)来进行说明。复仇只是单纯的无限制的复仇,这一问题只是单纯的生物学现象,但是随着刑罚的发展,复仇也具有了其意义。那么,"因为之后产生的进化阶级,我们就可以明确包含在之前成立的事态当中的启发了。这是在人类历史中频繁被认清的东西"。由于认清了复仇是随着刑罚而发展起来的,我们便能理解由等价而产生的报复。我想通过等价报复的思考方式对复仇和报复里"包含的启发"进行进一步的扬弃,发扬作为最近进化阶级的社会防卫的思想,但是帕舒卡尼斯并没有对此做明确的论述。

⑪　在将商品形态还原的过程中包含着马克思主义的特色。

⑫　亚里士多德的均衡思想,是被正义观念论述者反复引用的权威思想。帕舒卡尼斯特别引用亚里士多德的观点,对所谓的资本主义意义进行讽刺。

过是把这种想法纯化了而已。帕舒卡尼斯是这样认为的。[13]"复仇从简单地生物现象演变成法律制度，是因为制度同等价交换的形式，也就是价值产生的交换形式结合了"。[14]

从复仇发展起来的制度在那之后逐渐分化为个人间的赔偿关系和罪人与国王之间的赔偿关系，这是关于欧洲范围内的刑法变迁一般学者所认同的。于是，所谓的公刑观念就随之产生了。关于此点，帕舒卡尼斯做了如下论述。

首先，帕舒卡尼斯引用了主要的古代法。他认为国家并不是针对国家造成的损害来要求罚金，而是针对被认为是因判决而损失的时间而要求赔偿。总而言之，所谓的公刑制度，从起源上看都是由权力人在财政上的见解来定的，帕舒卡尼斯认为应该将此点重点关注，[15]从这点上来看，果然等价交换成了一种变迁。[16]

但是，除了作为收入源泉以外，公刑作为权力维持的方法在很早就出现了。在此，我们必须注意到宗教起到的一种作用。例如，古罗马法律中，如果改变了土地的边界，那就是犯了渎神罪，会受到非常重的惩罚。[17]这是僧侣阶级站在秩序维持者的角度制定的。[18]在这样的公刑中，对犯人的财产进行没收是权力阶级重要的收入来源。另外，像拒绝传统宗教仪式以及贡品、设立新的教理这样的行为也会被定为渎神罪，这样的事实我们也必须注意。[19]

僧侣组织，也就是教会所造成的影响就是，就算刑罚维持等价性质和报

---

⑬　帕舒卡尼斯前揭，第 152 页。

⑭　帕舒卡尼斯前揭，第 153 页。

⑮　帕舒卡尼斯前揭，第 154 页。

⑯　此前俄罗斯因为战争和罚金而导致国土荒废的事实就可以在此列举。

⑰　像注连绳（结绳）这样的日本传统习俗，被下级民族广泛开展。这是作为所有权设定的表征而被使用的。穗积（陈重）博士《法律进化论》第 3 册第 66 页以下，第 329 页以下。

⑱　在此我们应该考虑到禁忌社会的作用。关于禁忌，请参照穗积（陈重）博士前揭第 32 页以下，以及拙稿《法律的神秘》(《法律和生存权》第 302 页以下)。

⑲　列举宗教的这些方面也是马克思主义的一个特色。帕舒卡尼斯特别指出了刑法的剥削统治作用。

202 复性质,这种报复也无法和被害者的损害,或者说请求直接联系起来,而是
作为一种神罚,变成了一种高度抽象的东西。这样,除了损害赔偿这样的物
质性要点以外,教会还会附加被称为赎罪的思想性性质,让刑法真正变成维
持公众秩序的东西。而这种刑法就变成了阶级统治的工具。[20]

　　随着自然经济的崩溃,统治阶级对农民的剥削增加,商业也得到了迅速
203 发展,统治阶级和被统治阶级的斗争日益激烈。这样,刑罚就不能够像以往
一样再以财政关心为中心,取而代之的是残酷的刑罚。同时刑罚还具有了
警察、搜查官等重要职能。[21]

　　这样,近代刑法复杂的混合物就形成了。但是,在这种复杂的混合物当
中,却很容易区分刑法成立的各种历史阶段。[22] 帕舒卡尼斯是这样说的,
"总而言之,如果观察纯正的社会学,资产社会通过刑法组织维持着阶级统
204 治,压迫着被剥削阶级"。[23]

　　从这样的立场来看,帕舒卡尼斯认为刑事判决只不过是警察以及搜查
组织的附属物而已。[24] 例如在巴黎,就算裁判所一个月不工作,需要注意的
也只有一部分拘留中的被告人,但是如果警察机关的作用停止一天,那也将

---

　　[20]　是这样的。这是很明显的阶级统治。这种阶级统治从结果而言是一种不合理的政治,必
须即刻将其打坏,但是,从其他方面来讲,以往的复仇都演变为了公刑制度,我们也必须得接受社会
的进化不仅仅是僧侣阶级,帕舒卡尼斯列举了公刑制度由武士阶级产生的例子。但是与此同时,
帕舒卡尼斯还列举了有关在基辅公园使用死刑一例,拜占庭僧侣做出努力的事实(第155页)。

　　[21]　我们将其称为酷刑时代。刑事诉讼法的纠问主义也是符合这个时代的。

　　[22]　我并不因为能够区分刑法发展的历史阶段就把现代刑法单纯的看成是一种混合物。不管
在什么情况下,法律都同时包含传统与与传统相对的新型要素,但是我认为我们可以在这种复杂
的、矛盾的构成当中看到进化的路径。请参照拙著《刑事学的新思潮与新刑法》改订版第3页、序言
第4页,以及《日本刑法》改订版第30页。

　　[23]　我并不认为应该无视刑罚中的这种作用。但是我并不能赞成文中所写的见解。法律是追
求和平的。因此维护秩序也是法律的一个目标。因此,法律有着起到上文所说的作用的命运,但同
时又有着必须要脱离这种命运的命运。帕舒卡尼斯前揭第157页。

　　[24]　虽然现在与刑事诉讼法的人权拥护有关的规定已经比较完备,但是在警察、搜查官这边还
是有很多不太完善的地方。在此意义上,我们必须认识到,作为制度中心的裁判所其实只不过是一
种摆设。

造成很大的灾难。㉕

　　帕舒卡尼斯将刑事审判组织当成"阶级恐怖组织"。㉖在当今的阶级国家,刑事审判的意义仅仅是阶级间调和关系的基础而已,在此意义上,普通的刑事审判也好,内乱时的特别处分也好,都没有什么太大的差别。普通的刑事审判是针对社会的落伍分子,内乱时的特别处分是针对新兴阶级中最活跃的斗士,但是两者之间的区别并没有被认真研究过,㉗这样,刚才引用的"全体社会"一词就不再存在,在资本主义的资产阶级社会,和劳动者相结合会立刻被说成是犯罪。㉘

　　帕舒卡尼斯认为,自贝卡利亚以及霍华德的改革运动以来,刑法在人道上取得了迅速发展。这样,刑罚向人道性刑罚的种类变迁,"毫无疑问是一个很大的进步"。㉙但是,各国也不一定就会完全废止身体刑,而且在 19 世纪末 20 世纪初,各国中规定威吓性刑的例子也不在少数。这是因为随着劳

205

206

207

　　㉕　这里的灾难虽然具有讽刺意义,但是我们还是可以认真地思考一下这个问题。我们也不是不能认为,除了警察、搜查官这样的机关之外,裁判所在维持治安上是不可或缺的。

　　㉖　帕舒卡尼斯前揭第 157 页。警察机关作用停止一天就会造成灾难,然而帕舒卡尼斯却将警察的作用形容为恐怖组织。我并不想为当今社会警察的滥用做辩护。但是,帕舒卡尼斯的见解不符合马克思主义,未免太过夸大,并且完全背离了事情的本质。

　　㉗　也不能说只要内乱就一定要采取特别处分。让我们来一下普通国事犯的情况。在现代的法律思想当中,我们必须认同普通犯和国事犯,用其他词的话说就是退化性犯罪和进化性犯罪之间的区别。19 世纪的各国立法反而奉行着优待国事犯的思想。附加一点,就算在今天,确信犯问题也被考虑成刑事政策上非常困难的东西。以进化性犯罪相关的事例为基础来对刑法理论进行评论,这个方法并不得当。泷川教授也在评论社会防卫论时,引证了治安维持法,也许因为治安维持法也是不当的,泷川教授认为社会防卫论也是不当的,但是从论法角度来讲这应该是正确的。请参照拙作《教育刑和确信犯人》(志林第 33 卷第 1 号)。有关确信犯的问题,还可以参照木村学士《确信犯人的问题》(志林第 31 卷第 1 号、第 2 号、第 3 号)。有关进化性犯罪问题,请参照拙稿《美国的骚动》(《法律的正义与公平》第 157 页以下)、《刑事学的新思潮与新刑法》第 112 页。

　　㉘　关于团结权的发达,真的有很多苦涩的经验。但是,由团结产生的秩序扰乱问题曾经是非常让人害怕的问题,这在一定程度上还是有理由的。以被看成是进化性犯罪的一种的团结行动为标本来论述现代刑法,是无法避免和评论刑法一样的弱点。有关团结权问题,请参照拙稿《治安警察法第 17 条》(《法律的正义与公平》第 13 页以下)。

　　㉙　帕舒卡尼斯前揭第 158 页。如果在从中世纪的酷刑时代到近代的资本主义时代的推移中,将刑的人道化认为是一种"进步"的话,在事物推移的过程中,认同"进步"进而认同"文化"的心境也一定要适用于刑法最近的推移。请参照拙著《法律的意识性和无意识性》中的《刑法的进化精神》(第 315 页以下)。

动运动逐渐扩大,资产阶级对此保有恐惧,故而逐渐变为反动阶级。㉚ 想想
208　的话,不知道资产阶级会不会认同现在各国刑法的特色呢。但是,被指出的
反动性法制在刑法整体的组织当中,倒不如说是极其例外的。不是有几个
人称针对累犯以及惯犯的特别法规为阶级性的吗? 另外,在其他方面,暂缓
执行和假释的发达,以及行刑在最近的改良,使得贝卡利亚以及霍华德所提
倡的刑的人道化更加合理化。

　　但是现代刑法中,报应思想有着非常强的力量。这对于刑法来说并不
209　是很合理的。同时,我也并不认为这对统治阶级来讲特别合适。不管怎么
说,以报应思想为基础的 19 世纪刑法会特别导致累犯的增加,必定不增加
全体社会,包括统治阶级的利益。一方面,虽然要将社会情况作为犯罪原因
特别考虑,但是报应论并没有将其考虑在内;另一方面,刑根据客观事实来
210　量定,影响严重的话会危及犯罪人的利益,就算没有那么严重,那也就只是
单纯的在行刑,对于犯罪人来说,他们无法收获到任何利益。那么,刑法的
改正方针便是,一方面探索应对犯罪的社会性原因的设施;㉛同时,另一方
面,应该量定、制定一种能够适当维护犯罪人利益的刑罚。㉜

　　帕舒卡尼斯认为以刑法具有阶级性为基础,必须思考不具有阶级性的
刑法。如果无阶级社会建成的话,也许可以看到这种不具有阶级性的刑法。
但是,帕舒卡尼斯认为,如果是那样的话,刑法是否存在就成了问题。帕舒
211　卡尼斯认为复仇这样的单纯的生存竞争在融入了等价观念之后就具有了法

　　㉚　除了英国的鞭刑和法国监狱中的惩戒刑以外,1905 年丹麦为了应对性犯罪而制定的鞭刑
以及美国的绝育刑也是不错的例子。作为反动法制,我们可以看懂意大利的死刑复活法以及日本
的治安维持法等刑罚,但是这是例外法,并没有反映刑法的一般倾向。有关我对治安维持法的立
场,请参照拙著《生的法律和理的法律》当中的《治安维持法案》(第 378 页以下)、《国技社会运动取
缔法案》(第 271 页以下),以及《思想国难令评释》(志林第 30 卷第 8 号)。帕舒卡尼斯认为殖民政
策是反动法律的原因。自不必说,从殖民地对本国的反抗中会形成一种法制。这就是以确信犯为
内容的法制。

　　㉛　当然,一般的预防政策,大多数都超越了刑法的领域。但是,如果说哪些是刑法范围内的
制度的话,那些尽量不去惩罚犯罪人的制度,比如说起诉犹豫、暂缓执行等这样的就是刑法范围内
的制度。

　　㉜　刑的教育主义就是这样。如果说量定的话就是不定期主义,制定的话就是累进制,这些都
是符合的。

律形式,最终,因为所谓的犯罪和刑罚,其实是一种赎回行为,所以如果刑法中没有了这种等价关系,那么所谓的"刑法"能否成立都存在疑问了。③

　　帕舒卡尼斯还论述了刑事诉讼当中的当事人诉讼形式。国家一方面是检事,另一方面是法官,这反映出刑事诉讼采取的是法律行为。检事尽可能的要求更高的价格,而犯罪人则希望付出更小的代价,裁判所就会依据公平 212
原则进行判断。刑法是和等价交换的形式相对应的。如果刑事诉讼当中去除了这种交易形式,就相当于完全否定了"法律精神"。如果裁判所在判决中开始重视对犯罪人的改善,以及社会防卫的话,"刑"这个词就失去了存在的意义。总结来说,帕舒卡尼斯认为刑事诉讼中这种方式的"法律性契机"就成了"完全无关于考虑社会目的的不合理神秘化的极其荒唐的东西"。④

　　帕舒卡尼斯采用刑法的所谓责任原则,将故意、过失和不可抗力区别开来,因此,他认为规定轻、重、无罪的差异是不妥当的。大概以前的刑法是没有这样的区别的。这是由于以前的刑法采用的是集团责任主义,但与之相 213
对,近代刑法遵从个人主义,采取个人责任原则所导致的。如果考虑用待遇代替刑,坚持医学卫生观念的话,那就要把事物的主旨完全改变了。问题并不在于刑对于犯罪来说是否适当,而在于刑罚是否是刑法的目的,也就是能否适应社会防卫和犯人的改善,这点我们必须认真考虑。这在对所谓的限定能力责任者的待遇中会产生奇迹般明显的差异。⑤

　　帕舒卡尼斯这样认为。只要刑还是对犯罪的清算,所谓的责任就是理

---

　　③　帕舒卡尼斯前揭第 159—160 页。虽然立场不同,伯克麦耶也对目录做出了同样的评论。伯克麦耶将报应观念从刑法当中去除,关于刑法中还留下什么,伯克麦耶添加在了目录中。就像意大利 1921 年法案和俄罗斯 1929 年的刑法一样,新的刑法当中不存在刑了吧。但仅仅是这个问题的话,伯克麦耶是可以回答的。针对帕舒卡尼斯的主张,伯克麦耶的回答是必须建立一种能够代替原有刑法的新刑法。

　　④　帕舒卡尼斯前揭第 161 页。只要刑还被考虑为报应,被认为是对犯人单纯的恶报,那么刑事诉讼就还得采用这样的交易形式。但是,如果把这样的形式看成是作为保障个人自由而存在于历史中的话,那我们就应该依据社会目的对不合理的形式进行扬弃和改良。如果只是单纯的批评它是不合理的,那这就相当于否定了在进化中形成的文化了。

　　⑤　帕舒卡尼斯前揭第 162—163 页。但是,帕舒卡尼斯认为,刑法中的责任主义是针对犯罪斗争的合理化,也构成了特别预防一般预防的理论(第 163 页)。我们不能单纯地批判过去到现在的制度,而应该抽出其中的文化意义,并对其进行扬弃。

所当然的。犯罪人对于自己的犯罪,会对自己的自由承担责任。刑的本质
214　存在于等价性质当中,依据责任意识而成立。"刑"一词的"法律意义"也应
在此成立。㊱

　　如果碰巧是我对帕舒卡尼斯的见解产生了误解的话,那么就像前文指
摘的那样明确,帕舒卡尼斯果然还是主张一种社会防卫说、教育刑说的。只
是,在现在社会中,只是因为存在着阶级对立,虽然名字叫做社会,那也不是
"全体的社会"。在现代社会所谓的社会防卫是不可能实现的。因此,如果
想要实施帕舒卡尼斯所说的社会防卫性刑法的话,就一个没有阶级的社会
215　是非常必要的。要建立这个新社会,刑法需要起到什么样的作用呢? 这是
接下来我们必须要考虑的问题。

　　帕舒卡尼斯认为,刑的思想具有等价交换的形式,而法律的本质也在此
成立。大概,依据等价原则,或者说契约自由,资本主义社会才得以成立。
也许要保持这种资本主义组织,刑法就还得坚持等价原则的吧。㊲ 但是,单
纯的生存竞争变成了同害刑,渐渐地,在现代刑法形成的过程中,一方面,虽
然伴随着统治阶级的剥削现象,但是和平也在此成立,法律生活也变得发
达,并且能够实现一种合理化。只要双方没有一同灭亡,那么单纯的生存竞
争就会变成一方对另一方单纯的剥削。等价原则给单纯的生存竞争带来了
和平,逐渐树立起了法律生活中人格者共存的原则。虽然帕舒卡尼斯认为
以往的刑法始终都是在统治阶级的剥削中成立的,但是刑法的发展始终像
216　帕舒卡尼斯指出的那样被合理化原则所支配的。刑法的进化像这样,按照
耶林指出的那样最终归结到刑的废止上。帕舒卡尼斯其实是接受等价原则
的,并且认同应该避免因复仇而产生的两败俱伤的观点,也承认近代刑的人
道化是一个很大的进步。也就是说,帕舒卡尼斯应该也是能够认同文化的

————————

　　㊱　帕舒卡尼斯前揭第 163—164 页。至此,帕舒卡尼斯仅仅说明了刑是等价原则的一种形
式,但是对于其中存在的责任思想是剥削统治的手段这一点,他就渐渐不再议论了。

　　㊲　等价原则是资本主义思想的体现,就算认为等价原则适用于资本主义其中的一部分,所谓
的等价原则本身也未必就维护资本主义制度。关于具体该如何依据刑法来维护资本主义制度的问
题,我们应该依据犯罪的种类以及与其对应的刑法来进行论定。等价原则自身不一定会贯彻社会
防卫,也是不一定为资本主义发挥作用的。

发展的。而且,我们也正需要社会防卫论、教育刑论来让我们的社会进一步发展吧。但是,我认为帕舒卡尼斯在过去认同发展的连锁,并且始终执着于在此的等价原则观念,否认自己的主张和等价原则之间存在伦理的进化关系。虽然帕舒卡尼斯将一切等价原则全都说成是不合理的、神秘的、荒唐的东西,但是我认为这种从今天来看是不合理的、神秘的、荒唐的东西的另一面,我们应该将其称为刑罚经济,一种合理的贤明的政策正在发展起来。㊳　217

二十二　责任原则的资本主义意义

这样一来,我们在此必须思考的也就是所谓的责任观念。关于责任的原则,像帕舒卡尼斯说的那样,不一定是不合理的。原因是,它相对于与朴素的结果责任的原则,是基于近代人深刻的伦理反躬自问而塑造成的。并　218且,它不一定就是荒谬的。因为结果责任的思想只是条件反射的、本能的思想,所以根据它来量刑时需要考虑的地方很少。而与此相对的是,所谓的责任的原则被认为能使刑罚与其目的相对应。而我无论如何都觉得它应该是一种被神秘化了的东西,因为至少它不适应我们现代实事求是的思维。

关于刑法中单纯的恶有恶报的范围,一方面责任的原则在理论上已经成熟,另一方面它起到可以统一管理刑罚的社会作用。但是,限定刑事责任能力人出现在我们研究 19 世纪犯罪人实证过程当中,存在于得出的显著事实里。㊴　关于这个,从社会应对角度而言,如果贯彻责任原则的理论,就会导致必须对限定刑事责任能力人进行减刑的结果,并且,考虑到刑罚的社会　219作用,就会导致限定刑事责任能力人被判以更久的刑罚。㊵　这样一来,在理

㊳　有关刑罚经济的思想,请参照拙著《犯罪法定主义和犯罪表征说》第 169 页以下。另外,在此我想对刑法发展的能源论意义表示认同。

㊴　由于人类学和心理学的研究进展,恐怕所有的犯罪都会属于这个范畴吧。即使在科学的现状中,受刑者都被认为或多或少患有一些精神疾病。

㊵　当然,不仅仅是时间变长,刑罚的内容也必须有重要的改善。除了单纯的施以恶报,科学的处置也必须被顾及。

论性质和社会作用之间,刑罚就一定会陷入一个矛盾的境地。㊶ 现在责任论处理了这个矛盾,在被更高层次的东西扬弃的同时,刑罚成为了完善社会作用而被改造的部分。

据帕舒卡尼斯所言,刑法中法治国主义的要点之一就是等价原则,而构成其核心的是责任这一法律的概念。但是,"责任这一法律的概念丝毫不是220 科学的"。㊷ 在行为受一定的原因支配的这一点上,普通人和无刑事责任能力人之间没有任何区别。至于作为教育方法被应用的刑罚,则与责任能力或选择的自由没有关系。要说教育学(当然是广义上的)中刑罚的合乎目的性,那是充分理解了一定的行为和预期相伴的不愉快的结果,㊸重点是记住221 它的能力,这样的能力是儿童和精神病患者都具备的。㊹

关于等价原则乃至责任的观念如何蕴藏着 19 世纪的资本主义的意义这一问题,帕舒卡尼斯的论述如下。

从被判处与责任相符的刑罚开始,对于一定的犯罪会被判处几个月几天的自由刑。被判处罚款和被停止、剥夺权利,这些都是一样的。由此,等价的报应原则在资产阶级的资本主义刑法中被保留下来。认为这一形式是抽象的人类的想法,以及认为这是抽象的并且可由时间测定的人类劳动的想法,无意识地联系在一起。在 19 世纪,采取这种形式的刑罚绝对不是偶然。市民阶层的力量在 19 世纪发展到了顶端,因此刑罚与其相适应,演变

㊶ 因为治安处分和刑罚的并科代替,目前这个问题实际上已经被解决了,但因此在理论上还是起了纠纷。

㊷ 帕舒卡尼斯前揭第 164 页。这并不是什么罕见的语句。但因为它在立场上和新派相同,我在此引用这一句。

㊸ 关于认为刑罚的本质是"不愉快的结果"这一点,我有些遗憾。"不愉快的结果"作为存在于刑罚中的一般性质,恐怕要一直持续下去了吧。但是从教育刑论的角度讲,理论地来看,它并不是刑罚的本质。

㊹ 帕舒卡尼斯在此引用了克雷佩林(Emil Kraelpelin)在其著作《刑期废止论》中的论述。克雷佩林作为一个精神病学者,站在他的立场上这样论述到,对于精神病患者来说,教育的效果是最为显著的。这一事实如刑法的立法者所考虑的那样,如果精神病患者没有自主决定的能力,这就是无法想象的。但是,帕舒卡尼斯指出,克雷佩林因此不承认精神病患者的刑事责任能力,在此有所保留。

成了这样的形式。这被认为是一种非常自然⑤的事。为了使这样的想法成 222
立，社会中财富被还原成抽象的单纯的形式。这是将所有的一切都还原为
人类的劳动，认为人类的劳动是根据时间测量的。无论是资本主义，还是人
权宣言，甚至李嘉图（David Ricardo）的经济学和一定期间的自由刑制度，都
是同一历史时代特有的。⑥

　　帕舒卡尼斯的这种见解表明，刑法的性质不过主要是作为一种上层建
筑存在的。刑法只不过是在经济生活中遵循个人主义制定它的形式，而刑
法的社会作用还没有被充分认识。⑦

　　然而，在如此的事态之中，存在着思想转变的契机。也就是，据帕舒卡
尼斯的见解，从刑法以自由刑为基本制度开始，等价的思想作为核心，依据 223
抽象的一定期间的自由刑的形式被表示出来。它相对于肉刑这种朴素感觉
的物质的东西是抽象的，而仅此就意味着等价的意义在逐渐消失。于是，若
干刑法学者认为等价的思想是荒谬可笑的，是考虑到了刑法的合理目的这
一问题。⑧
224

　　总之，一直以来，责任的原则都作为在伦理上多少有些微妙的部分原则
被宣传，不管是被认为是伦理上有深刻意义的东西，它的社会作用与刑罚的
经济相关，相对与结果责任都有着进步之处。探寻其历史意义时，作为等价
原则的升华，不过是作为 19 世纪个人主义文化的一种形式罢了。对于将其
当作信条来信奉的人，它应该是值得尊重的吧。然而，从站在实事求是的立
场的人来看，那不过是一种被神秘化了的东西。
225

---

⑤　所谓自然法，仿佛可以将一切事物都认为是抽象化的吧。
⑥　帕舒卡尼斯前揭，第 165 页。
⑦　刑法的目的在这层意思上还没有被充分认识，因此，可以说专制主义的部分还没有被看
透。这样一来，关于责任的原则，帕舒卡尼斯并没有论述剥削统制的作用。
⑧　以往的制度中被意识到的方面不同，没被意识到的部分逐渐被重视，它的进步也就成立
了。对于制度，它不同于与制度中被意识到的旨趣，是从制度本身的社会作用被实事求是地注意到
之后开始的。依我来看，刑罚的制度以自由刑为原则，刑罚的人道化才开始，批判人道化的思想时，
社会治安和教育刑的思想才是逐渐发展的。正如帕舒卡尼斯所指出的，仅仅说明依据于制度的刑
罚的抽象化，无法明确进步的文化的意义。

二十三　马克思主义者对新派
刑法理论的批判

　　在以上讨论的范围中,可以认为我们的社会防卫论与教育刑主义是思想进化的理所当然的归结。但是帕舒卡尼斯与我们的立场之间有一种明显的差异。虽然我们承认等价原则从复仇的习俗进而支配了最近的因果报应刑论,但是我认为在这之间等价原则进步了。于是,因为我认为由于这种进化,以自由刑为本位的因果报应刑论必须自动转向社会防卫论与教育刑主义,所以,我们的主张包括从复仇到因果报应的进步,甚至将其扬弃到了高层次的观念。对此,帕舒卡尼斯不承认刑法中的等价原则与社会防卫论和教育刑主义之间的伦理性联系。[49] 因此,如果我的理解没错的话,帕舒卡尼斯由于想在伦理上尝试实现一种飞跃,所以才提出了此项主张。[50]

　　这些差异自动成为了帕舒卡尼斯对刑法新派学说的批判。帕舒卡尼斯曾作出如下的议论。[51]

　　他说,"进步的刑法学者的错误在于,他们在批评所谓的绝对论之时,认为那是不适当的看法,仅仅由于理论性的批判就能完全推翻那些。事实上,那些愚蠢的等价形式并不是由于某些犯罪错误,而是商品生产的物质关系的结果。社会合理的防卫和犯人改善的想法与等价因果报应的原则是相矛盾的,这一点不仅存在于书本的或理论上,也存在于生活本身之中,即,存在于社会构成中。这与人类自身由于劳动而被互相结合起来的事实以及这种

---

　　[49]　虽然自不必说我们必须回想起帕舒卡尼斯的提出的近代刑法的人道化是巨大的进步,但是他仅仅停留在强调存在于片面的人道化中的等价原则层面。对此,我们十分重视存在于片面的等价原则之中的人道化。

　　[50]　因此,我认为帕舒卡尼斯只是将社会防卫论与教育刑主义作为一种信念进行说明。尽管帕舒卡尼斯蔑视凯尔逊的纯正规范理论,认为学者的主张要有心理学、社会学的根据,但是关于社会防卫学与教育刑主义,似乎没有明确事实根据。

　　[51]　帕舒卡尼斯前揭第 166 页以下摘录。

愚蠢的结合形式就是商品价值的事实之间所存在的矛盾，不仅仅存在于书本或理论中，也必须承认其存在于社会实践之中是相同的。如果刑罚应该真实地从其目的进行考虑的话，那么执行刑罚就必须成为特别关心的重点，但是，我认为实际上刑事诉讼的中心在于宣判。因为所谓的犯人改善是一项需要很长时间的工作，所以人们对此并不关心。然而，人们的注意都集中在了宣判的那一瞬间，人们十分关心刑罚的轻重。由于监狱改良是少数专家的工作，所以一般人都将注意力放在了判决是否符合犯罪的轻重问题上。认可舆论通过判决实现了等价的因果报应之时，那么一切就都结束了，人们丝毫不关心犯人此后的命运。于是，裁判所自身也苦苦思量这样的等价因果报应，对顽固的惯犯仅仅判处极短的刑罚成了一般做法。另外，刑事诉讼的程序全部变成了商贸交易的形式，人们认为这实现了诉讼上的保障。并且，罪刑法定主义也存在其中。罪刑法定主义归根到底不过是犯人在裁判所的交易中必须知道不得不付出一些代价。著名的社会学派代表者曾经公开表示，责任、犯罪与刑罚这三个观念是近世刑事学上十分重要的障碍。因为如果去除这三个观念的话，事情也许就会有所改变。但是，对此可以回答如下：资本家的认识形态仅仅靠观念性的批评是无法除去的。究其原因，是由于它与物质关系合为一体，不过是物质关系的表现罢了。唯一的解决途径是克服物质关系。即，无产阶级的革命斗争与社会主义的实现。只是带着责任观念的偏见的话，实际上并无法实现使此观念无用的刑事政策。只要商品形态与源于此成立的法律形态，法律就必须根据这些行动。"

　　关于帕舒卡尼斯以上对刑法新派学说的反驳，我有些难以理解的地方。帕舒卡尼斯并不是反驳将责任、犯罪与刑罚从刑法组织中去除这件事情本身，甚至可以说在这一点上他们意见一致。这样一来，必须要注意，虽然帕舒卡尼斯认为新派的学说是错误的，但是关于议论的重点，他们意见相同。

　　只是，帕舒卡尼斯认为刑法改正需要无产阶级的革命斗争。这与我们的立场完全不同。首先，必须要明确议论的焦点。我们在思考刑法中的进步理论。因此，这并不是政治论。我们在思考纯粹科学地、逻辑性地讨论这些,以及刑法应该如何进步。关于这一点,帕舒卡尼斯确实讨论了不承认其理想之处与刑法进步特质之间的逻辑联系。因此,为了从等价原则中脱离出来,革命是很必要的。但是,对于我们这些认为在刑法的进步过程中,等价原则不停地变化甚至扬弃到更高层次的人而言,因为革命是逻辑上理所当然的推移,因此,从逻辑上看并不需要革命。不仅如此,由于认为改革是逻辑上理所当然的推移,所以其具有科学性、实证性的基础。这就是我们社会学派主张的特色。一直以来脱离进化过程,主张革命的态度,反而是乌托邦式的思考方式。

虽然帕舒卡尼斯举出现在社会中因果报应观念太强的事实,以此来批评我们的立场,但正因为这样,我们才主张要改造这个观念,使其更加发达。231 现在社会中的强烈的因果报应观念并不是造成我们社会防卫论与教育刑主义没有科学根据的原因。

帕舒卡尼斯认为,这种改革并不是通过观念上的批评就能做到。但是,刑法新派的学者中没有人主张仅凭观念上的批评就能实现改革。不,因为社会学派十分强调犯罪的社会原因,所以,他们讨论到在犯罪问题的解决上刑法未必能发挥很大的作用。即使如此,刑法在社会法律组织方面是不可或缺的存在。即使承认刑法不过是社会经济关系的上层建筑这个提案有极大的意义,但是对思考现在刑法的立法问题与刑法解释问题的学者而言,即,对刑法学作为规范科学的刑法学而言,不能仅仅停留在客观看待刑法的运用问题上。如此看来,在这个范围内,我们必须要将理性地批评以往的思232 想作为一种工作。关于经济关系的改革,革命斗争是否需要的问题,从讨论刑法学时我们的立场而言,我们并不打算参与议论。但是,必须明确对于思考着刑法的逻辑发展问题的我们而言,必须考虑到在刑法的范围内,社会主义的实现与无产阶级革命斗争之间并没有必然的联系,仅仅强调无产阶级的革命斗争,对作为规范必须运用刑法的评论家而言,归根结底其并未成为指示某些规范的根据。

我们并不认为,仅仅因为刑法就能实现社会的进步。但是同时,我们也认识到随着社会的进步,刑法也必须得到进步,这之间作为评论家的我们在有逻辑地、科学地思考应该让刑法如何进步。在这种意义上，上层建筑学说作为社会学的提案暂且不说，但其作为规范科学的法学方面的提案是毫无意义的，因此，无论在何种意义上革命论都无法成为刑法论。

二十四　刑法的未来

如果我在这里做一个让步，假设正如帕舒卡尼斯所言，是无产阶级的革命斗争使其奏效，然后再假设于民法的范围内，所有权以及契约自由的精神 233
已全部被废除。那么，在这种情况下，刑法会变成怎样呢。完全排除了等价有偿原则的刑法就是成立于此的。像是因果报应等思想，在此处是完全不该存在的。虽说现在各国都在进行刑法的改正，但是在哪个方面进行改正，以便确立一些事物，才能得出一个与现在有所差别的刑法呢？

苏俄于1919年公布了刑法纲领。其否定归责原则，并将刑罚完全作为保安处分的一种来规定。基于这个主旨，颁布了1922年刑法，接下来又有了1926年刑法。这些刑法里完全避开了“刑罚”这一称呼。(52) 234

帕舒卡尼斯认为，像是上述苏俄这样只是不使用这种称呼，是一种毫无意义的行为。虽说称呼的改变，的确在某些程度上能成为一场运动，但是实际上，是为了使报应刑转为一种社会防卫的方法，所以“必须解决重大的组织问题，但是这个解决法既不属于裁判所审理范围，也不适用诉讼和判决。要想彻底解决这个问题，改善处分，就不应该是以裁判所的判决为依据所宣告的‘法律上的效果’，也不是根据一定的事实基础进行评论，而是应该具有‘医疗、教育性质的社会机能’。毫无疑问，我们正面朝这个方向，并不断向其发展。当前，如果强调裁判所审理的作用，改良就只能是一纸空谈。”(53)帕舒卡尼斯认为，因为只要有裁判所审理这一形式的存在，就自然地会存在等 235

(52) 1921年意大利的草案中也不使用“刑罚”这一说法，但是无论是苏俄还是意大利的草案，都把他们的规章统称为“刑法”。

(53) 帕舒卡尼斯前揭第170页摘录。

价有偿原则,所以必须废止这种行为。

帕舒卡尼斯进一步认为:"在贯彻社会防卫的原则时,就没必要一一明确犯罪的构成要件,只要明确地记述社会危险性的特征,以及得出面对危险时所进行的社会防卫的方法就行了。重点不仅仅是在保护处分和某种主观的事物(社会危险性)中建立联系,还包括应如何确定这一联系的种类。……那么,保护处分作为一个纯正的合目的性行动,也能成为被技术性规定所规范的事物。"㊴

仔细想来,未来的刑法可能真的会像帕舒卡尼斯所说的那样,规定了"医疗、教育性质的社会机能"。这样的话,主观主义的刑法论就不仅仅是根据主观恶性裁定刑罚(在这个范围之内,仍残留着因果报应的思想),还必须由主观恶性来构成犯罪。像这样,刑法的重点正从犯罪问题转为行刑问题,刑罚不再被单纯地视为恶有恶报,而是在更深远的意味上,从教育的观点出发,也就是所谓在"技术层面"的立场上进行重组。这意味着,刑事审判将渐渐不再是针对一定的行为,决定其一定后果的事物。帕舒卡尼斯一方面认为俄罗斯刑法的形成是毫无意义的,但另一方面又承认其是朝着大方向发展的。其实,实际上,像这种趋势,与所谓的"无产阶级的革命斗争"相背离,在各国的草案中都或多或少开始有所体现。

但是,帕舒卡尼斯认为,"对此,资产阶级刑法学家会追究即像这样到底能否实现个人的自由原则呢"。㊵帕舒卡尼斯在这样说的同时,对于所谓的资产阶级刑法学家的问题没有给出答案。又或许是他认为,对于这个问题没有回答的必要。不过,帕舒卡尼斯总结说道:"犯罪以及刑罚是从法律形态上来讲必然会形成的事物。只有当法律性质的上层建筑普遍消失的时候,我们才能从犯罪和刑罚的观念中被解放出来。并且,我们并不只是限于话语,而是实实在在地在克服这种观念,在排除这种观念的情况下处理事务。而这大概就是可以使狭隘的资产阶级性质的法律见解的广度得以扩大

㊴　帕舒卡尼斯前揭第 173 页摘录。

㊵　同上。

的最好的特征"。⑤

　　我对于像这样的结论,不禁感到非常的失望。于帕舒卡尼斯所宣称的"革命使其奏效"这一理论下,难道真的不会引发个人自由的保障问题吗?当我们在采用新的刑法原则时,也必须总是把科学的不完整性和人非圣贤孰能无过,这一事实纳入预想之中。从这样来看,个人自由的保障问题就必须在刑法中有所体现。不仅如此,除了保障自由,从对于犯罪也要适当地施加改善处分这一点来讲,也必须使其置于法律的保障之下。换言之,在保障个人不随意受到刑罚侵害的同时,也要通过刑罚来约束个人的行为,在这个含义下,法治国思想必须永远存在于刑法之中。不,应该说连这个含义,也必须在法治国思想的范围之内。 238

　　既然如此,有关犯罪及刑罚的以往的思想,虽说在当时的法律形态下是必然的,但是因为我们在重新考虑新的法律形态,所以有关犯罪及刑罚的思想也必须重建。这个重建是在观念上的,也是在伦理上的。因此,所谓的无产阶级革命斗争,与这个思想的伦理构成,以至未来发展之间,是毫无关系的。

　　但是,像这种思想的发展,是不能仅仅停留于思想上的,应该使它变成实际的事物,不用说,如果仅在法律范围内进行考虑,或者只通过刑法的改正的话是无法达成这一目的的。也就是说即使是上层建筑,想要对它进行 239 改造,也必须统筹各方。

　　随着社会组织的普遍改革,刑法也必须发生改变。刑法学家们在立法上,以及法律解释上都应尽到自己的义务,但是,对此,帕舒卡尼斯站在规范性立场上,而发表的他对于法律的观点,到底能教会我们什么呢?他难道不是在主张一些,我们所一直提倡的理论之外的某种理论吗?

　　不过,在帕舒卡尼斯种种的主张中,也有一处是我所赞同的。那就是在刑法范围内,国家不应该出于个人主义的角度,与犯罪者进行谈判。这指的是,国家在其刑罚权的范围之类,应该适当地处理社会上的阶级斗争,维持社会的秩序,完善推动社会进步的机能,这才是国家所拥有的规范性的意义。 240

―――――――――――――――

　　⑤　帕舒卡尼斯前揭第 174 页摘录。

第六章　苏俄的刑法

二十五　苏俄的刑事制度

　　作为展望刑法的重要资料,在此要特别考虑苏俄刑法。苏俄的现状被认为是由以往的资本主义国家向新兴共产主义社会过渡的国家。在那个理想化的共产主义社会里没有国家,因而也没有法律,这样的世界被认为是可以实现的,但作为那种理想社会的达成手段,在如今的过渡性阶段要建设工农国家。在这个工农国家里,刑法无疑是必需的。换言之,在共产主义的理

241 想展望之下作为向阶级现象绝迹的理想社会行进的过程中新型刑法被制定出来了。因此,在论述刑法中法治国思想的展开时,一观苏俄刑法显得尤为

242 重要。①

----

　　① 当然,在此应当参考各国草案。然而,这在别的机缘之下也经常论及。不仅如此,瑞士和德国的在改良主义的名义之下被一派人排斥,因而在此也不做列举。只是我想明确的是,意大利的 1921 年法案以及古巴的 1926 年法案与苏俄刑法的立场有异曲同工之处,至少是立足于相似的立场。关于苏俄刑法有木村学士的宝贵研究。木村学士《菲利与俄罗斯刑法》(志林第 32 卷第 5 号第 6 号)。此列举了详尽的参考书籍。不幸的是我不能理解俄文,只能囿于文献。首先要列举的是弗洛恩德:《苏俄刑法典》,1925 年。其中一部的绪论的记述是法语译文。制度研究不得不提毛拉赫:《俄国刑法典的体系》(1928 年)。此外,有施华蔻夫(Schwartzkopf):《苏俄刑法》(1929 年)。用作宣传的部分里有科瑞南蔻(Krylenko):《苏维埃政权的刑事政策》(1927 年),这也不容忽视。另外,也不能忘掉帕斯琴-奥瑟斯基(Pasche-Oserski):《苏联的刑罚和执行》(1929 年)。此外,还有马克勒佐(Maklezow),《刑法》(《苏俄法律》马克勒佐,提玛叔等编辑,1925 年,第 364 页以下)。发表在杂志上的有切比雪夫(Tschelzoff):《苏联刑法和刑事诉讼法》,《法学和政治学学科参考书目》,1925 年第 34 卷,第 184 页以下;毛拉赫:《俄国刑法》,杂志,第 48 卷,第 339 页以下参照;伯灵格(Beringer),《苏联刑法和行刑法》,月刊,第 20 卷,第 137 页以下参照;阿诺斯索(Anossow),《俄罗斯苏维埃社会主义联邦共和国刑法规范中的犯罪概论》,月刊,第 21 卷,第 422 页以下参照;柳宾斯基(Ljublinskj):《新苏联刑法》,载于《东欧法律》(1927 年),第 1 卷第 3 号,第 321 页以下参照;另外格莱斯巴赫(Gleispach):《新苏维埃刑法典》,载于《瑞士杂志》,第 41 卷,第 334 页以下持反对情绪在理解苏俄刑法。

　　"十月革命"以后,苏俄的刑事制度经历了四个阶段。第一阶段称作混沌时期。时值革命刚结束之际,依据革命的社会主义法律意识进行裁 243
判。帝政时期的法律在不违背革命原则的范围内适用。然而如今看来,彼时树立了怎样的刑事制度原则,我也不能明确。第二阶段制定了1919年的《刑法的指导原则》。它由八章二十七节组成,规定了刑法的总则。第三阶段是1922年的刑法,这是苏维埃共和国的刑法。第四阶段于1924年制定了苏联通用的《刑事立法的原则》,并在此基础上制定了1926年的新刑法,这是1927年1月1日开始实施的现行法。在此我主要想考虑的也是这个1927年刑法。

　　实际上苏俄刑法是经两回制定的。细论的话,可以举出1922年刑法与1926年刑法之间的种种差异②在此将要论述苏俄刑法大纲时我的立场是: 244
自1919年的《刑法的指导原则》以来其实没有根本性的差异。若引用木村学士的主张,第一要注意的是自"1919年的《刑法指导原则》到1922年刑法期间,犯罪与刑罚这些用语一直沿用,并列于刑罚又区分出了社会防卫处分,然而这些用语在1926年的刑法里都被弃用。取而代之的是社会性危险行为和社会防卫处分一类用语。"第二,"这是用语上的变化,但以前的犯罪与刑罚实质上也沿用了下来,不外乎是社会性危险行为或反社会性行为以

作为特殊论文有契诃夫(Tscheltzof),《不定期刑和苏维埃刑法》,载于《刑法和刑事学》,第29卷第3号,第408页以下参照;菲利(Ferri),《苏俄法律》,司法,1928年第3卷,第311页以下参照。菲利,责任原则在俄罗斯新刑法典(1927年)和古巴刑法典草案(1926年)中的法律责任原则,刑法实证学派,1927年,第9-10期,385页及以下;菲利,《法律责任原则在俄罗斯新刑法典(1927年)和古巴刑法典草案》,《国际刑法杂志》,1928年,第34页及以下;关于此参照大塚乡二氏《刑法法律责任的原则》志林地30卷第7号第85页以下。另外,马科渥斯基,《刑法的变迁》、《刑法学和犯罪学杂志》,1929年第4期,第362页及以下。必须特别附记的是正木学士《行刑上的诸问题》(1929年)。这是以苏俄劳动改善法为中心展开论述的。俄国刑法的翻译有《俄国新刑法正文》(志林第31卷第6号第7号)。这是由德译版重译过来的,只是总则。另外,广冈光治氏译《俄国刑法》(1929年)。

　　②　毛拉赫(Maurach),前揭时报,详细地论述了这种差异。

及社会防卫处分之意".③

总之,"俄国刑法彻底排斥的自然是报应主义的立场".④ 因而,一方面
245 注重犯罪的"实质观点",另一方面又特别考虑刑罚的"教育性效果"。必须
要明确的是对反革命运动展现出的镇压态度成为了苏俄刑法的特色。

二十六   1919 年的《刑法的指导原则》⑤

首先我们来简单地看一下 1919 年的《指导原则》。这是政府一方面受
到革命性狂热所驱使,另一方面在认定法律秩序的重要性时形成的。另外,
这还被认定为了压制资产阶级而进行的必要手段。恰好,正如以往的刑
246 法是资产阶级来压制无产阶级的手段一样,现在的刑法应该反过来成为无
产阶级压制资产阶级的手段。但是,在其他方面,苏维埃政府为了合理维持
国内的秩序,认为有必要来给刑法建立合理的组织。至少对于劳动阶级来
说,刑法不应该是阶级斗争的工具。从社会防卫的观点是单纯的朴素功利
的这一点来看,刑法中也是蕴藏着逐渐纯化为合理人道的刑法的契机的。⑥

《指导原则》中有一段序言。序言中提到了以下内容。首先最开始的革
命是没有统一原则的,与阶级敌人做斗争时都是采取具体情况具体分析的
原则。但是,随着时间的推移,革命领导人逐渐意识到有必要将这些斗争方
法统一起来,并建立起合理的组织,为了击败阶级敌人,必须要将各种斗争
247 方法合理总结,刑法也就是在此开始被制定起来的。但是,如果资产阶级和
中间阶层没有灭亡,无产阶级就有可能对作为组织起来的权力国家造成破
坏,作为国家机能的法律也就会重蹈覆辙,因此在无产阶级的阶级斗争中,

---

③　木村学士前揭志林第 32 卷第 6 号,第 55 页。
④　同上,第 56 页。
⑤　简称《指导原则》。——译者注
⑥　《指导原则》的德语翻译文献是"Freund,a. a. O. ,S. S9ff"。虽然我多少有点不太理解的地
方,详细的研究将在之后进行,在此我只想考虑一下大纲。

为了对苏维埃司法机关进行帮助,《指导原则》诞生了。此序言当中阶级色彩被特别强调出来了。⑦

但是,在此我们必须要再考虑一下,这样制定出来的《指导原则》有多强调刑法的阶级斗争这个问题。我们暂且看一下《指导原则》内容。

首先,第一章以"刑法"为题。

"(一)法律是社会关系的规则。这个规律符合统治阶级的利益,受到组织化权力的保护。

(二)刑法依据内容上的法律规范对侵害(犯罪)进行镇压(刑罚),从而对相关社会关系的社会组织进行保护。

(三)苏维埃刑法通过镇压来保护,将适应劳动者阶级利益的社会关系组织的保护作为使命。从资本主义向共产主义过渡期到无产阶级独裁时期,劳动阶级为统治阶级。"

第二章以"刑事司法"为题。

"(四)苏维埃共和国的苏维埃刑法适用于苏维埃司法机关(人民裁判所以及革命裁判所)"。

第三章以"犯罪及刑罚"为题。

"(五)犯罪是对受法律保护的社会关系秩序的侵害。

(六)犯罪作为针对社会关系中某些组织危险所进行的作为或者不作为,也必须针对作为者及不作为者而进行国家权力斗争。

(七)刑是强制处分。政府依此保护社会关系一定秩序免受社会秩序侵害者侵害。

(八)刑的目的是保护社会秩序,并以此保护免受犯罪人、试图犯罪人以及未来可能犯罪人的侵害。

(九)为了保护社会秩序免受既存犯罪人在未来可能进行的犯罪,要让犯罪人顺应社会,若无法使犯罪人顺应社会便将其隔离,若仍有例外则可要

248

249

---

⑦　弗洛伊德认为,有关指导原则,苏维埃法的阶级性是非常明显的(弗洛伊德前揭第9页以下)。

求其付出生命。

（十）关于刑罚选择，必须牢记阶级社会的可罚性取决于行为人所生存的社会关系情况。因此刑罚既不是针对责任的报应，也不是赎罪。刑作为保护方法必须合乎目的。同时也必须相较于拷问性特质来说完全自由。不能使行为人感受到无用的或者多余的痛苦。

（十一）裁判所通过将社会的危险性及性质结合到行为人自身以及做出的行为中，以此来制定对犯罪人的处分。为此，裁判所应当参照以下事项。

（1）不仅单纯调查和犯罪行为有关的各种情况，还必须要对行为人的
250 人格进行调查。在调查中依据行为人及其动机得知其表现在外的人格，明确其和生活及经历有关的人格。

（2）要明确犯罪行为在一定的时间地点下是如何对一般安全进行侵害的。

（十二）关于刑罚量定，必须根据具体事例按照以下情况进行区别：

（a）犯罪作为有产阶级来供与、保持及所得所有权相关利益的目的而产生，对于无产阶级来说在饥饿和窘迫的情况下产生时。

（b）犯罪作为压抑阶级恢复权力的目的而产生，或作为实现个人利益的目的而产生时。

（c）知道行为所造成的侵害以及不知情或意识不足的情况下产生时。

251   （d）行为由营业性犯罪人产生，或由初犯者产生时。

（e）行为由团体结合、组织产生，或单独产生时。

（f）行为对人产生暴行时。

（g）行为作用于人或作用于财产时。

（h）依据是否能够证明犯罪对行为者进行了预防、残酷、害意、伪计、狡猾行为，或行为是否急躁、轻率。

（十三）未满十四岁不会被送至裁判所也不会被责罚。对此类对象应当适用于采取教育处分（适应性处分）。对于满十四岁未满十八岁的对象，在可以使用医学处分的情况下，对其使用同样处分。

（十四）对于精神病状况下的犯罪者以及无法理解自己犯罪行为的犯罪人，不应被送至裁判所，也不能责罚。精神平衡状态下进行的行为在裁判所判决时也同精神病者一样。对于上述犯罪者，应当仅适用治疗方法和预防方法。

（十五）对于对某被袭击者的生命身体施加暴行的犯罪人，其暴行在这种情况下，依据防卫袭击的必要方法以及对自己或者他人的暴行的防卫方法，所作出的暴行未超越必要防卫程度时，不对其作出责罚。

（十六）即使一定的行为，以及做出该行为的行为人在一定情况下对相关政府构成了威胁，事态停止之后，就不会对行为人进行处罚。"

第四章以"犯罪阶段"为题。

"（十七）行为人的意图最终达成时，犯罪就会认为是既遂。

（十八）若行为人能为达成自己的意图而做出了行为，但在行为人想完成犯罪却因独立于行为人的原因而未使犯罪成立时，将其视为未遂。

（十九）犯罪人为进行犯罪而搜索、取得，或试用器具凶器，则被视为犯罪预备。

（二十）行为人意图达成到何种阶段并不会对镇压方法造成影响，镇压方法依据行为人的危险性程度来决定。"

第五章为"共犯"。

"（二十一）当行为是由团体（结合、组织、群集）共同进行时，对教唆者与帮助者的处罚同正犯相同。刑罚并不根据帮助程度进行量定，而应该根据行为人及其行动的危险性来进行量定。

（二十二）对于参与犯罪实行者，不应依据每人如何分担此事项，而应当将所有人均视为正犯。

（二十三）催促犯罪实施者被视为教唆者。

（二十四）并未直接参与犯罪，但利用言语、行动对其进行推动、指示、排除妨碍，或藏匿犯罪人、隐藏犯罪痕迹，以及为防止犯罪、庇护犯罪实行者被视为帮助者。"

第六章为"刑"。

"（二十五）一方面保护国家秩序不受侵害，另一方面为遵从尽可能小地让行为人受到痛苦的使命，刑应当依据各种情况的特性和行为人的人格来进行裁量。作为刑罚可以被允许的行为如下。

（a）训诫

（b）公众谴责

（c）不引起身体痛苦的强制要求（例如，某些的教育课程除外）

（d）绝交宣告

（e）暂时或永久排除出某些团体

（f）原状恢复以及无法原状恢复时的损害赔偿

（g）免职

255　（h）禁止从事某些职务或劳动

（i）没收全部或一部分财产

（k）丧失政治权利

（l）宣告共和国以及人民的敌人

（m）不伴随拘禁的强制劳动

（n）一定期间或一定结果发生之前不定期的自由拘束

（o）法律上的除外

（p）枪杀

（q）上文记述各种刑并罚

（备考）人民法官不能宣判死刑。"

接下来第七章为"附条件宣判"。

"（二十六）裁判所对犯罪应当采取监视及拘禁的情况。

（1）初犯

256　（2）因生活条件特别困难而进行犯罪

（3）被判决有罪者，其公众利益受到的危险性将其隔离开来非对有必要进行处分者时，裁判所可以附加条件对其进行判决。即，裁判所可判决若被判决人没有犯下同样或同种罪，那判决就不被执行。若犯罪人再次犯下同样或同种罪，附条件判决就会失去其附条件性质，并即刻执行其判决。"

最后第八章为"刑法的效力"。

"（二十七）苏维埃共和国的刑法适用于共和国全领土，在其领土内犯罪的市民或外国人均在其刑法范围内。另外，也包括在国外犯罪但被国外裁判所免刑而现在在苏维埃共和国领土者。"

以上就是《指导原则》的内容。通览此原则，如果要列举苏俄刑法和日本的刑法理论之间的差异的话，在苏俄，为了对通过革命建立并发展的社会组织进行防卫而建立刑法，与此相对，日本刑法的使命则存在于尊重现有社会秩序并对其进行防御的过程中。但是，如果从刑法自身的本体来讲的话，257 两者在刑法的基本原则这一方面是没有差异的。而且在基本原则中不存在可以让我们将苏俄社会组织视为进行防卫的特别刑法组织的地方。就算暂时依照某一派学者所说，将苏联的社会组织即刻运用到日本，那也和刑法没有关系。就算责难日本的刑法背景是资本主义社会组织，那也不是因为刑法存在缺点。由于刑法是以维护社会秩序为使命的，就算现在的社会组织存在着诸多缺点，刑法也绝对不会为此便招致革命或者无政府状态。但是，由于刑法也应当和社会进步保持步调一致，如果真的有什么需要向苏俄社会组织学习的地方的话我在此不深入探讨此问题——我想日本在实现社会理想这方面要将苏俄当作他山之石。于是，在新的社会理想之下，必须重新进行刑法解释以及立法安排。在这种情况下，如果要考虑该做出何种新的 258 立法解释以及建立何种立法的基本原则，我想我不会提出我主张多年的目的刑主义、主观主义。就算是仔细探讨苏俄刑法的《指导原则》的本质，说到底我也是不会提出的。欧洲各国的各种草案多多少少都在往同一方向发展，就算是日本临时法制审议会的刑法改正纲领，也毫无疑问地在追随大势。

二十七　实质的犯罪概念

我在此想要研究一下与 1926 年的刑法相关的事。其中关于犯罪的实质的观念被特别明确地进行了规定。毕竟，从 1922 年的刑法开始，刑法的

259　阶级性质在逐渐弱化。⑧　随着国内秩序的逐渐稳定，刑法以其必然的形式
在逐步完善。这样一来，就有了1926年的刑法。

　　那么，苏俄的立法者一边排斥作为抽象的先验的观念的"正义"，一边又
排斥犯罪的形式上的观念。因为犯罪不应被理解为是机械地列举法规的形
式上的构成要件，它是对社会的侵害，必须被认为是值得社会防卫的事。想
来，在以往的概念中，法学将犯罪的观念过于形式化了。于是，自不必说，我
们对此一直争议不断。所以，我们首先主张将目的观导入刑法的解释中，因
此，类推解释的刑法中也应被允许的事与在民法中的主旨是没有什么不同
的。⑨　其次，关于由不适当地考虑行为的违法性思想而引起的犯罪观念必
260　须被当成价值判断的对象一直备受争议。⑩

　　应当从这样的立场来考虑犯罪的"实质的意义"。⑪　并不是说一定要背
离法规的形式。然而，要理解法规就必须事先考虑实际的社会趋势。换而
261　言之，在刑法的解释乃至应用上必须一直坚持耶林倡导的目的观念。⑫

　　于是，1922年《苏俄刑法典》第6条表明："威胁苏维埃制度的基础及工
农政权向共产主义制度过渡时期所建立的法律秩序的一切危害社会的作为

---

　　⑧　弗洛伊德前揭，第13页。

　　⑨　这一主张是一直以来我的刑法理论中被日本学者批判的重要一点。然而，到了近期，学界
的思潮有了很大的改变。作为报应论主义者，泷川教授在这一点上也与我的意见相同（泷川教授
《刑法讲义》第46页）。于是，关于电力盗窃这一问题，《刑法》第245条规定中没有看到限制的东
西。这一种见解就被更为广泛地认同（泷川教授前揭第230页，宫本教授《刑法学精华》第587页）。

　　⑩　关于讲述行为的违法性研究的重要性，我也在日本学界以往的风潮中逆流而进。但是如
今，现行刑法当时的概念法学的态度作为学界的思想已经不能被接纳了。我的计划是在刑法中引
进民法中逐渐完善的公共秩序和良好风俗的观念，在民法与刑法之间达成观念统一，这在今日已经
被认为是理所当然的思想了。

　　⑪　我曾经论述过"关于犯罪的实证的意义"（拙著《刑法研究》第三卷第1页以下）。与此意义
相同。

　　⑫　如同在论文中表明的那样，我在上文提到的犯罪实证观参考了很多耶林的见解。当然，在
此必须考虑到民法中自由法的理论。关于自由法的理论构成和积极的主张，在此时已经没有在此
论述的意义了。

或不作为，都认为是犯罪"。⑬ 并且，第 6 条还有一条附加备考："形式上具备本法各条规定的要件，因有一些明显的理由或缺少危害的结果的理由而危害社会的行为，都认为是犯罪"。⑭

262

接下来，第 8 条中，"在行为之时依据本法第 6 条，构成犯罪的具体行为在预审或公审时因刑法的改正或社会政策的变化，不再有危害社会的性质时，⑮或者在预审或公审时遵循裁判所的意见，行为者被认为是危害社会的分子时，作为这一行为的理由，对行为人采取的社会防卫处分不适用"。⑯

263

第 16 条中进一步表明，"如果社会性危险行为直接触及了本法的规定，该行为的责任基础和界限应依据在本法中与该行为性质最为类似的条文决定"。⑰

264

但是，尤其有特色的是第 7 条。"对有社会性危险行为的分子或犯罪人的环境有关的原因，或根据以往的行动表现分出有危险性的分子"，依据其

---

⑬　在日本，试图侵害日本国家组织的行为也被认为是犯罪。国家在必须解释社会的基本制度之外，各国都理所当然地认为，对本国的国家组织的侵害即是犯罪的观念是重要的一点。所以，苏俄是站在其固有的立场上来制定犯罪的观念，在以"社会性危害"为要点这层意义上，并不属于苏俄独创的思想。

⑭　古代罗马法中"执政官（也称法官）不问琐事"的原则，依据怎样的理由，在怎样的范围内应该怎样被日本刑法解释允许呢。关于这一点，应该注意的是"一厘事件"这一案例［拙著《日本刑法》（修订版）第 729 页注 5］。关于这一案例我的态度写在拙著《法律的进化和进步》这一书中的第 253 页。我认为最近的学者与其说将它当作是行为的违法性来解决，不如说认为它是独立的理所应当的事。请参照宫本教授前揭第 615、620 页，泷川教授前揭第 434 页，小野教授《刑法讲义》第 223 页。

一厘事件是 1909 年，烟草生产者将应缴纳给政府的当时价值一厘的 7 分烟叶约 2.6 克，自己加工后消费。因违反了烟草专卖法，常作为可罚的违法性的典型案例被提及。——译者注

⑮　日本刑法关于这一点，一半会依据《刑法》第 6 条处理，一半会由关于行为的违法性的原则的随意的应用处理吧。

⑯　关于这一点日本在关于起诉的权宜之计的办法除了应用规定，也不过是应用酌情减罪和缓期执行。作为立法论，临时法制审议会《改正纲领》第 18 条中有"设置了酌情减轻的规定"，德国的草案中也有"特别轻的情况"有"刑的免除"的规定，意大利的草案中也有宽恕的制度。

⑰　很显然，与以往的学说相比，这是一个异端。然而，对考虑类推的理论性质的我们来说，这不过是反映了理所应当的事理。苏俄的学者也超越了理论，采取了类推的方法，这也是对以往学说的一种否定。参照阿诺斯索，前揭月刊第 427 页。

的精神状态采取不同的社会防卫手段。这使犯罪行为是恶性的征表这一主义被贯彻,尤其是犯罪行为以外的事作为恶性的征表变得显而易见时,这就应当使其服从于刑法上的待遇。对于行为上理解为刑事责任的基本的论者而言,这显然是异端的。因此,也有对此强烈批判这一观点的学者。[18] 然而,第 7 条中,并没有规定单纯的嫌疑刑。必须注意此处有很多的条件被规定。[19] 关于这一必要条件的解释,学说上存在争议,[20] 在立法上,关于直接模仿它是否合适这一争论,必须有一定的保留,但是这种立法的趋势作为犯罪征表论的必然结果一定是被期待着的吧。[21]

265 这样看来,即使承认第 7 条有若干特色,至于其他,1922 年苏俄刑法典
266 对以往的资本主义国家的刑法特别提出异议的这一点,对于我们来说并不一定是异议,但也并不是什么独到的见解。只是与以往的概念法学的、形式主义的刑法论旨趣不同罢了。

1922 年苏俄刑法典排斥"责任"的思想。刑法认为,在废除刑罚的名义采取社会防卫的手段的同时,对精神病患者和少年也一样应采取社会防卫的方法。自不必说,对不同内容的行为,应采取不同的对应手段。必须承认的是,这显然是 1921 年意大利刑法预备草案已率先提出的观点。然而,即使采取刑罚和保安处分并存的二元主义,或者是采取社会防卫手段的一元主义,在实质上并没有任何差异,这一点已无需在此赘述了。

众所周知,对这样的一元主义将刑罚的道德意义的丧失推上了风口浪

---

⑱　格莱斯巴赫,前揭《瑞士杂志》第 342 页。

⑲　与此相比较来看,日本《少年法》第 4 条规定,"触犯刑罚法令的行为或者有触及刑罚法令的行为可能的少年",关于"违法的可能"这一点,必须要表明还没有既定的必要条件。另外,关于考虑累犯乃至惯犯的处分,必须承认日本现行法中存在着相当大胆的规定。关于累犯请参照《刑法》第 56 条,关于惯犯请参照防盗等相关法律第 2 条第 3 条。

⑳　关于这一点,木村学士有详细的记录(木村学士《菲利和俄罗斯刑法》志林第 32 卷第 6 号第 59 页注 2,同卷第 599 页)。苏俄高等裁判所似乎相当严格地解释了必要条件(木村学士前揭60 页;毛拉赫:《俄国刑法典的体系》第 112 以下)。

㉑　除少年法以外,在关于精神病患者监护的法规中,对犯罪的精神病患者的认定,一般情况下不会规定法律上的必要条件。只能遵循专门鉴定家的技术性见解。木村学士在探讨第 7 条解释的相关学说时说道:"不管怎样,第 7 条不是从古典学派的角度来看应被畏惧的、专断的法律"(木村学士前揭第 60 页注末段)。

尖。然而,这种批判显然是站在报应主义的立场上的。如此一来,学者对此有所回应。过去的刑法中对精神病患者也施以报应的恫吓,但如今,对待普 267 通的犯人和患者都采取不含愤怒和报复心的手段。㉒

以往的学者都着眼于责任观念这一刑法的文化的制高点。想来,我们也无法否认责任观念因理论纯熟化起着重要的文化作用这一事实。然而,学者们的观点如下。因排斥责任观念,开始对无刑事责任能力人也施以报应,是否明显是回到了蛮荒时代。但是,对社会性危险分子实施社会防卫,哪里野蛮了呢?㉓

268

采取排斥责任观念的社会防卫手段的一元主义,在另一方面也是在准备贯彻刑罚个别主义。刑罚个别主义在某种意义上被认为是与刑罚的道德化相背驰的。㉔ 然而,它的道德化中所谓的"道德",是以报应乃至赎罪为中心的意义上的道德。1922 年苏俄刑法典努力使刑法逐渐从道德中脱离出来,㉕并且学者认为,"其中人格不应被看作等闲视之的分量。从'刑'法这一名称中可以明确看出作为人的品味观念"。㉖

269

前文所述的见解中,"社会危险性"的观念"不只是刑法中被期望的某种东西,而是实际上法律命令的东西"。㉗ 也就是说,主观主义的理论不应被认为是将分散于刑法中的种种规定综合起来,学者论述并确定了解释的原理,这样并非立法者所希望的。而是因为法律中明确规定了这一理论,解释上也已成为了无法左右的基本原理。裁判所不应以犯罪事实的审理为中心采取行动,而应将社会危险性作为基本。在应用刑法各条时也是一样。"法律不是制定了一个没有缺点的形式,而是一项技术的规定。是为了达成一

㉒　阿诺索夫前揭第 425 页。

㉓　同上。当然,必须事先考虑采取怎样的社会防卫手段,社会防卫论并不是以施以危害为目的而判刑,这点是毫无疑问的基础。

㉔　马卡莱维茨(Makarewicz)早已提出"并不是刑法的道义化,是个别化以及主观化"(马卡诺维斯基:《刑法的哲学》,第 437 页)。阿诺索夫引用了这句。

㉕　阿诺索夫认为这种分离是理所应当,且是正当的事(阿诺索夫前揭第 426 页)。

㉖　阿诺索夫前揭第 426 页。至少在对工人阶级的关系上,1922 年苏俄刑法典明确了这一原则。

㉗　阿诺索夫前揭第 428 页。

定目的的手段,也是应指导裁判所的行动的方案"。[28]

270 这就是所谓的犯罪的"实质性意义"。毕竟,刑法的重点不在犯罪而在犯罪人身上。苏俄的学者没有声称这一观点是苏俄独有的,[29]而是以苏俄刑法典为骄傲,并明显被 1922 年苏俄刑法典承认,并指出"不是从门,而是从窗户"来不断钻研各国的草案。[30] 这样一来,"虽说修改了刑法中的用语,显然完成的只是很少一部分。只不过所有的旧法律命令的改正,并未试图根本地颠覆复仇或报应的部分。大多数的人还是将犯罪人和患者区别对待的。然而,刑法中至少指明了一种方向。遵循着那个方向,对犯罪人的社会

271 关系的进步也必然会推动它的进步,并且不断完善"。[31]

二十八　教育的刑罚概念

1919 年的《指导原则》向我们表明了关于刑罚的两件事。第一是刑罚经济的原则,第二是作为其结论的教育刑的原则。虽然已有前述,但是作为推进考察的顺序,我想再次举出这一点。《指导原则》的第 25 条规定"一方面对于侵害行为,要维护国家秩序;另一方面,为了完成尽量减小行为人个人的痛苦的使命,必须根据各种不同情况的特点与行为人的人格,进行裁量"。[32] 这表明了刑法的主观主义是以刑罚经济原则为基础。另一方面,《指导原则》的第 10 条,"刑罚的选择,阶级社会中的可罚性是由于行为人生

---

[28]　阿诺索夫前揭第 428 页。阿诺索夫不承认"恶法也是法"这一原则。

[29]　同上。

[30]　同上。

[31]　阿诺索夫前揭第 429 页。

[32]　不应该二元性地考虑各种不同情况的特点与行为人的人格。在考虑行为人的人格问题之时,必须重视各种不同情况的特点,在这种意义上,才有了二元论形式的规定。

活中的社会关系情况而产生的。㉝ 因此,刑罚既不是对责任的报应也不是赎罪。作为保护方法,刑罚必须是符合目的性的。同时,从其拷问性的特质 272 来看,它必须是完全自由的。这样一来,就不得不对行为人施加一些既无用又多余的苦痛"。《指导原则》在如此强调刑罚经济的原则之后,在第 9 条又做了如下规定:"面对已经实施过犯罪的犯罪人将来的犯罪行为,为了维护社会秩序,应该使其服从社会秩序。如果犯罪人不服从,那么应该将其隔离,或者作为例外处决犯罪人,以此达到维护社会秩序的目的"。这不得不说是在强调教育刑的原则,虽然只有一个遗憾的例外保留到了最后……

在这种观点下,1926 年的刑法完全将"刑罚"一词从刑法中去除。因为"刑罚"一词,由于其浓厚的传统色彩很容易引起误解。这样一来,采用"社 273 会防卫处分"一词,将区别考虑一直以来的刑罚与保安处分的方法总括起来。㉞

如此一来,作为"社会防卫处分"的目的,《指导原则》举出了三点:第 9 条即,第一,为了预防已经实施过犯罪的犯罪人再次犯罪;第二,为了对其他社会成员产生影响;第三,为了使犯罪行为人服从劳动者国家的共同生活条件。就是以上三点。㉟ 于是《指导原则》紧接着认为,"社会防卫处分并不是以施加身体上的痛苦或者伤害其作为人的尊严为目的,而且也并不是以报 274 应与惩罚作为任务。"特别是施加苦痛并不是处分的目的,事实上不得不施加的痛苦不过是为了实现刑罚目的的手段。因此,无论在何种情况下,都不

㉝　毕竟,要归结到犯罪的本质问题必须考虑其社会原因这一层意义上。犯罪是阶级社会特有的现象吗? 换言之,在共产主义理想的社会中,难道就完全没有犯罪行为吗? 这个问题不得不暂时搁置。但是,必须要注意,关于社会现象的实证考察在改变了人们对犯罪本质问题的思考方法的同时,也改变了人们对刑罚的思考方法。

㉞　这不一定是苏联的立法者独创的学说。在这我必须要重复一下,1921 年的意大利草案避开了"刑"这一词,采用了"制裁"一词,没有承认刑与保安处分之间性质的差异问题,以及 1926 年的古巴草案也同样将刑与保安处分视为一体。

㉟　如此举出的三个目的并不符合逻辑。第一是特别预防,第二是一般预防,第三是特别预防方法的内容。总而言之,虽然处分的目的在于第一与第二,但是作为实现的方法重点思考了第三点。至少仅仅将一般预防作为目的进行社会防卫这一点,并不是苏维埃刑法的主旨。参照毛拉赫,前揭第 353 页;另外参照伯灵格(Beringer),前揭第 147 页。

允许以伤害人作为人的尊严为目的。事实上是可能会伤害到犯罪人的尊严。虽然这是目前处分不得已而为之的行为,但是不允许将这作为处分的目的。㉟

　　社会性防卫方法根据受处置的人的情况可以区分成三种。第一种是对一般犯罪者,被称之为裁判所改善的方法。第二种是对身心残疾者,被称之为医术性质的方法。第三种是被称之为医术性教育性质的方法,这是针对青少年的。虽然我应该主要思考作为一般方法的裁判所改善方法,但是正如其名称显示的一样,这是以教育方法为内容与主旨,符合各国刑法将其认识为"刑"这一点。苏维埃的立法者一个劲地将各国,即,资本主义国家的刑法规定的刑罚解释为以报应为主旨。因此,与此相对,他们就一心计划规定以教育为主旨的社会性制裁。

　　苏维埃刑法对裁判所改善的方法做了十四种规定。㊲ 现在我并不打算对这些方法逐一进行研究。由于苏维埃刑法中,防卫处分最典型的即是自由刑,我想研究一下应该如何理解这里的自由刑。《苏维埃刑法》第28条中规定,"剥夺自由1日以上10年以下时,必须伴随着劳动"。我认为"必须伴

（左侧页边码：275，276）

　　㉟　在这里应该回想到,《德国行刑法案》(参议院案)第63条第1项规定,必须将行刑人像人一样对待。关于这一点,拙著《刑法重点的变迁》第67页以下。

　　㊲　《苏维埃刑法》第20条规定了以下十四种裁判所改善的社会防卫处分:(一)作为劳动阶级的敌人的宣言(此宣言伴随着社会主义苏维埃联合共和国市民权的丧失)与从社会主义苏维埃共和国的领土上无条件驱逐。(二)伴随着严正隔离的自由剥夺。(三)不伴随严正隔离的自由剥夺。(四)不伴随自由剥夺的强制劳动。(五)剥夺政治权利以及各种市民权利。(六)被社会主义苏维埃联合共和国有期驱逐。(七)指定到一定地方居住,如果未指定或者命令禁止居住在一定地方时,如果没有这项命令,俄罗斯社会主义联邦苏维埃共和国命令其从一定地方离去。(八)禁止就职特定的官职或者并未禁止而免官。(九)禁止一定的行为或者禁止营业。(十)公开谴责。(十一)没收全部财产或部分财产。(十二)罚款。(十三)警告。(十四)赔偿由此而产生的损害的义务。以上各种处分中,苏维埃当局者似乎对不伴随自由剥夺的强制劳动制度抱有很大期待,另外,应该注意损害赔偿被当作是理所当然的制裁这一点,自不必说。虽然以上的列举中有不少应该受到批评,但在此就不再深究。

随劳动"是其特色的同时,㊳发现其内容是规定在符合各国行刑法的一种法律之中,被称之为《劳动改善法》。与 1924 年的制定有关。㊴　　　　　277

　　劳动改善法正如其名称显示的一样,将行刑的中心放在了劳动上。但是,其劳动并不仅仅是为了施加痛苦而科以劳动。如果是以苦痛为目的的 278 行刑的话,那么一直以来的行刑正是出于这种目的。这是为了以劳动为中心来谋求受刑者的社会服从。苏维埃学者将其称为苏维埃权利的劳动改善性政策,甚至还换言之,"作为这种政策的基本原则的劳动及文化的启蒙性干涉"。㊵ 即,这两者的调和性结合成为了其行刑的内容。我想暂时记述下这位学者所说的内容。㊶　　　　　279

　　即,㊷"刑罚的最终定义是其作为社会保护的方法的同时,还归结为劳动改善性质的干涉。"在这一点上,国家追求的目的已经十分明确了。一方面,为了使犯罪所侵害必须实现社会保护。从个人犯罪威胁中得到安全,将犯罪人暂时隔离起来,收容到一定的设施之中。如此一来,因此人们希望这能实现一般预防的作用。换言之,从道义上阻止不确定的人实施犯罪行为。在这里出现了一种心理作用,并且成为了威胁。虽然通过行刑来施加痛苦 280 并不是目的,但是不可否认的是,实际上无论是受刑者还是普通群众都承受了痛苦这个事实。当然这种威胁性作用也要考虑进去。

㊳　最近,在布拉格召开的国际刑务会议中,对单一刑这个议题进行了反复讨论。提到日本的刑法,虽然徒刑与禁锢之间没有有无定役的区别,只是根据个别主义的原则讨论事件,但这正是学界最近的希望。苏维埃刑法明确了此项原则,强调行刑中的劳动主义。虽然德国的刑法草案与行刑法草案在其监禁制度中并不认可强制劳动,但是,受刑者仍然要承担劳动义务。规定受监禁处置者必须亲自劳动。总而言之,在科以劳动的方法中,监禁刑与一般自由刑之间关于认可受刑者的选择自由的范围上,有十分重要的差异。

㊴　关于 1924 年的劳动改革法(弗洛伊德,苏俄刑法典等,1925 年,第 363 页以下)之中有德语翻译。另外,应该注意,正木学士以此法律为资料议论的关于行刑上各种问题的最近的思潮的《行刑上的诸问题》(1929 年)。正木学士在其著作中明确了劳动改善法在一般行刑思潮的发展中的地位,在详述其内容的同时,也对此进行了重要的批评。

㊵　帕斯琴-奥瑟斯基(Pasche-Oserski),《苏联刑法和执行》,1929 年,第 40 页。我认为此书可能是为了宣传而写成的。虽然我们是在其保留下读的这本书,但是却不能轻视这本书的学术价值。

㊶　我必须明确这一点,由劳动进行改善的想法并不是苏维埃独创的。很久之前就已经有监狱改良家讨论过这个想法了。

㊷　伯灵格,前揭第 147 页。

　　"随着苏维埃的权利愈发坚固,特别预防也将被放在第一位上。特别预防的目的在于,通过劳动改善方法与启蒙来改善犯人。通过使犯人服从刑罚的特别改造与再社会化的目的,刑罚作为刑的性质也逐渐丧失了立足之地。"

　　因此,我认为以下诸点需要特别注意。[43]

　　第一是劳动改善所即,用日本的刑法用语来说的话就是监狱中的劳动281 组织。苏维埃的学者主张,这种组织与资本主义社会的各国中的完全不同,他们十分在意资本主义各国十分重视个人的产业利益,以至于受刑者的劳动与一般产业之间产生了竞争关系这一点。但是,在苏维埃,因为产业的国家化,即,采用计划经济主义,所以不会有上述的资本主义社会中遭受到的妨害。如此一来,在苏维埃,为了使受刑者必须习惯劳动,应该必须使他们282 牢牢掌握某种职业技术。我认为这就成了劳动改善所中工作的重点。[44]

　　劳动改善法将劳动规定为是所有受刑者的义务。[45] 众所周知,这是从283 苏维埃立国的基本原则中产生的规定。[46]

　　关于劳动时间、休息时间以及劳动保护,都根据一般劳动法典[47]的规定。即,关于劳动时间,不允许超过 8 个小时。精神作业、事物作业、地下作业以及 16 岁到 18 岁的青少年的工作不能超过 6 个小时,未满 16 岁的青少

---

　　[43]　帕斯琴－奥瑟斯基,前揭第 40 页以下。从我个人论述的立场来看,我想只列举我认为十分重要的点。

　　[44]　在此特举出例子,《德国行刑草案》第 78 条中规定,承认各联邦对受刑者施加适当的劳动的义务,以及第 83 条关于劳动经营,规定民营应该与设备一样经常更新成新型的劳动设备。另外,虽然第 82 条规定,刑务所劳动不能压迫自由劳动,但是这归结到"在刑务所制作的物品的价格应该尽量与一般市场交易的价格相同,一般私人支付给刑务所劳动的工资应该尽可能与自由劳动者的工资相同"(同条)。我不认为这一点损害了刑务劳动的组织。关于这一点,请参照正木学士前揭第137 页。另外,还想请大家参照一下我经常主张的关于行刑的三位一体问题(正木学士前揭序言)。

　　[45]　日本将来的立法也必须充分考虑禁锢刑中并未把劳动规定为义务这一点。特别是,随着人们广泛认同单一刑论,这个问题将会自动被解决,根据刑的个别主义,其应该被决定。《德国行刑法案》第 89 条规定,根据各受刑者的技能及体力,应该支付给他们热心的劳动应该获得的工资。拘禁刑中也包括这种原则。

　　[46]　在关于行刑的范围中这并未达到苏维埃的特别规定的程度。

　　[47]　关于苏维埃的劳动法,末川教授的《苏维埃的民法与劳动法》(1926 年)。

年工作不能超过 4 个小时。必须允许工作 4 个小时后休息。休息时间为
30 分钟到 2 个小时。[48] 只能允许一些特殊情况下能超时工作,例如,由于天
灾情况下的紧急作业,或者修理导致多数人无法工作的机械故障之类的情
况。[49] 但是,即使是在这样特殊情况下,也不能命令未满 18 岁的青少年以
及孕妇超时工作。另外,1 年之内的超时工作时间必须在 120 个小时之内。
其他,还规定了种种关于未满 18 岁的青少年以及妇女的工作事项。特别
是,不能对他们施加属于力气工作的作业、地下作业以及夜间作业。对于孕
妇,不能在其生产前的 8 周与生产后的 8 周里使其工作。如果是从事精神
作业以及事务作业的孕妇,则不能命令其在生产前的 6 周与生产后的 6 周
内进行工作。另外,如果是处于哺乳期的妇女,那么更应该给予附加休息
时间。[50]　　　　　　　　　　　　　　　　　　　　　　　　　　　　　284

　　为了预防灾害保持卫生,必须充分关心作业设施。[51]

　　在此我想考虑一下工作工资的问题。劳动改善法规定,虽然是受刑者,
但是也不得强制其进行无偿劳动。受刑者实际上也拥有请求获得其劳动报 285
酬的权利。例如,在苏维埃共和国,规定支付给受刑者工会规定的工资比率
的 25％至 75％,根据其他规定,受刑者可以用这份收入购买食品及其他物
品。受刑者交付工作簿,而且所有的事情都要记录下来。只是,关于设施内
的卫生扫除、准备伙食、清洗衣服之类的管理事物,虽然不支付工资,但是只
要没有特殊事由,受刑者应该平均分配这些事物。[52]
　　　　　　　　　　　　　　　　　　　　　　　　　　　　　　　　　　286

---

　　[48]　关于这一点,劳动改善法似乎比一般的劳动法更加宽容。加上吃饭时间延长为 1 小时至
2 小时。

　　[49]　虽然还有种种情况,但是关于详细事由此处就先省略。

　　[50]　《德国行刑法案》第 86 条规定第 1 项,每天的工作时间根据刑罚的种类而不同;第 2 项,关
于紧急作业以及农业作业,将其工作时间延长为允许自由劳动者工作的时间长度比较有利;第
3 项,明确这一种精神。

　　[51]　《德国行刑法案》也在第 83 条第 2 项中规定,为了保护自由劳动者的生命安全及健康而制
定的规定也同样适用于监狱设备。

　　[52]　正木学士前揭第 145 页以下。各国的行刑制度现在还未认可工资制。1925 年伦敦的国际
刑务会议作了如下决议,即"虽然受刑者没有要求获得其工作的工资的权利,但是为了刺激他们对
工作的热心,国家应该将工资作为奖励给他们,这是有利的举措"。关于工资制,请参照正木学士前
揭第 145 页以下。

　　另外，继工资制之后，我想考察一下善时制度。这是对工作特别勤劳的受刑者缩短刑期的制度，劳动改善法将 2 天的工作日计算成 3 天的刑期。㊳

　　第二是启蒙设施的问题。劳动改善法规定，期待在这个设施中完全消灭文盲。一方面，为了使受刑者充分理解政治而对他们进行教育活动，另一方面，指导他们牢牢掌握某一职业技术。前者是一般教化，后者是技术性生产性的教育。如此一来，参加这样的启蒙设施并不是对受刑者的恩惠，实际上已经认可了这是一种权利。同时，文盲在设施内的学校受教育这件事对未满 50 岁的人而言是一种义务。

287

　　除了学校这种设施之外还有各种设施。图书馆自不必说，还有演讲会、音乐会、戏剧会，等等。也允许听收音机，做运动。监狱自身也发行新闻杂志。受刑者就从事这些工作。从受刑者当中选任出委员组成教化委员会。㊴

　　第三，必须要注意单一刑制度。各国的刑法都承认了自由刑的各种类型。虽然日本将其简单化了，而且严格承认了徒刑与禁锢的区别。㊵ 苏维埃在刑法上废除了承认这样的区别，只是一心依从刑罚个别主义的原则。因此，便引起了如何分配受刑者的问题。这由分配委员会㊶掌管。这是独立于裁判所与劳动改善所的一个特别的组织。分配委员会除了履行上述分配事物以外，还进行行政监督的工作。

288

　　第四，必须注意累进制。苏维埃的学者也承认了各国都已经采用了累进制。但是劳动改善法规定，苏维埃有固有的独创性学说。即，各国的法制在累进制的第一期采用了独房制，与此相对，否定威胁与报应的苏维埃的制

　　㊳　虽然苏维埃的学者将这自夸为其独创性的学说，但是正如正木学士所指出的一样，在 1868 年纽约的法律里已经认可了这一点。正木学士前揭第 33 页。

　　㊴　必须要注意慰劳并不是优待受刑者方法，事实上是一种教育方法。正木学士前揭第 179 页。

　　㊵　临时法制审议会将以下内容作为刑法改正的纲领举出，应处于徒刑的情况下可以判为禁锢刑，应处于禁锢刑的情况可以判为徒刑。不如进一步说可以采用单一刑主义。

　　㊶　这是一种刑务委员会。正木学士将其翻译为审查委员会。关于此委员会，该学士前揭第 56 页以下。

度十分排斥独房制。虽然有严正隔离的制度，但是这不过是与其他种类的
受刑者严正隔离的意思。例如，在劳动改善所之中反革命的犯人与其他犯 289
人区别收容。另外，虽然由于阶级不同，参加启蒙设施、工资的比例、吸烟、携带一定物品（例如，怀表）的权利、接受外部赠送物品的权利等都有区别，但是这些权利都平等地被所有受刑者承认了。另外，虽然跨越阶级有一定的时间限制，但是，其限制并不是绝对的。(57)

有一个监督委员会，是监督累进制的实施情况。这与上述的分配委员会是不同的组织。(58)

第五，我想考虑一下劳动改善所里的二十三件事。 290

每天至少散步 1 小时，这既是受刑者的权利也是义务。关于散步的方法，并没有任何的限制。既允许自由谈话，也允许多人同行散步。

关于着装，受刑者可以任意穿自己的衣服。只是，如果有必要的话，可以请求下发衣物。

虽然关于探监，阶级不同次数也有所差异，但是所有的受刑者都有被探监的权利。初阶级的人 2 周 1 次，中阶级的人 1 周 1 次，上阶级的人 1 周 2 次。探监者不仅限于近亲。

允许受刑者接受外部赠送的物品即慰问品。苏维埃共和国允许初阶级 1 周 1 次，中上阶级 1 周 2 次接受慰问品。能接受的慰问品有金钱、烟草、肥皂、火柴、食用品，等等。

另外，允许受刑者订购、购买生活必需品，即，允许费用自理。

通信自由，用语自由。不仅允许受刑者与外部联系，也允许受刑者之间

---

(57) 必须指出，需要特别注意作为累进制的法规的普鲁士 1929 年 6 月 7 日的司法省令。关于这个省令已经有了很多研究了。正木学士《作为教育法的新累进制》（志林第 32 卷第 8、9 号）、松井学士《行刑论集》（1930 年）第 755 页以下、木村学士《普鲁士的新累进制的思想背景》（刑政第 43 卷第 9 号）。关于正文的翻译，森山武市郎氏《普鲁士阶级行刑令》（法律论丛第 9 卷第 8 号以下）。

(58) 参照正木学士《行刑上的诸问题》第 65 页。

291 互相联系。㊾

对此关于请愿权无限制地允许。苏维埃的学者认为将请愿㉚当做是受刑者的权利这一点是劳动改善法首创的观点。㉛

休假制度是劳动改善法值得特别夸耀的制度。㉜ 中阶级 1 年可以有
292 7 天的休假,上阶级 1 年有 14 天的休假。这种休假并不是要一次性休完,可以分割成几次只要总数加起来不超过以上所说的 7 天或者 14 天就可以了。另外,至于农民受刑者,在耕作必要的时候可以允许长期的休假,即,一直到 3 月份。由监督委员会决定是否有休假。

第六,我想附加以下关于惩罚的事情。劳动改善法明确规定,不允许链锁、戴手铐、屏禁、严禁独居、减食以及隔着门窗的探监等行为。这应该也适用于惩罚的限制问题吧。㉝

以上从苏维埃的刑法以及劳动改善法中刑罚的性质考虑来看,死刑应
293 该成为一个问题。苏维埃的立法者认为死刑是完全例外的惩罚。在苏维埃权利的确立过程中,这当然是应该被废止的惩罚制度。学者认为死刑在两种意义上是例外的刑罚。㉞ 第一,苏维埃的学者认为,因为在共产主义实现之时刑法会变成无用的东西,所以它不过是在现在正处于过渡期的国家中的一种临时制度。于是,第二,苏维埃的立法者认为现在在正处于过渡期的

㊾ 关于探监、慰问品、通信,请参照正木学士前揭第 187 页以下,第 196 页以下,第 197 页以下。

㉚ 从日本监狱法的用语来看,这是请愿,但是从翻译成德语的文字来看,应该翻译成上诉。

㉛ 虽然各国都禁止大部分人一起请愿,对轻率又毫无理由请愿的人施加惩罚,但是苏维埃并不承认这一点。1923 年德国自由刑执行原则第 147 条(正木学士《监狱法概论》第 38 页)是将许愿作为权利的例子。

㉜ 正木学士《行刑上的诸问题》第 200 页以下。事实上在德国有这样的例子,即,一直以来在严格的限制下的一种特殊情况下,休假制度被当做是奖赏(正木学士同书第 203 页)。但是,苏维埃将这一点扩大并且将其作为一种权利表现在了法规上。参照德国行刑法案第 228 页。普鲁士的累进行刑令规定了这一点,引起了学界的极大注意(正木学士《作为教育法的新累进制》,志林第 32 卷第 9 号第 62 页,通卷第 186 页以下)。

㉝ 关于惩罚的种类,劳动改善法第 145 条。正木学士《行刑上的诸问题》第 214 页以下。

㉞ 学者认为死刑不应该算在社会防卫方法体系中。

国家中规定死刑的刑法第 21 条,在不久的将来也会被废除。⑥

　　以上的刑法规定已经明确表明,死刑是对危及苏维埃权利以及苏维埃组织的重大犯罪的处理手段。因此,虽然苏维埃的学者举例说,各国都十分 294 残酷地对待政治犯人,⑥但是苏维埃却反而对他们采取了温和的处置,但总而言之,刑法只对政治犯人施以死刑这件事是需要大家特别注意的事实。⑥

　　政治犯在其性质上就包含两种矛盾的性质。第一,至少从政治犯的纯粹性上来说是利他性的。而且第二,政治犯会损害现在社会组织中最重要 295 的部分。这样一来,一方面,虽然我们可以从以往的法制中看出,国家会对政治犯人进行宽大处理,但是也认可普通犯罪刑罚以外的特殊刑罚,即,名誉拘禁这样的一般事例,同时另一方面,死刑作为惩治政治犯人的刑罚不仅十分常用,而且在科以自由行的时候,很多情况下其刑期也很严重。虽然政治犯身上存在的十分复杂的性质,是将政治犯与一般退化性犯罪加以区分的重点,但是同时,刑法中存在的一种难以避免的矛盾会与存在于政治犯身 296 上的这种性质相结合。⑥

---

⑥　在中央执行委员会设立其他特殊规定之前,先这样规定死刑。

⑥　各国的法规规定,应对政治犯人采取温和的处置手段。

⑥　举一些科以死刑的例子。第 58 条中的第一以下规定了反革命的罪行。第 59 条的 5 与 6 规定在战争时期逃亡及不纳税的罪行。第 59 条中的 7 规定了反对行政的宣传。第 59 条的 8 是伪造货币。第 157 条是抢劫。第 193 条的 1 以下规定了多数人一起进行军事犯罪的罪行。虽然反革命罪行的大多情况下死刑是唯一的刑罚,但是规定了其他情况特别是情节较重的时候才能处以死刑。要注意,在一些情况下即使不是政治犯,但是也应该判处死刑。杀人罪按照自由刑的一般例子来看,不过是相当于 10 年以下的自由刑。

⑥　首先,这种矛盾只能通过废除刑法才能得以解决。因此,国家只有在具备能废除刑法的坚实基础上才能解决这个问题。最近,治安维持法对这个问题举出了十分贴切的例子。治安维持法规定的行为,无论是出于何种利他性动机,都具有充分的理由将其当做政治犯来对待,因此,以其动机为理由认为行为人没有犯罪性人格这一点是不合道理的。但是必须考虑到,犯罪性人格在犯罪具有进化性质的范围里,与退化性犯罪人格有极大不同。只是,保留这种差异进行考虑的话,主观主义的刑法论也同样适用于政治犯人。虽然最近一派的论者认为政治犯人与主观主义的刑法论相悖,但是其理由并不明确。或许这是对主观主义的误解。如此一来,如果这里所说的主观主义的悖理的主旨在于强调因果报应刑主义的话,我只能认为这理论愈发不可理解了。参照拙稿《教育刑与确信犯人》(志林第 33 卷第 1 号)。

二十九　苏维埃刑事法制的评价

297　　　苏俄的学者认为他们的刑法及劳动改善法是世界上最为完善且优秀的法律,与其他在资本主义国家的组织基础上创立的法律,有着截然不同的主旨。而这一切,都归功于"十月革命"。对于苏俄学者的这番理论,我想从单纯的刑法理论的角度进行思考。

　　德国的学者并不赞成苏俄学者的理论,[69]认为至少从法规方面来看,苏俄的刑事法治,无论是刑法还是劳动改造法,也未必都与我们的法律不同。像是以社会责任的原则为基础,进行刑法改造,意大利学派也主张这一点,还有最近各国的刑法改正运动也或多或少步调一致地朝这个方向前进。虽然从形式看来,究竟是采用刑罚与保安处分的二元主义,还是社会防卫处分的一元主义有很大的差别,但是实际上,这种差异不过只是观念上的。意大利废弃了 1921 年的菲利草案,而通过了 1927 年的洛克法典,将当时意大利旧派学者的意见也进行了采纳,折中主义不过在形式上得到了承认。菲利
298　草案中的规定,对洛克法典中有关保安处分的规定造成了多么显著的影响,能思考这一点的人是不难看透思想的实质是朝哪个方向发展的。我站在我们国家刑法改正的角度上同样认为应该遵循二元主义。但是,由于立法并不只是通过据理力争就能达成的,也因为就算新的思想声势浩大,旧的思想也不会一朝就退出历史舞台,所以至少在形式上作出妥协,这可以说是维持社会秩序,推动事态发展的必要方针。我虽然认为刑罚的保安处分化[70]是刑法发展的当然结果,也相信这其中存在着重要的文化意义——也就是说

---

　　[69]　在邦迪对于前揭著作的评论中能窥见这一主旨。邦迪认为苏俄的劳动改造法并不优于德国的法律(杂志,第 50 卷第 6 号第 815 页)。

　　[70]　常盘学士《刑法的保安处分化》(刑政第 43 卷第 9 号第 19 页以后)。

相信苏俄的刑法和菲利草案其实都对刑法的新秩序的建立起到了指导作用。[7] 所以，作为当下的实际问题，我认为我们的刑法改正运动采用二元主义并不是什么奇怪的事。在这个意思下，从根据二元主义确立立法政策的我们的立场看来，我认为苏俄的立法也并非是什么独有的创意。

在刑法之中，虽然在立法形式上采用二元主义，但是，关于行刑的实质是要围绕特殊预防这个中心构建的这一事实，在当今世界是毫无疑问的。虽说我国在进行刑法改正的同时，也致力于行刑法的改正，但我们国家离完全废除死刑还需要一段时间，不过行刑在实际上已循序渐进地向着教育刑主义发展了，这可以说是当然的结果吧。不过我偏要问道，行刑制度的改正中，在能被列举出来需要改正的点里，是否存在着不应该依靠教育刑主义才能达成的事物呢。对于这一点，如今我们最宝贵的资料就是德国的行刑法案，以及普鲁士的阶级行刑令。[7] 报应刑论作为一种理论，如今其影响力最大的地区就是德国。并且，在争论刑法论的旋涡中，法案会在这个理论下被议会反复讨论，也会像这样形成了现在的立法。

不过，即使苏俄的法制并不是什么惊人的事物，但它在比较法制上值得注意这一点也是不容犹疑的。从政治角度来看，关于苏俄的国际政策，我们必须记得要从我们观点的缘由出发，对其国内设施，特别是法制进行适当地评价。[7] 那么，在面对自己要着手进行的改革，以及各国进行的改革时，将苏俄已完成的改革也一并纳入考虑之中的话，我们难道不应该承认，这推动

---

⑦　菲利对于苏维埃的刑法这样批判道："难道所有文明国家的刑事法制都是模仿俄罗斯刑法而建立的吗？"但是，他也预言"这恐怕会发生在比较远的未来"，而我认为这并不是应存在于"比较遥远未来"的事物，参见菲利（Ferri），《苏俄法律》，司法，1928 年第 3 卷第 4 号，第 314 页。倒不如说，我更赞同菲利在其他场合发表的这番论断："这是刑法改正的先导。从 1893 年的瑞士草案以来的趋势来看，未来刑法方面的改革，毫无疑问，肯定会以意大利实证学派的方法和结论来达成。"［菲利（Ferri），《法律责任原则》，《国际刑法杂志》，第 5 年，第 1 期，第 49 页；大塚学士《刑法的法律责任原则》，志林第 30 卷第 7 号第 95 页，通卷第 863 页］。

⑦　关于这个司法省的法令前文有过描述，邦迪为了说明劳动改善法并不是什么惊人的事物，而举了这个普鲁士法令为例以作比较。

⑦　在这个意思下，学者必须要科学地研究苏俄的文化。在对待比较法学上这一贵重的资料时，以及在面对这一贵重资料而不以为意的人时，要时刻警示自己，不能失却学者风范的态度。

了刑法法制的进化与发展，以及推进了全世界的逻辑性的发展进程吗？苏俄的学者认为这一发展完全得益于"十月革命"，固然在俄罗斯的国情下能够得到这样的结果，但如果放在我们的国家，我们难道不应该思考，我们是否有将"逻辑性的发展"，转变为有"以逻辑性进行发展"的方法呢？社会的逻辑性的发展在逻辑上并不是必须要通过暴力，非法的革命才能达成。某个国家通过革命达到了目的，并不能说明其他国家也必须使用这个方法。

302 现在，各国不通过革命，而是正通过改革以管理国家。[74]

不过，刑法的保安处分化在某种程度上成为了一个问题。随着学者们
303 创立了保安处分的制度，并指明了刑法的新的组织形式的模板时，至少对于保安处分来说，它的实施是否成功是一个大问题。[75] 关于苏俄的新法制，虽然学者们在宣扬它的成功，[76]但是其中存在着不够详尽的事物，在所被宣扬的范围之内，为了达成一定的积极结论的话，也还存在着不确定的事物。所以，我们不能把苏俄的法制作为范本推荐给社会。[77] 但是，根据意大利学派的社会防卫论和德国的目的刑论，在意大利和德国还未完成改革事业时，苏俄就已经在法制上应用了这两个理论，这个事例的确是颇有意思的。那么，

---

[74]   我深切地希望，我们国家的这一改革的推进，能保持在一个适当的速度下。虽然有一派的论者痛斥如今行刑的残酷性，认为这是我们的学说中应该批判的缺点，但实际上，不得不说这是由于报应思想还在发挥作用。不过，我在这里想说明的，并不是改革速度的快慢会带来怎样的结果。我只是站在研究刑法理论这一角度上，仅仅考虑改革的伦理性的发展进程罢了。

渴望、讴歌革命一派的学者们总是对我的论述提出非议。不幸的是，自称为新兴法学的非议者们，他们所提出的要点只是在否定法律而已。当然，更算不上是法律论。但是革命论者们也必须要有一些积极的主张。（不然，革命的目的性意义就无法存在。）那么，就算构建了一个积极的观点，又到底会是怎样的事物呢。我不论述革命。革命存在于我们的法律论之外。无论是对法律进化的展望，还是对法律改革中法律学上的规范论的见解，我仅从逻辑性上考虑它们积极的构造。

[75]   斯托斯（Stooss）在瑞士草案中规定了保安处分，成为了学术界的模范，但是在保安处分中，至少在饮酒者矫正所等地方，它的成功存在着问题，斯托斯："保安处分的本质"，载于《瑞士杂志》，第 44 卷第 3 号，第 264 页。而这个问题恐怕存在于保安处分的整体之中。不过即使对保安处分的未来心存疑虑，也不会就此认可以往的报应刑。因为保安处分的诞生，正是报应刑衰亡的结果。

[76]   塞尔维特等都宣扬实际的效果已经非常显著。

[77]   如果就正在进行的刑法改正和监狱法改正来看的话，倒不如说德国的新草案和新立法才是重要的参考资料，应该推荐给社会，这在本文中已有所描述。

我们就必须考虑作为这一法制背景的某种思想在我们国家是否有实现的可能。"我并不是想探究苏俄的监狱制度是怎样进行,劳动改善法被实施到了 304 哪个程度等问题,即使优秀的劳动改善法被当做理想的法律,没有得到实施,我也不愿意把它看做乌托邦性质的法律。"⑦⑧我想从我们国家的实情和思想背景出发,从合理的观点来考虑实现这种法制是否妥当,并且思考在事实上,到底可以进展到哪一步。 305

苏俄的法制"从立法技术上来讲决不是什么优秀的事物"。⑦⑨我承认关于其条文细则,在其法制上有很多应该争论的地方。⑧⑩但是,这里应该思考的是成为背景的理论本身。这指的是犯罪的实质性观念和刑罚的教育性观念。 306

我反思了一下,我之所以像上述一样研究苏俄的法制,是因为下文的两件事。

第一,是我国的学者们虽然宣扬马克思主义理论,但另一方面又推崇报应刑论这件事。根据马克思主义完成了社会革命的苏俄,在刑事法制的建立上是完全排斥报应刑论的。我不得不承认这里存在着一种对比,关于马克思主义的真正意思究竟存在于何处,我认为与学者的信仰相关,但以在社

---

⑦⑧　正木学士《行刑上的诸问题》第 229 页。对苏俄刑事司法的实情抱有似乎不少的疑虑格莱斯帕哈的前揭论文之外,比如参照司法,1928 年第 3 卷第 4 号,第 311 页注解部分。但是,在有关其实情的争论之外这些争论原本就十分重要为了我们自身,应该把这一刑事法制本身放在我国特有的立场上进行讨论(司法记述于上文,这一编者也为了德国做了同样的考虑)。

⑦⑨　正木学士《行刑上的诸问题》第 232 页。格莱斯帕哈也在前揭的论文中坚定地论述了这一点。菲利也同样认此点。

⑧⑩　作为一个深刻的问题,我们必须要论述为什么不采用不定期刑。阿尔索夫在这一点上和我站在同一立场(契诃夫(Tscheltzow):"不定期刑和苏维埃刑法",期刊,1928 年,第 19 卷第 3 号,第 408 页等)。当然,菲利对此表示遗憾。以及,将自由刑的最高刑期设为 10 年,这也意味着无期徒刑的废止,苏俄的学者们将其视为骄傲。但是至少对于各国来说,这很难作为范本(格莱斯帕哈对这点进行了讽刺)。如果像这种无视行刑方面教诲的规定,也能成为苏俄的国策的话,从我们的观点来看,是很难进行振兴的(正木学士《行刑上的诸问题》第 232 页)。

会上根除阶级对立为主旨的这一范围内，[31]在马克思主义之下的刑事法制中，就必然要舍弃报应论。我认为在统治阶级对犯罪人判以作为报应的刑罚时——以施加痛苦为目的的刑罚——倒不如说，从这就能体现出阶级对立的斗争。

第二，我国的不少学者认为我们所主张的社会责任，是无视了正义观的产物。[32] 我虽然认为应舍弃报应刑主义并否定责任原则，但并不认同放置犯罪人并不加以处罚，也不认为社会应自我解体。我并没有忽视从 19 世纪前叶发展而来的报应刑思想所发挥的重要文化作用。它比起复仇和重刑制度来说的确是更为文明的。但是，我们今日所批判的是其已露出破绽，不，应该说是逐渐崩塌的种种情况。我认为对报应刑论惩罚犯罪者的主旨进行进一步扬弃，得到的是拯救犯罪人这一高层次的思想。我也注意到对报应刑论维持社会纽带这一精神进一步扬弃时，能得出即使是对犯罪人也可以适用共存共荣的原则这一高层次的理想。我必须在此说明，我否认要彻底抛弃旧的事物这种观点，是因为这其中也有着发展的可能性。

刑法中的法治国思想，被认为是由 19 世纪初的罪刑法定主义的确立而产生的。从这个意思上来讲，法治国思想大概就是当时文化上的理想。但是 19 世纪的进程也证明了法治国思想必须进一步在文化上得到发展。为了让法治国思想成为更有文化深度的事物，又必须在法治国思想之上的，更高层次的思想中进行展开。同时，代替过去的法治国思想的新思想，作为一

---

[31] 在这个范围之内，马克思主义与我们所主张的法律社会化步调一致。也正是在这个含义下，要求法律对于男女老少贫富一视同仁。我们又把这称为法律的道德化。如果这种思想中存在着与过去的正义观相悖的内容，那么应该进行改变的是正义自身。在这种意思下，正义观也必须与时俱进。

[32] 最近，出现了主张在我们国家以皇室为中心的特殊国体下维持责任原则，在东洋的实践伦理基础上必须尊重报应论的学者。以前有过学者痛斥我的目的刑论忽视了正义，而现在又有学者攻击我的社会责任，与以皇室为中心的根本意义相违背。这些同样的学者把我们刑法新派的学说评价为"为了保护劳农阶级的特殊利益，认为国民有能够否定一切道德和宗教的历史必然甚至是使命"。总而言之，就是不承认作为整体的社会的马克思主义和被称为皇室中心主义的刑法理论，一致地排斥刑法的主观主义，果然，可以说在这种只承认报应主义、客观主义的背景下，才出现了我国刑法学界的种种特殊现象吧。

种进步的事物，也必须逐渐包容法治国思想，并促进其发展。在刑法方面，最近的理论与改革，也应从此点出发考虑，从这一点进行理解。

　　总而言之，以罪刑法定主义为基点，思考刑法的法治国上的意义时，过往的刑法是与国家相对，保护犯罪人—个人—的权利的大宪章，但是，今后的刑法将渐渐会成为，由国家使下至犯罪人—个人—的"生而为人应有的生活"得到保障的新的大宪章。过往的法律精神在于保障"权利"，而如今的法律要点在于保障"生活"。

刑法改正的基本问题

第一章　菲利教授在职 50 年与李斯特教授永逝的 10 年

一　菲利教授的 50 年与李斯特教授的 10 年

　　菲利教授的在职 50 年庆典讲座于 1929 年 1 月 10 日在罗马大学举办。[311] 为了这个庆典组织了国际委员会。[①] 也就是说,这个庆典是在国际范围内举办的。各国皆认可菲利教授的业绩有着国际性意义,如今更是怀念其贡献于人类文化的伟大之处。日本也参加了这个国际庆典。[②] [312]

　　为了菲利教授举办国际性庆典一事,意味着在刑法改正中必须特别重视菲利教授的主张。假使将菲利教授的主张的相关点排除掉来看的话,刑 [313] 法改正可以说是不得要领。在世界大战后的今天,刑法改正依旧成为世界性问题。总之,各国都或多或少地正在为了实现菲利教授的主张而努力着。日本的刑法改正事业尽管大肆主张自古以来的所谓淳美风俗,若脱离世界大势却也难成其意。在此意味上,我想以菲利教授在职五十周年庆典为契机,对近来刑法思潮的变化稍作论述。[③] [314]

---

　　① 这个国际委员会的成员能够扬名于世,可以说是为了该如何从国际性上考虑菲利明确了构思。

　　② 对此庆典持赞成意见的人,为纪念论文集的出版费用问题支出了部分酬金。日本也以司法大臣、大检察院长、检察总长、东京帝国大学法学部部长为首,有超过 20 名的教授、司法官以及律师等名列赞成者之列。不幸的是,庆典之后,于 1929 年 4 月 12 日,菲利便与世长辞。我曾在开讲辞中祈祷菲利高寿,如今在论文集印刷之际却不得不换成哀悼词。另参照拙稿《菲利教授逝世》(收于志林第 31 卷第 5 号)。本文在 1929 年的新学年的开讲辞的基础上写就。

　　③ 关于刑法思潮最近的变化已经作出过论述。拙著《刑法重点的变迁》(收于松波先生花甲纪念论文集)。另外,关于日本刑法改正的诸多问题也有所述。拙著《现代法制发展中的刑法改正的意义》(收于志林第 30 卷第 5 号及第 12 号)。此论文在 1928 年乃至 1929 年加以追订,这就是我的法律学丛书第二十三编《刑法重点的变迁》(1929 年)。我的主张常有与菲利教授的著作相悖之处,对此没必要再作说明。此外,关于菲利,我在拙著《刑法与社会思潮》(增订版第 66 页以下)、《刑事学的新思潮与新刑法》(增订版第 76 页以下)中有过论述。

与此同时,我必须追忆李斯特教授的业绩。李斯特教授在 1919 年 6 月 21 日与世长辞,今年已是他逝后 10 年。[④]

二 菲利教授的生平

菲利教授生于 1856 年 2 月 25 日。[⑤] 1878 年发布了第一部著作《归责 315 理论以及意思自由的否定》。这是菲利教授涉足学界的第一步。次年开始 担任都灵大学的讲师,从那之后到 1928 年乃至 1929 年,菲利教授在都灵大 学,在职 50 年。[⑥]

随后菲利教授到比萨的大学,师从于卡拉拉(Francesco Carrara)。[⑦] 再 随后于 1878 年前往巴黎留学。[⑧] 虽然法国有关刑法的概念性解释论并不 316 是菲利教授的兴趣所在,但是从 1826 年开始,菲利教授就对在法国整理出 来的刑事统计做了特别的研究。1880 年发布的《1826—1878 年法国犯罪的 研究》正是其研究成果。此统计性研究便奠定了菲利教授犯罪社会学的 基础。

1879 年菲利教授从巴黎回国前往都灵并从师于龙勃罗梭。菲利教授 原本是社会学者和法律学者,但在龙勃罗梭的许可之下,对头盖骨以及脑髓 等都有了密切接触,开始涉足人类学的研究。同年菲利教授成为都灵大学

---

④   关于李斯特教授,参照拙稿《忆李斯特教授》(《刑法与社会思潮》增补版第 251 页以下)。 还有,《刑事学的新思潮与新刑法》增订版第 109 页以下。

⑤   菲利教授生于意大利东北部的小城镇。他深受乡里中学实证学派哲学者阿尔迪戈 (Roberto Ardigò)的影响。阿尔迪戈原来是僧人,而后因为其实证性见解而不再担任僧人。

⑥   1874 年进入博洛尼亚的大学学习,主要师从于艾尔列罗(Pietro Ellero)。艾尔列罗是刑法 教授,但又对社会学抱有非常大的兴趣。文中提到的菲利的处女作《归责理论以及意思自由的否 定》是在其 21 岁时完成的。

⑦   卡拉拉(Francesco Carrara)是旧派刑法学的大家。菲利教授在其指导下发布了《归责论》。 菲利也因此获得了前往巴黎留学的经费。

⑧   巴黎大学在向菲利教授送上贺信时,特别强调了菲利教授留学于巴黎一事。在 1870 年普 法战争爆发后,大多数意大利学生均选择前往德国,唯有菲利教授选择前往法国留学。菲利教授与 雨果、甘必大、勒南、沙可、古诺、朱尔·西蒙等人都保持着密切往来。

刑事诉讼学的讲师。随后授课内容变成了刑法,刑法开讲时的讲义是《刑罚 317
的代用制度》。⑨

1880 年菲利教授继承其师艾尔列罗的衣钵,成为了博洛尼亚大学的教
授。开讲用书为《刑法以及刑事诉讼法的新视界》。此书发布于 1881 年,但
是经过改版后,从 1884 年的第三版开始改名为《犯罪社会学》。⑩

1882 年菲利教授转任到锡耶纳大学。1886 年转任到罗马大学,并于
1870 年担任比萨大学的正教授,成为了卡拉拉的继任者。在担任比萨大学 318
教授之前,菲利教授曾于 1886 年被选为下议院议员,并坚持独立立场,但由
于主张采用社会主义,菲利教授于 1894 年被赶下了比萨大学教授的位子。
虽然在比萨大学,教授的位置是难以动摇的,但菲利教授还是不幸被裁撤
了。在此之后菲利教授以律师身份在罗马开了一家法律事务所,并于 1904
年成为了罗马大学的教授,并同时兼任律师。与此同时,菲利教授还兼任布
鲁塞尔大学的教授。⑪

想在此全部列举菲利教授的如此多的论著是很困难的。关于《犯罪社
会学》已经在前文叙述了。除此之外,我还想特别列举一下 1884 年发布的
《杀人论》。此书于 1925 年发布了第五版。其内容有论文集《犯罪研究》,也
有收录法庭辩论的《刑事辩论集》。⑫　菲利教授于 1891 年创刊的《实证学
派》至今都占据着统治地位。此刊是与龙勃罗梭的《犯罪人类学杂志》中的 319
自然科学相对,从法律学角度进行研究的。

我想明确一点,那就是菲利教授活跃在众多国际会议当中。有关犯罪
人类学的国际会议,菲利教授在 1896 年的日内瓦、1906 年的都灵、1911 年

---

⑨　此书于 1880 年刊载于犯罪人类学杂志(龙勃罗梭编辑)。

⑩　这本系统的论述了菲利教授学说的书籍,毫无疑问是菲利的重要作品。此书被翻译成了
英法德文版,日文版也在列。1899 年的第四版在长时间内都成为了绝版,但最近又进行了一次订
正增补,第五版于 1929—1930 年得以发布两卷。

⑪　这是 1895 年的事。那场名为"艺术以及文学中的犯罪人"的法语演讲,正是于 1895 年在
布鲁塞尔大学开讲的。

⑫　除了刑事辩论,此书还收录了其他论文。

的科隆⑬都发表了重要演讲。我对菲利教授在 1925 年的伦敦国际刑务会
议的表现印象深刻，⑭也曾亲眼目睹了菲利教授在 1926 年布鲁塞尔的第一
320 届国际刑法会议中始终占据着主导地位。

最后，我想记述一下菲利教授以刑法改正委员会委员长的身份，与
1921 年完成意大利刑法改正案一事。此改正案非常直接地将其学派观点
以法典的形式展现出来。原本刑法中是存在学派之争的。因此，在立法不
断进步的过程中也伴随着学派的妥协。意大利的 1929 年改正案直接成为
法典一事恐怕是菲利教授没有想到的。但是，这个 1929 年改正案是由政府
委员会来完成的，这也是 20 世纪初的重要事件。⑮

三　社会防卫之解

我不得不注意到菲利教授在 1926 年布鲁塞尔第一次国际刑法会议上
321 演讲中的一小节。"我们不能再犹豫不决了，刑法必须要人道化。……法官
必须在幻象丛生的世界承担起一个可怕的职务。法官为了如同应对实际存
在的人一样，必须适用其法律的制裁"。⑯ 首先，请允许我表明自己对上文
倡议的解释。

依我之见，上文的倡议包含着三条主张。第一，根据以往关于刑事诉讼
的见解，法官承担了宣判刑罚这一可怕的职务。对于犯人而言，刑罚以加
以危害为目的实施的，它本身就是可怕的。于是，因为行使着加以危害的
322 权力，这样看来，法官因承担着可怕的职务，即使以正义或道德报应作辩

---

⑬　菲利教授在科隆所作的演讲，内容是和瑞士、德国、奥地利的刑法草案有关的。意大利学
派学者是及其排斥德国的，但是能在他们极其排斥的地方召开犯罪人类学会议，德国也算是耀武扬
威了一番。具体内容参照拙著《刑法和社会思潮》增补版第 64 页以下。

⑭　伦敦的国际刑务会议之后，菲利教授在罗马大学发表了以"伦敦的国际刑务会议中意大利
科学的胜利"为题的演讲。具体内容参照拙稿《伦敦的国际监狱会议》（收录于《刑法的重点变迁》）。

⑮　具体内容请参照拙著《刑法研究》第 3 卷第 508 页以下。

⑯　议事录第 489 页。在我写的逝者略传《远去的菲利教授》中，也提过教授的这番言论。

白,本质上的可怕是无论如何也掩盖不了的。然而,我们想废除刑事诉讼中这种可怕的东西了。那么,关于想要废除它的想法,应从以下两点考虑。

第一点是,研究方法上采取实证的态度。所谓实证的态度,也就是菲利教授的第二点倡议。以往的想法不过是幻象丛生的世界。所谓道德责任的思想,先将伦理形式放置一旁,它本身缺乏实证的根据。我们没有无视道德责任的观念在漫长的人类进化过程中,因淘汰作用而经历的种种考验,但是我们现在必须反省道德责任的观念自身到底有没有合理性。话虽如此,单 323 是论述形式上,认为道德责任是不是正义的、合理的这种争议可以归结于用语的争议。于是,关于这一点,我们只能站在实证的立场上来批判了。也就是说,根据以往的道德责任论,报应刑如何能确保社会生活安全被当成问题来考虑。想来,19 世纪的犯罪现象中,报应刑作为社会防卫的方法是十分无力的。这样一来,首先必须认为报应刑至少不是应对犯罪政策的全部。进一步而言,因为报应刑反而使犯罪人进一步恶化,累犯的显著增加也作为事实被承认。那么,报应刑在这层意义上不是应对犯罪政策中应保留的一部分,甚至不如说是应对犯罪政策中应摒弃的部分吧。

实证的观念中,观察犯罪后发现,犯罪不是意志自由者根据自主判断造成的。它也不能免于宇宙现象中常见的因果关系的制约。按菲利教授所 324 言,因自然因素、人类学因素和社会因素,犯罪是自然而然地发生和变迁的。于是,我们应当依据影响犯罪的因素来考虑犯罪现象及其影响。这样一来,问题就成了曾经带来影响的因素是以怎样的目的产生影响的。犯罪社会学及其应用刑事政策就被想到了。

至于刑事政策应以怎样的目的实施,我们又能想到社会学。也就是说,考虑到人类社会中长久以往的事实刑罚对社会起了怎样的作用,是否可以认为是对犯罪进行社会防卫,并维护社会稳定。我在单纯形式地、伦理地思考刑罚的目的时,并不是不承认刑罚超越维护社会乃至保全的目的也就是 325 报应的设想。然而,将社会放在本位思考后,以往的刑罚在社会防卫乃至维护上的确起了作用,并在其起作用的范围内进步和发展。从这样社会学的观点来看,我认为刑事政策的目的在于社会治安的维护的看法是可以被接受的。

于是,以维护社会治安为基点,刑罚根据其必要而逐渐改善那些不合适的地方。因为刑罚依据所谓的正义组建,对于犯罪社会防卫还不完善,以及为了完善社会防卫而改变刑罚的组织,并且与谋求刑罚之外的方法相比较,我们应该遵循其中的哪一个。社会防卫这一词汇因为有功利的影响效果,往往成为人们的厌恶之处,然而,在以实证的角度考虑,就我们看来,不得326 不认为维护社会治安才是正义的发现,是被认可之处。我们并不打算抵制正义的观念。然而,因为所谓的正义观念只在形式上成立,它的内容正如一派的哲学家定义的一样,随意地下定论是不被允许的。因遵循正义反而危及社会治安,以至并不喜欢它,所以即使正义在社会治安自身中也不是应被考虑到的,我们认为正义至少被设想为社会治安的准备条件。这样一来,我们认为社会防卫是刑事政策的目标。并且,刑罚和刑事政策不是没有关系的,也不是相背离的关系,而是作为刑事政策的一部分必须在刑事政策整体中占有适当的地位。那么,社会防卫这一说法是意大利学派传授给我们的。而后,尤其依据菲利教授的学说,形成了明确的观念。

然而,仅凭社会防卫这一单纯的功利性的观点,当然不是完善的。我们必须进一步,从合理的观点来批判社会防卫论的价值。世间的大多数学者327 认为,菲利教授的倡议仅仅是实证的。然而,我认为菲利教授的主张中有着一种高深的理想,在此想把持住菲利教授上文中倡议的第三点。菲利教授主张"刑法必须人道化"。

在此,让我们再一次从社会学的立场出发。首先,我们看得到导致社会体系逐渐固化之处是人类文化的发展。只有社会形成体系,人类才能生存,依据社会连带关系适当地组织起来,才能期待人类精神的进步和物质的繁荣。并且,刑罚在这期间一直起着维护社会治安的作用。首先在这层意义上,刑罚的重要文化价值必须被认同。

其次,刑罚的发达必须一直被认为是刑罚的缓和化。如果刑罚的发展

可以分为复仇时代、威胁时代、博爱时代和科学时代，与复仇时代相比，威胁 328
时代是轻刑的时代，与威胁时代相比，博爱时代也是轻刑的时代。那么，轻
刑在一方面也是刑罚的法律化。复仇与当事者的肆意妄为分开，开始逐渐
受国家的干涉。这意味着据法律控制，因复仇实施的危害减轻了。威胁刑
取代复仇，即国家刑罚制度的成立意味着对刑罚、法律的控制又前进了一
步。进一步发展到了博爱时代，开始主张权衡罪行，刑罚由进一步法律化而
实现了刑罚的节约。在报应刑论中，即使权衡罪行的主张在哲学上有很多
说得通的地方，以刑罚的缓和化这一进化趋向为基点来看，不过是意味着这
一趋向有了一些进步。学者将这种现象命名为刑罚经济。⑰ 所以，我们曾
认为刑罚的缓和化即是刑罚经济，刑罚，也就是因此在必要的范围内常被省
思为剥夺个人权益。换而言之，即使是犯人也要尽可能地丰富他的生存权
利，可以看出这一文化现象的发展。
329

　　当下作为科学时代，我们主张进一步缓和刑罚，使刑罚经济进一步发
展。首先，假释或缓期执行这类各种的方法也必须考虑暂缓起诉，也有利于
免刑制度的出台是在此必须要注意的。然而，我们也同时主张长期拘留特
殊的犯人确切地说是不定期拘留。世间之人都认为不定期拘留很可怕并反
对它，我们一方面认为，作为维护社会治安的必要之处，不定期拘留不能废
除，另一方面，我们也深刻地意识到这种拘留作为报应刑并不是以加害为目
的的，以危害为内容的。对少年犯，就要采取相应的教育方法，对精神病患
者，就要采取相应的治疗方法。于是，对一般的犯人，必须依据个人的纠正 330
能力适当地处置。因此，假若即使拘留的内容在某些情况不是，却在大多数
情况下是加害，首先不仅加害自身不是目的，并且加害也不是一直持续
的。⑱ 在这层意义上，不定期拘留在内容上有了很大的缓和。于是，科学时
代的刑罚的缓和化不在于刑罚的分量上，而是逐渐实现了它的性质。菲利

⑰　请参考拙作《罪刑法定主义和犯罪征表论》第 171 页以下。
⑱　我想以我的主张行刑的三位一体为例来考虑。拙著《刑法重点的变迁》（第 61 页以下，第
288 页以下）。另外，请参考我为正木学士《行刑上的诸问题》一书作的序。

教授避开了"刑罚"这一词汇。⑲

　　社会防卫这一词汇往往容易招来误解。因为社会防卫这种为功利的目的,不顾个人地位的主义很容易理解。并且,现在意大利学派之间也如加罗法洛一样,认为宣传社会治安突然变得有论述个人地位一样轻微的东西。⑳

331　然而,至少在菲利教授的见解中,社会治安是站在人道的立场上的。㉑ 想来,因为社会治安能够包容所有人,就必须是完善的,社会防卫这种功利的见解与其彻底与理想的思想一致。否则,我们所学到的菲利教授的见解是,逐渐倡导实证并反对以往的方法,并经常包含着理想的一面。

四　菲利教授的自述

　　我想举一个例子,即,菲利教授在晚年时写出了关于他的学说的

332　梗概。㉒

　　首先,他认为"实证学派在刑法上开拓了一个新视野。首先是其科学的方法,其次是其理论性的结构,最后是实际性的改革提案"。我们必须要对新派,特别是菲利教授的主张,像这样区分成三点。首先,我们必须要思考所谓的实证性方法。实证性方法就能解决所有的问题吗?实证性立场与理想的观点的逻辑结合应该是何种关系?类似这些认识论的问题,我们暂且先不论。㉓ 但是至少我们并未满足于一直以来单纯的形而上学的方法。即

---

⑲　菲利教授仅仅用"制裁"这一词汇取代了"刑罚"。1921 年意大利刑法预备草案中就这样的。

⑳　因此,加罗法洛是肯定死刑的。加罗法洛认为犯人的社会化应该很重要,并且高度强调社会性排除,论述死刑。

㉑　菲利教授在 1921 年意大利刑法预备草案中没有承认死刑。意大利的现行法也并不承认死刑。因此,菲利教授没有在 1921 年意大利刑法预备草案中论述死刑。然而,菲利教授没有认为死刑在理论上是不正当的,并认为正常社会中不定期刑应当足够了。

㉒　这是菲利在丹尼尔(Daniel),刑法实证派学者视角下的危险性和量刑,1927 年中所写的序。

㉓　关于这一点我在其他地方进行了讨论。特别是关于比较法学展开了这一点。拙著《民法的基本问题》第 2 卷第 213 页以下,《刑法重点的变迁》第 295 页以下。

使如果我们不假想形而上学的某种观念就无法树立理想的观点,但是这种
观点必须具有实证性的所给与调和。在这种意义上,实证性的研究批判了
形而上学的观点,㉔并且使它得到了发展。因此,在这种意义上,我们认为
理想的事物只能从实证中衍生出来。㉕虽然我有反对实证学派理论性结构
与实际提案的余地,但是我也必须承认在实证性科学的方法加强了犯罪及
刑罚这一点上,是菲利教授不可动摇的首要特长。与犯罪及刑罚相关的观
点,最近由于实证性科学的方法,得以打开了全新局面。㉖

334

　　接下来,第二是其理论性结构。社会责任论是理论性结构中的第一点,
恶性论是其第二点。因此,只是在理论性结构的范围里的话,社会责任论与
恶性论成立的逻辑性可能当然并不意味着传统学说的逻辑崩溃。我认为报
应论对社会防卫论的争论,犯罪主义对犯人主义的争论在单纯的逻辑形式
的范围内,应该是可以永远继承的理论。㉗

335

　　即,第三,所谓的改革提案就成了一个问题。第一,即使是报应刑论者,
但是他们现在也同意对刑罚以外刑事政策的必要性。第二,恐怕报应刑论
者们之间并没有人强烈反对比如应该尽可能地节约刑罚、刑罚的暂缓执行、
假释之类的主张。接着第三,能够发现对惯犯特别处置的适当的妥协之处
比如保安处分。我深知报应刑论者在其固有的立场上,为了能承认这些制
度而努力着。但是,必须要明确一点,因为这些制度的创意都是新派的功

336

　　㉔　我认为实证性所与必须根据形而上学的立场进行整顿与选择。这种意义上,可以认为实
证性的态度与形而上学的态度之间有相互感应的作用。

　　㉕　尽管以自然法论为基础的19世纪初期的法律论在今天依旧将这认为是形而上学性的存
在,但毋容置疑,这是基于文艺复兴以后的实证性所给与而成立的东西。例如,其显著的就是神权
说发展成了民约说。因此,民约论中的许多贝卡里亚的学说也是如此。关于从神权说到民约说的
推移,穗积(陈)博士《神权说与民约论》特别是第218页以下。请参照我对此的批评,志林第31卷
第5号第621页以下。

　　㉖　硬要问一下,旧派的学说现在究竟展开了怎样的新局面呢?事实上,旧派的学说的确逐渐
改进了自我。在这种意义上,可以说旧派一直追随着新派,一旦离开了新派又能在何种程度上促进
事情新局面的展开呢?

　　㉗　我相信只是在这种意义上,应该在刑法改正的立案上进行妥协,同时也能够妥协。

劳,所以必须要尊重菲利教授在这点上的特别地位。㉘

因此,菲利教授继续认为,"实证学派并未打算展开实证的哲学系统。只是打算依靠实证的归纳性方法而已,即,观察与经验。一直以来的古典学派只承认演绎性的方法、形式性的逻辑。我们打算根据对犯罪人的生物学的、心理学的研究与社会学的研究来补充对犯罪的法律性判断。这并不是用前者来替换后者"。

我们应该学习实证性的研究方法。当然实证有其哲学。这在某种意义337上可以说是唯物论。但是,我们并不会拘束于其哲学。当然,例如我们并不认为康德动辄就批评世人的哲学就是单纯的唯物论。但是,因为无论康德向我们描述的哲学是怎样的我们都不会无条件地追随他的哲学,只是我们会尊重与其相关的实证性研究方法,并且以此来修正、发展一直以来的哲学。㉙ 因此,我们从未考虑过根据实证性研究来废除一直以来的法律研究。虽然世人动辄就责难菲利教授只专注于社会学不研究法律论,㉚但是实证学338派的人们将社会学的观点运用到法学中,逐渐改造了一直以来的刑法理论。㉛

菲利教授还认为:"必须用社会责任代替道义责任的观念。因为只有万

㉘   虽然根据以菲利教授为首的新派的主张,刑与刑事政策可以统一理解,但是传统的观点认为这是二元性的。理论上应该认为哪一个是妥当的,成为了这里最后的问题。而且从实际的观点来看,新派的主张能在理论上坦率地提出改革的提案,在这一点上,必须要说这是符合时势的理论。

㉙   学者最近批评了菲利教授,认为实证的经验是得知事物实体的唯一方法的观点有根本性的缺点。但是,我们认为只要观点里含有一直以来的刑法理论是反经验性事实内容的话,那么这种观点就是不被允许的。当然菲利从经验中归纳出来的内容尚有异议。例如,可以回想一下塔尔德对菲利的法国刑事统计研究的批评。但是因为这不过是表明了应该更加发展此研究,并不能成为这项研究的方向是无意义的理由。

塔尔德(1843—1904),法国社会学家,主张社会的成立在于成员之间的相互模仿,著有《模仿规律》、《舆论与群众》。——译者注

㉚   科兰(Collin)参照前揭第59页。虽然菲利专注于其犯罪社会学的改版,但是刑法的教科书中没有最近的内容。但是菲利的确忙于社会学。只是,1921年的意大利草案以法律的形式将菲利的社会学表现了出来。

㉛   我曾经讲述过古力斯皮尼将菲利的观点展开成了法律的形式,主张实证的刑法理论(拙稿《刑法与社会思潮》增订版第10页以下)。我在这种观点下,陆续写成了《日本刑法》、《刑法研究》。关于这一点请参照《刑法研究》各卷的序言。如果我们有人轻视关于刑法的法律研究,这才是最大的误解。

能的神才能测定道义责任。[32]　因此,耶稣也不能裁决。对犯人要防卫,但是
不能裁决。如果道义责任成为了刑罚的标准,那么刑法对最危险的人道义 339
上无责任的人就会失去防卫社会的方法"。

菲利认为,"虽然社会对未成年人、精神病患者以及普通人之间的犯罪
的道义性评价会有天壤之别,但是对国家而言[33],这不过是在社会防卫上采
用了不同手段的差别而已。因此,会将未成年人送到感化院或者田园教育 340
所;将精神病患者送到精神病院;普通人则根据其是偶发犯人还是惯犯而分
别采取将其与社会进行隔离的手段"。

"同时,所有人无论身体及精神状态如何,在涉及刑事司法时,都不能允
许他人恣意妄为。在对犯罪的社会防卫领域方面,法律也必须持有一般性
约束力"。

"刑(即,由于预防方法并未奏效,在对犯罪的社会防卫方面国家必须采
取的手段)与其说要考虑行为,不如说是必须要考虑到由行为人引起的法规
违反问题而进行裁量"。

"刑并不是为了赎罪,而是为了对危险的人进行社会防卫而实行的。刑
是为了社会保护而实行的同时,也必须为了应科以刑罚的人(大部分人并不 341
会十分危险,因此,对社会而言并不是要抛弃的人)能顺利进行社会生活而
教育他们"。[34]

"因此,实证学派区分了刑政的三个事项。第一,法规侵害;第二,法规
侵害人的危险性;第三,其矫正能力。这无论是在法规方面还是裁判上或者

---

[32]　菲利并未说应该无视所谓的道义责任。但是,他经常将这认为是只有万能的神才能裁定
的事。换言之,道义责任最终在道义上也是否定性的。从道义的观点来看,实证学派的主张在防卫
社会的同时也应该保护犯人这一点上是有意义的。在这种意义上,我一方面怀疑道义责任论的道
德性,另一方面又想尊重社会责任论的道德性。如此想来,虽然我一方面承认一直以来的道义责任
论中珍贵的文化性、逻辑性意义,另一方面又认为这种社会意义已经是过去的东西了。我们必须要
修正完成这种观念,并且使其上升到更高层次。因此,社会责任论便应运而生。

[33]　我也认为,道义责任论在个人应该对自己的行为进行反省的情况下有重要意义。在这种
意义上,这就是个人性的立场问题。对此,我们思考的关于刑法的一点是,国家应该采取怎样的行
为。而我想将其作为社会性立场下的问题进行考虑。

[34]　在这种意义上,可以明确菲利也是教育刑论者。

是裁判的执行上,都是最基本的事项"。

"于是,法规违反的轻重问题要根据实行上的情况以及是由故意还是过失引起的结果来进行裁决。社会对抢劫杀人事件的处置,当然必须要比对盗窃或毁坏名誉事件的处置强硬。[35] 但是,总之法律上一定的犯罪在法律
342 性确信上也十分重要。因此,犯罪行为是否成立,必须要分析法律上的事实要件。实证学派继承了旧派对犯罪行为法律分析的科学性遗产,并未排斥。[36] 接着,法规违反应该区分社会危险与犯罪危险。人们之中即使并未违反法规,但是也有对社会有危险的人。这种社会危险者之中,实施了犯罪的人我们称之为犯罪危险者。社会危险者可能会实施犯罪,而犯罪危险者也有变成惯犯的可能。因此,最后,犯罪作为犯罪行为人危险性的特征,在
343 对其的法律效果上会产生影响"。

在此,对于菲利教授强调所谓的社会危险与犯罪危险这点上,我想说明一下自己的观点。菲利教授将其一认为是属于保安警察,其他的认为属于刑事司法,并且认为这两者之间有根本性差异。那么,德国学者如果跟从实证学派的学说就会认为对未犯罪但是有犯罪可能的人就必须科以刑罚的批
344 评是不恰当的。[37] 但是,在理论的立场上,我对菲利教授关于这点的意见持有怀疑。[38] 虽然我们认为社会对有犯罪可能的人必须采取一定的预防方

---

[35]   关于这一点我有异议。因为从实证学派的观点来看,无论是抢劫杀人还是盗窃都必须同样对其科以适合犯人人格的法律制裁,所以对抢劫杀人不应该比对盗窃施以更加苛刻的刑罚。

[36]   讨论作为法律事实的犯罪的定义及区别,即,思考构成要件的充足问题并不是新问题。这作为理所当然的问题被对待。因此如果有人以我们的议论来轻视构成要件的充足问题的话,这就是并未理解我们的志向与工作。特别是,关于这一点有人主张这样一种立场,即,小野教授的《构成要件的充足的理论》(收录于松波先生六十大寿祝贺论文集)。但是,我认为,不仅不要认为对犯罪的构成要件的讨论是特别新的一个问题,而且也不要认为小野教授提到的贝林与迈耶的观点也展开了新事物。虽然我必须要对小野教授在他的论文中对我的观点表示了好意这一点心存感谢,但是对于他在构成要件的充足上的重点问题,我多少有点异议。

[37]   丹尼尔前述著作中菲利的序言第 7 页注。虽然菲利反对贝林如此的责难,但是这并不是贝林一人的批评。

[38]   实际上,我已经反对过了菲利的这一点。就是 1926 年的俄罗斯刑法与古巴的刑法草案。在这两者中都规定了对有犯罪可能的人要有一定的对待方法。但是,菲利在这一点上反对这两个刑法。参照大塚学士《刑法法律责任的原则(俄罗斯新刑法与古巴刑法草案)》(收录于志林第 30 卷第 7 号,特别是其第 857 页)。

法,当然,这种预防方法在一般情况下是单纯的警察性的预防。但是,对于有犯罪可能的一定的人应该以其人格为基础进行预防,在这种情况下,这与对已经实施过犯罪的人的对待方法应该一致。但是,话虽如此,德国学者的责难必须是正确的。究其原因,是由于这样的责难只有在刑罚只是报应性惩罚的情况下才会成立。只是,实际看来,以现在社会中存在的报应思想为鉴,认为承认对已犯罪人的对待方法与只是有犯罪可能的人的对待方法之间名称形式的区别——因为与被称之为一种刑罚相对,其他称作保安处分才是妥当的做法。㊴

345

"关于刑事司法,不能只把行为当做依据。必须适当地考虑到犯人的人格情况。实证学派有关于这一点的主张。涉及到对行为人的行为进行评价时,我们不能只确定行为人的危险性。我们必须考虑到他们对社会生活的再适应能力。这是其矫正能力也是教育能力。㊵ 因此,这样一来,无论是预审还是公判、裁判、制裁的执行,总之在第一线时必须考虑到人格问题。作为结果,裁判必须是绝对或者相对的不定期的宣告"。

346

347

"以上是实证学派的主张。与主张道义责任,将其与行为联系起来进行处罚的古典学派相比,实证学派站在与其相反的立场上。但是,这存在着进化法则这样普遍的法则。这是自然无法超越的。因此,必须从古典系统过渡到实证学派系统。无论是在理论上还是立法上、裁判上、对犯人的处置上都必须这样。在这种过渡中,我们才能看出保安处分(应该适应危险性)必

㊴　这里应该回想起,《少年法》第 4 条中的保护处分不仅适用于行为触犯了刑法法令的未成年人,还适用于有可能会做出触犯刑法法令行为的未成年人。对于只承认保护处分与刑罚之间形式上的差异的我们而言,必须要特别重视这条规定。因此,我对小野教授在《构成要件充足的理论》中关于"犯罪的成立,除了违法、有责、因果关系这种普遍的思想以外,还要有能构成法律概念的一定特殊性的行为。这才是现在刑法上不可否认的原则性要求","以一定的'行为'作为处罚的'原由',是现在刑法中的基本原则,这是毋容置疑的"的态度与思想上的趋势,在理解上有一些异议。例如,考虑一下对惯犯的法律处置问题,有很多仅仅是所谓的构成要件的分析无法解释的东西。俄罗斯刑法、古巴刑法草案以及像日本的少年法仅仅论及关于有"可能"的犯人的刑罚关系,但是作为"现在的刑法"(小野教授特地说明是"现在"),虽然不能急切盼望,但是社会防卫立场上的刑法议论的重点也不一定就在于对行为的分析中。只不过,我们认为作为刑法上的议论,行为分析是理所当然的问题罢了。

㊵　我要反复注意提醒这个提示。

须对刑(应该根据道义责任量定)进行补充"。

"我虽然已经七十高龄,但是仍是慢性子。但是自从我的 1878 年的"归责论"、1880 年的"刑法的新水平线"以来,已经逐渐贯彻了我们的理论性思考,也实现了我们一部分的实际提案。因此,我相信科学和立法在今后的发 348 展上,实证学派必定会带来巨大的胜利。幸运的是我尚且健康,希望能有幸能亲身体验这种胜利的果实。[41] 这种胜利是,面对危险的犯罪人也能有效地保护社会,会产生能比以前更人道更合理地适用刑法对待更无害的[42]犯 349 罪人"。[43]

五　对菲利教授的社会批判

在菲利教授的主张中,最受人非议的是他对于自由意志的否定这一点。虽然这的确作为问题点很受争议,但是菲利教授对此却是不以为意。至于对犯罪饱和论-主张在一定文化背景的社会中存在与之相对应的犯罪的批判,以及对将犯罪人进行分类分别是天生的犯罪人、病理性犯罪人、感情性犯罪人、习惯性犯罪人、偶然性犯罪人这五种持有异议的情况,虽然这其中的确有着钻研的价值,但是在菲利教授想在刑法的研究中开辟新领域,奠定新基础这一情况下,却并没有什么作用。

---

[41]　此序文是 1926 年 7 月 3 日在罗马完成的。写完此文后,菲利便参加了第一届国际刑法会议。唉,如今斯人已逝。

[42]　我认为,菲利这里所表达的形容词是毫无必要的。特别是有人将菲利用意大利语书写的此序文翻译成了德语。

[43]　古巴的草案尚不能成为刑法。俄罗斯的 1926 年刑法在这一点上十分有趣。在这一点上需要特别注意的是,比利时的刑事政策的发展。菲利的学说在比利时产生了极大的影响,比利时在刑事政策上尝试了许多重要的改革。卡顿(Carton)在菲利在职五十年祝贺论文集中特别写到了这一点。此论文现在还能在布鲁塞尔的刑法杂志中看到。

第二章　菲利教授的 1921 年案

六　　1921 年案的要点

　　我必须要就菲利教授起草的 1921 年意大利刑法草案发表看法。[1]　　

　　1921 年的意大利草案无论是内容还是形式都完全打破了以往刑法法典的框架。

　　第一，从内容来看，它依据于菲利教授的主张，基础内容是社会性责任的原则—直至最近，菲利改以往的"社会性责任"一词为新的用语"法律性责
任"与恶性（用国际刑事用语来讲是社会危险性）。若遵循社会性责任的原则，即使是试图侵害社会的人也应当承受被社会防卫的反击。如此一来，精神病患者和少年人均在刑法管辖之下。再者，若依据恶性原则，防卫性反击必须遵循侵害者的犯罪性质。因此，1921 年法案不认可责任乃至责任能力。在此意味上，全然排斥作为刑法原则的责任观念。其次，意大利草案不认可刑罚一说。仅仅是使用制裁一词。对于一般的犯罪人有相应的制裁，对于精神病患有相应的制裁，对于少年人也有其相应的制裁。因此，被称作"没有责任与刑罚的刑法"。[2]　　

　　因此，其内容还有一个特点。第一，对于犯罪予以规定。罪刑法定主义

---

　　① 菲利是 1919 年 9 月 14 日依据敕令组建起来的意大利刑法改正委员会的委员长。此委员会一手促成的 1921 年草案是在菲利学说的特别影响下产生的，世人又称之为菲利法案。关于 1921 年的意大利草案，我已经作过一定论述。拙稿《刑法实体论的改正企划（意大利刑法改正案）》（《刑法研究》第 3 卷第 508 页以下）。另外，该草案正文的翻译载于志林第 23 卷第 9 号以下，关于草案的纲要，拙稿《关于意大利刑法改正预备草案》（志林第 23 卷第 9 号第 24 卷第 1 号）。

　　② 之前我也提到过伦茨如此评价意大利草案一事。其可以认为是为了非难该草案用了这个词语。我认为这是深入体会该草案特色的说法。

即便在实证学派的主张里也无疑是基本原则之一。作为能够判决犯罪人为犯罪人的法律要件——也就是犯罪性的表征——犯罪必须受到重视。然而,第二,更要对犯罪人作出规定。仅仅是确定犯罪事实还不能证明有采取刑政的必要。通过犯罪表现出来的犯罪性比起犯罪性本身更加值得我们深入体会。该草案第一章题为"罪"、第二章题为"犯罪人",在第二章的第二节里说明了何为"恶性",在第四节以下将惯犯与有精神障碍的犯罪人、少年犯区分开来。最后,第三,明确规定刑的对象是犯罪更是犯罪人。这就是第三

353 章"制裁"。

在此,我想说明作为 1921 年法案的纲要,[3]菲利教授自身就是一个关注重点。具体如下。

第一,菲利教授主张刑法的对象毋宁是犯罪更应该是犯罪人。他认为"将法律规定关联犯罪,毋宁将之关联犯罪的人。这并不意味着无视客观的犯罪行为。犯罪行为既是使用法律的主要时间,又是判定犯人恶性大小的标准。即便在刑法以社会防卫与恶性为原则的场合,法律上的问题大致也

354 与现在实际中的状况有异曲同工之处。换言之,刑事诉讼首先要明确其犯下的行为,再次要确认此行为是否在法律上定为有罪,然后要明确被告是此行为的主犯还是从犯"。[4] 但是,这些程序中我们的评价客体不仅是犯罪本身,更应该是它所披露的犯罪人自身。"以往我们只是分析犯罪行为的构成要件,如今我们代入以往的人为概念将犯罪看作是现实的有机性心理性构成物。在以往将犯罪当成法律性或者事物的思想基础上,[5]加上了犯罪人的观察很有必要。换言之,我们必须明白犯罪在法律上的概念之前先是人

---

③   写在理由书里。另外,以拙稿《关于意大利刑法改正预备草案》(前揭)为例。纲要有十一点:(一)除警察犯的意思上的罪的法典。(二)着重点从犯罪变为犯罪人。(三)重视犯罪人的恶性。(四)区别成年犯与少年犯。(五)区别一般犯人与政治犯。(六)法律上的责任。(七)为了社会防卫的制裁。(八)不定期拘禁。(九)不认可制裁与保安处分的区别。(十)认可制裁的各种类型。(十一)废止单间独居制。

④   理所当然的是在刑事司法中以往采用的方法在刑法的新原则之下并没有被摒弃。我们不过是在其基础上做一些添加补充。

⑤   我必须就这一点加以说明。我们的工作是在以往的基础上在拓展一些社会学以及心理学的部分。

的所为。而对于这个人，必须适用刑事法律的方策。这样一来，这个人在接受制裁以后再一次回归社会，他或许能够尊重他人权利，又或许会再次犯下罪行。依据 19 世纪的经验，随着犯罪的增加尤其是惯犯和少年犯的增加，传统的刑法逐渐有所修正，而其改正的要点就是将刑事立法的客体从犯罪转为犯罪人，这一点是社会普遍认同的。"[⑥]

355

"如此，对于犯罪人的社会防卫的法规的着重点比起客观的犯罪轻重，更应该置于犯罪人恶性的轻重。实际上恶性小的人也会犯下重罪，罪虽轻但也可能揭露罪犯极为恶劣的人格。裁判官在实际判决中，一方面要看考虑罪犯生而为人，一方面必须考虑客观的犯罪事实，这中间心理的矛盾自不会少。因此，判决不够彻底的情况也很多。所以，刑法改正的基础是要对惯犯、先天或后天有危险倾向的罪犯采取严格的有效的措施；[⑦]对于偶发的罪犯的大多数或者其他危险性较小的人适当地宽大处理。[⑧] 对于前者，必须讨论阻止其反复犯罪的方法。对于后者，必须要以促使他们回归勤勉平和的市民身份为目的。在古代以及中世的刑法中，为了通过刑法减少罪恶，对任何犯人都科以严刑，相反地，在近世的刑法里，为了维护人权，总是不恰当地施以缓刑。[⑨] 刑法的恶性原则使得犯罪与社会防卫之间的平衡得以维持，[⑩]应当着重考虑其实际成效，通过恶性来区分犯罪人基于如下判断：犯罪人的反社会活动或许是由于先天的倾向，或许是由于患病，或许是由于情

356

---

⑥　纲要第二、草案理由书第 5 页以下。

⑦　对于危险的犯罪人，社会防卫必然是有效的措施。所谓严刑，总之也就是有效的刑罚。但与此同时，这种有效的刑必须与犯罪人相适应。我赞同菲利在主张刑与犯罪人相适应之时，始终将范围局限在危险性巨大的犯罪人身上来进行论述的做法，但我认为这也成为世人误解其主张的导火索。

⑧　对于危险性巨大的犯罪人宽大处理并不意味着不批判人道主义。这意味着刑对于犯罪人的适应性。

⑨　刑的缓和是文化发展的基本现象。然而，由于近世刑法中刑的缓和基于朴素的人道主义，实为"不当"的缓和。短期自由刑在其中最为显著。我等主张将以往的量的缓和变为质的缓和。在此意味上我们认为刑在量上应比现有所增加，但在质上应比如今更具备对于犯罪人的适应性。也就是说，我们要做的就是促进刑的缓和化。

⑩　在正义的观念里，包含着"平衡"这一要素。我并不打算坚决反对这一说法。但正因为如此，报应刑绝无正义可言。刑里的平衡性必须在犯罪与社会防卫之间成立。

感冲动,又或许是受家庭环境或社会环境的影响,再或者是由于监狱制度的
漏洞。依据这种区分,立法者制定相应的制裁方式,从而达成社会防卫和矫
357 正犯人的两大目的"。[11]

第二,菲利教授主张社会责任论。他认为从社会防卫以及犯人的恶性
358 这两个原理来论述,刑事责任的传统观念必然经受巨大的变化。传统的观
念已经在逐渐接受变化并作出了大的妥协,[12]但如今更成为意大利现行法
的基础,也是各国刑法改正草案的基础。与此相对应,意大利学派从一开始
就提倡社会责任理论。意大利草案乃集大成之物。在以往的理论里,归责
有三种形式。其一为物质,其二为精神,其三为法律。精神的规则意味着选
择的自由,在意大利现行法里仅仅将之解释为行为的"有意"。这是以往的
359 主张与实证学派相折衷后的产物。[13] 此外,精神归责与法律归责的重点在
于维持道义的法律的原则。如上所述,在被告人间要区分责任人、无责任
人、限定责任人,追究有罪、无罪的刑的轻重等也是一直以来的做法。然而,
不要讨论刑政上的精神过失——若论述的话在相信者看来就沦为宗教权威
者一般的做派,像是哲学性问题,即使当作一般的情绪性问题来看也饶有趣
味,相对于犯罪人站在保护正直公民的立场上来看的话,法律规则源自物质
归责是必然的结论。[14] 换言之,正因为每个人都居于社会并从中享受利益
360 与保护,才理所当然应当就自己的行为对社会负责。这就是社会责任。[15]

---

⑪   纲要第三、草案理由书第 7 页以下。

⑫   关于责任能力,李斯特的常态性意思决定说就明确了这种妥协态度。即便是近来的期待
可能性论也是如此。关于期待可能性论,参照木村学士《刑事责任规范主义的批判》(收于志林第
30 卷第 6—9 号)。

⑬   此事当时由起草法案的当局者说明。

⑭   这样的提议并非承认刑法上的单纯性结果责任也没必要再次强调。在此附上理由书内
容,即"归责一语有着传统意义,所以我更倾向于采用责任这一说法。犯人就自己的罪行,要对社会
和国家担起责任"(草案理由书第 12 页注 2)。但是,所谓责任也是包含传统意义的用语,不应该有
所规避吗?

⑮   纲要第六、草案理由书第 11 页。另外,理由书在此引用了霍姆斯的话。即"霍姆斯认为:
'不管社会中的每个人其自己的意识形态如何,如果自我处于危险便会自发采取行动'"。这是英美
法律的特色,更是与大陆法形成比照之处。大陆法在这点上受罗马法的影响(理由书第 13 页
注 1)。

"这样的考虑之于长久传统的人类无疑是天方夜谭,却逐渐被普遍接受。这是我们日复一日的经验积累与关于犯罪的科学研究的结果。委员会采用此理论为新法典的基本原则,在此原则之下,被告人有责与否的问题已经一扫而空。[16] 只是,研究被告人的个人情况与社会情况并采取与其人格适当性的制裁方式是问题所在。[17] 对于犯罪,社会防卫能够最有效地施行吗?无论如何,社会防卫是与所有犯罪人相适应。"[18]

第三,应当考虑制裁的本质。首先,"以上的结果就是制裁并非与犯人的道德过失成比例。同为人类的审判官不能判定人类的道德过失。不能明确遗传家族的社会生活状态、智力道德情况以及其他环境的各种要件。然而,一方面判定犯罪的轻重,另一方面制定刑罚的等级,其间,对比两方是可行的,但毕竟不过是裁判的做法。立法者即使在刑法里,即使在审判制度里(此外,在智力的、道德的、卫生的领域任何一个中),即使为了社会就必须规避哲学理论以及宗教信念来开展工作。换言之,判断法律的社会的价值也以该结果为基础。[19] 因而,对于犯罪人社会防卫必须最有效地开展,而且对于大多数恶性较轻的犯罪人要快速矫正,使之再次于社会有用。"[20]

作为该结论,更有"以往的定期刑主义即便另行考虑短期自由刑的弊端实际还与刑法改正的实证标准明显相矛盾。已经明确的是道义过失与刑罚完全不成比例,而且,必须将于社会生活不当的人拘禁起来的话,拘禁的期限也是不能裁定的。这些人在被释放的场合里,直至他们于社会生活相当之时必须一直被拘禁。对于不可矫正的人,是绝对的不定期。这在现行法里也是被认可的,因为假释与特赦的制度,刑罚实际上不能被预见。取代以往的不

361

362

363

---

[16]　在考虑归责的基本责任能力的本质时,在此想要感叹一下在采取相对于鉴定家评判的法律处置时裁判所的态度是如何的简洁明了。

[17]　如此看来,相对于鉴定家的评判,裁判所的处置明白且富有条理。1921 年法案之外,比利时的 1930 年 4 月 9 日的社会防卫法也正立足于此种见解。关于比利时的该法案,在《比利时的社会防卫法案》(志林第 29 卷第 12 号)。另有,俄国新刑法(1926 年),古巴草案(1926 年)。

[18]　纲要第七、草案理由书第 13 页。

[19]　这里有实用性刑法观的原因。参照山口学士《实用主义的刑法理论》(志林第 29 卷第 4 号)。

[20]　纲要第七、草案理由书第 14 页。

364 定期刑被认可的是不定期拘禁制。这种不定期刑是相对的又是绝对的。"㉑

　　总之,必须否定刑罚与保安处分的区别。实际上,在各国的草案中二者的区别与其认为是实质性的毋宁说是形式上的。然而,那种形式的差异也排斥这种区别。"上述理由,本草案排斥刑罚与保安处分的区别。保安处分直到近年才有对惯犯与精神患者作出规定的例子,在各国刑法改正的草案中也出现了保安处分。然而,从对于刑罚或道义过失没有报应这点来讲,刑
365 罚与保安处分具备相同的任务和性质。由于将保安处分当作一种制裁,在犯人承受某种程度的刑以后施加不定期的保安处分可以防止不合理之事,同时这种处分从行政的擅断下移至司法权之下"。㉒

七　1921 年案的批评

　　1921 年草案受到广泛批评的原因便是将"责任"和"刑罚"排除在外。该草案在细则上被批评的地方不在少数。㉓ 但是由于我们现在要论述的是刑法改正的基本问题,因此从这一点上考虑的话,我们应当思考的是将"责任"和"刑罚"排除在外这一行为从理论上和实际上是否是妥当的。
366
　　我想要列举以下日本学者,特别是泷川教授对于意大利草案的批评。㉔由于我在对泷川教授的见解进行研究,故而可以重新考虑菲利教授的立场。㉕

　　㉑　纲要第八、草案理由书第 14—15 页。1925 年的伦敦国际刑务会议肯定了不定期刑一事在近来受到瞩目。1900 年的布鲁塞尔国际刑务会议认为,不定期刑是违反了刑的性质应予以否定,但 1900 年开始形势有所转变。首先是 1910 年的华盛顿国际刑务会议,再是 1991 年的科隆犯罪人类学会议,更有 1913 年的哥本哈根国际刑事学协会会议都肯定了不定期刑。

　　㉒　纲要第九、草案理由书第 15—16 页。

　　㉓　关于这点,正如康特洛维茨(Kantorowicz),《意大利刑法草案及其体系》,《莱纳尔纪念文集》,1921 年,第 37 页以下所述,从立法技术这一点上来看的话,细则中值得论述的点不在少数。我认为意大利草案在立法技术上远不及德国的各草案。但是这不是我想在这里论述的点。

　　㉔　泷川教授《社会防卫和犯人的危险性》(法学论丛第 16 卷第 4 号第 467 页以下)。

　　㉕　在基本观念上我是赞成菲利教授的,但与此相对,泷川教授是始终坚持报应刑的立场的,这点无需再做过多说明。

　　泷川教授提到"草案第一部的标题是'犯罪',但是这里所谓的犯罪实际上是自然现象,绝对不包含以人的意志去反抗法律秩序的意思。总的来说就是,草案里的犯罪和以往的犯罪是完全两个意思"。㉖ 确实是这样,在实证性研究当中,犯罪现象是被包括在普遍的因果关系当中的。因此,我们将犯罪行为理解为一种自然现象,明确支配犯罪行为发生以及发展的法则,再思考针对这些法则的对策。这样,如果我们仅仅将犯罪看成是"对法律秩序的反抗"的话,就无法形成对犯罪的合理观念了。如果我们把犯罪看成是一种"反抗"的话,我们该怎么做呢? 如果按照报应刑来认为的话,那么在犯罪中报应刑应当存在的根据就确实存在了。但是,针对犯罪的报应有着何种程度的意义,我们也不得而知。在报应仅仅作为报应而被主张时,我们能够感受到的,也只有内容的空虚了。我们原来其实也不是不把犯罪看成是"对法律秩序的反抗"的。但是这被认为是受因果原则所支配的。就算犯罪被认为是"人的意志"的产物,这里的"意志"果然也还是被因果法则所支配的自然现象。因此,"我们是不能从个人角度来谴责这一必然的社会机能的。要谴责也是该谴责社会。换言之,犯人并不是因为自己的责任而被谴责,而只不过是作为构成社会的一个齿轮来被谴责的"。㉗ 不对,应该说我甚至都不想用"谴责"这个词。因为不管怎么说,我们并不是为了谴责而去谴责的。因为从刑罚到制裁都是以社会防卫为目的的,所以谴责并不是它们的目的。按照今天的实际来讲的话——那么从刑罚到制裁恐怕永远——都要将谴责作为其主要内容了。但是这对于普通的犯罪人来讲,那是因为谴责是社会防卫的重要方法。像谴责这样的国家的反抗性行为,在犯罪的因果关系这一系列方面,在社会防卫上是起到了非常显著的作用的。但是,毫无疑问的是,对于思考犯罪的因果关系系列的我们来讲,如果谴责不是社会防卫唯一的方法,那它就也不是最重要的方法了。我们将犯罪看成是"对法律秩序的反抗",从这一范围来看的话,这并不是对以往学说的反对,但是,就仅仅从

㉖ 泷川教授前揭,第 481—482 页。
㉗ 前揭第 482 页。

这一看法中，我们就能看出其中包含着将报应合理化的伦理性态度。我们
369　不仅仅没有因为明确支配"犯罪是对法律秩序的反抗"这一观点的因果法则
就认为报应一定是合理的伦理性的，而且我们认为因果关系的系列是可以
通过社会防卫这一原则进行妥善调节的。因此，我们并不是不改变"犯罪是
对法律秩序的反抗"这一长久以来的观点，[28]而是对其进行扬弃并将其推向
更高的次元。

　　将犯罪视为自然现象的结果，就是作为刑罚以及制裁的对象的犯罪人
的恶性会被放大。"草案第二部的标题是犯人"。但是泷川教授提到"但是，
这从草案的立场来看的话是很矛盾的"。[29] 我无法理解为什么这是矛盾的。
370　正如泷川教授指出的那样，我认为"因为某些态度而产生的精神上的或者肉
体上的异常，也就是所谓的危险性出现时，社会防卫的方法才开始被提及。
这也是草案的根本思想"。[30] 这仅仅是自然的伦理推测，并没有什么矛
盾的。

　　泷川教授提到："但是，如果认为犯人是自然地必然地会犯罪的话，那也
太过片面了。所谓的偶发犯人是非常多的。这些犯人不是因为性格而犯
罪，而是在某一个瞬间一时失去理智才进行的犯罪，犯罪前后和普通人都没
有任何区别。将一些死板的统计数字作为原因从而将犯人无视的话，那就
是违反了日常生活的经验了"。[31] 我在其他地方也见过这样的批评。[32] 但是
我不禁怀疑这到底是不是对菲利教授的见解的反对和驳斥。第一，我必须
371　要明确一下，菲利教授是认同偶发犯人这一群体的。而且，菲利教授自己也
是受到了社会原因影响的同时，认为很多人能偶然抵抗犯罪的冲动，而有一
部分人则不能，这些不能做出抵抗的人在身体上和心理上是不正常的，但是
对于偶发犯人来讲，我们就必须重视所谓的社会原因了。第二，菲利教授所

---

　　[28]　伦茨在评论 1921 年案时也提到，1921 年案将所谓过往法案的犯罪观念进行了改变［伦茨
（Lenz）：《无责任和刑罚的刑法典》（1922 年），第 29 页］。在我看来，这不是改变，而是废除。

　　[29]　泷川教授前揭，第 482 页。

　　[30]　同上书，第 483 页。

　　[31]　同上。

　　[32]　伦茨前揭第 31 页。

坚持的立场是：不能因为这些人是偶发犯人，就认为他们是"在某一个瞬间一时失去理智才进行的犯罪"，他们也是受到社会以及生理和心理的制约才自然地、必然地进行犯罪。针对这些偶发犯人，思考其犯罪的原因，并思考针对这些原因的方法，而刑罚以及制裁就是方法之一，即有实施刑罚以及制裁的积极方法，也有避免实施刑罚以及制裁的消极方法。因此，我不仅无法认同泷川教授所讲的"违反了日常生活的经验"这一观点，而且还认为所谓的科学性、实证性态度未免太过片面。在我看来，偶发犯人在犯罪人中占据着多数这一事实，完全不能成为报应刑论的论据。　372

　　泷川教授进一步提到"草案没有将犯人进行犯罪视为个人现象而视为社会现象的结果就是，比起犯人的个性来讲犯人的分类更加重要。所谓的分类就是累犯、习惯犯、精神不完全犯、未成年人的区别。但是，这样的区别是很危险的。这必然会导致形式主义。想把处于两种分类之间的犯人强行分到一种分类里是很勉强的"。③ 但是我对于这一点也有异议。第一，我并不知道菲利教授"比起犯人的个性来说更重视犯人的分类"这一事实。④ 毫无疑问，菲利教授始终是主张刑罚的个别化的。判决上的个别化始终是敌不过执行上的个别化的。但是，因此就有罪刑法定主义会变得很危险的责难。既然刑法作为法律而存在，那么其基石就一定是罪刑法定主义。因此，　373
在立法论上，为了将犯罪人本位的规定同罪刑法定主义进行调和，就毫无疑问需要将犯罪人分类在立法上进行明确。菲利教授在对此进行尝试，此外各国的草案中也对这点至少在认同惯习犯这一类别上均做着努力。这样，虽然只要分类还算是立法上的东西，那么就"必然会导致形式主义"，但是从一方面，变得形式主义是立法的必然命运；⑤但另一方面，就算是这样，菲利教授的分类，也就是"累犯者、习惯犯人、精神不完全犯人、未成年人的区别"

---

③　泷川教授前揭第 483 页。伦茨也提出了同样的责难（伦茨前揭第 31 页）。

④　虽然泷川教授引用了理由书的第 42 页，但是我们在其引用的地方看到其主旨内容。那里反而强调的是刑罚个别论，论述了立法的刑罚个别论、司法的刑罚个别论和刑的执行的刑罚个别论的区别。

⑤　为了弥补立法上的这一弊端，我们主张自由法论。

就真的是那么漠然、那么"危险"的东西吗？我一定要这样发问。报应刑主义下的立法难道就没有"把处于两种分类之间的犯人强行分到一种分类里"吗？㊱

374

　　泷川教授进一步提到"为了认同所谓的危险性，必须要坚持一定的态度，这和以往的立场比起来一点进步都没有——这种进步是从社会学派的立场上所说的进步。"过去社会学派提出了"犯罪无罪人有罪"这样的口号。这是对不重罚犯人的传统刑法思想的攻击。以往的思想具有轻视犯人的心

375 理学、社会学的观察是事实。但是将犯人作为惩罚的对象也是事实。具体而言，不是罪"使人犯"，而是罪"犯于人"，在此意义上犯人和惩罚的关系得以被认同。但是，过度认同社会学派主张的1921年草案果然也是当危险性转化成一定的态度并且显现出来时才被事实上制裁的。换言之，仅仅依靠一些能够判断危险性的情况是不足够的。也就是说，这也就是行为支配行为人同行为人支配行为之间的区别了。因此，草案提到了下文内容："就算刑法有关犯罪的规定是受社会保护和犯人的危险性两大根本原则所支配的，始终进行着改善的司法大部分问题也不会至此"。㊲ 但是，我的看法与之大不相同。第一，如果采用了我们所说的原则，由于未来的刑事司法必须通过确认犯罪事实来运行，至少工作形式不会有太大的变化。但是，因为"以往的思想具有轻视犯人的心理学、社会学的观察是事实"，从这点来讲，

376 未来的刑事司法的实质就一定有不同的主旨。我们大力论述刑事裁判官的特别教育。这是由于我们认为不能将刑事司法仅仅看成是犯罪事实同刑罚的法律效果之间的关系。换言之，有关犯罪和刑罚的心理学、社会学的考察是需要特别重视的。因此，传统思想和我们的思想之间，就是"罪'使人犯'"同"罪'犯于人'"㊳之间的区别，这不因为用词大致像所以就意思一致，反而

㊱　不管怎么样，判决不允许出现这样的失误是不争的事实。诉讼法认同再审、非常上告，行刑上则认同与之对应的救济。关于这一点的议论会根据刑法学派上的不同而不同。

㊲　泷川教授前揭第484页。关于这点康特洛维茨也做了同样论述。康特洛维茨前揭第45页。

㊳　"罪行因其由行为人而被惩罚"，"行为人因其罪行而被惩罚"（康特洛维茨前揭第45页）。

是因为个别词不同从而意思完全不同。第二,就算菲利教授将犯罪视为反社会性的表征,他也强调着社会性危险和犯罪性危险之间的区别。我认为从伦理上讲,执着于这两者的区别是不合理的。[39] 但是,以现在的情况来看,我们必须认同犯罪性,认为犯罪的成立是必要的。我们并不是不知道有一些立法例可以佐证菲利教授的观点,[40]但是,我认为至少在日本的刑法改正中,将一定的犯罪行为当作科刑的标准,从制度上讲是妥当的。但是,毫无疑问,就算是这样,仅凭犯罪行为的轻重和样态无法规定刑政,这才是新的趋势。虽然确认犯罪是很必要的工作,但是最后的工作不代表就是全部的工作。[41]

　　在这里道义责任的观念就成了问题。泷川教授提到"按照现代思想如果没有责任就不会有犯罪也就不会有刑罚了。犯人是因为有责任所以才受到惩罚。责任在心理上是无反社会欲望下的意志状态的体现,其基础是道德。因此,彻底贯彻责任主义的人仅仅能用抵制犯罪的精神作用的强弱来判断责任的轻重。就算刑法的伦理性意义没有深化到这种程度,道义责任也一定要是现代的法律感情进行处罚的本质条件。责任和刑法是经过长时间的试炼才得出的思想"。[42] 但是,我认为就仅仅用"长时间的试炼"来对一直以来的道义责任进行说明的话,这种说明是毫无合理基础可言的。就仅凭"按照现代思想如果没有责任就不会有犯罪也就不会有刑罚"这样的观点,是无法完全拥有批判性态度的。但是我也并没有要无视这种经过长时间的试炼得出的责任思想。因此,我其实是尊重这种责任思想的,在此意义上,我对改革一定要打破现有秩序这一观点深信不疑。但是,同时我们又期

377

378

379

---

　　[39]　这在前文已经论述过了。

　　[40]　俄罗斯新刑法和古巴草案就是如此(请参照大塚乡二《刑法中法律责任的原则》,志林第 30 卷第 7 号,第 862 页)。

　　[41]　虽然康特洛维茨认同报应刑主义和目的刑主义在法律哲学上、刑罚裁量,以及行刑上都是有差异的,但是他认为两者在立法上没有区别,他称保护刑主义的立法论没有依据报应观念,但是实际上他也没有依据保护观念,说是宣称保护刑主义遵从了报应观念,但是实际上他也遵从保护观念,在立法范围内,学派之争其实是误解(康特洛维茨前揭第 50 页以下),但是这实际上难道不是康特洛维茨个人的误解吗?

　　[42]　泷川教授前揭,第 484—485 页。

待着事物的进步和发展。在"长时间的试炼"过程中,犯罪观念也好刑罚观念也好,都是不断变化发展的,因此,我们必须要适当地对"现代思想"进行批判,从而使其进一步的变化发展。

进而,泷川教授继续提到,"但是草案试图用社会防卫和犯人的危险性来对传统的责任思想进行改变。依据草案,人仅仅只需要承担法律上的责任。(中略。)犯人的行为无法满足社会最低限度的要求,仅仅因此和道义责任无关犯人就必须受到制裁。法律上的责任的根据就在于此。这就是草案的立场"。⑬ 我对"人仅仅只需要承担法律上的责任"这一句话中的"仅仅"和"只"都持有异议。我们如果仅仅论述法律上的责任的话是不足以理解国家法律问题的。那是因为我们对所谓的宗教论和所谓的道德论都保有敬意。但是实际上,这种社会责任论和法律责任论既贯彻了社会防卫,又能够最大限度地保障个人的生存问题,在这种意义上,从宗教立场上来看的话,正是这种社会责任论和法律责任论才是最符合时宜的理论;而从道德立场来看的话,这两者才是最具有道德性的理论。因此,我强烈坚定地主张社会责任论。因此,我对泷川教授所认为的"仅仅因此和道义责任无关犯人就必须受到制裁"这一观点是持有异议的。如果泷川教授一定要认为我们的主张抛弃了以往意义上的道义责任的话,那我们也不否认。但是,如果认为我们把一切道义责任全部抛弃的话,那这简直就是误解。

泷川教授认为"结果会怎样?结果就是犯罪成为自然现象,成为必然现象,成为病态现象。对犯人不加以道义上的责难,和对感染了传染病的人不加以道义上的责难是一样的。从犯人的危险性和社会防卫的立场上来看的话,没有任何可以区别精神病人与健全人的理由。不论是精神病人还是健全人,他们都同样承担着法律责任,同样有必要接受治疗和保护。

(中略)。

我们在法律感情上,是绝对不允许对精神不完整的不幸的人们做出同

---

⑬ 泷川教授前揭 485 页。

恶党一样的严重制裁的。没有人会认为规定具有法律效力的吧"。[44] 我不 381
禁疑问,能对犯人施加道义性责难的所谓的责难性内容到底是什么? 那就
是报应刑,是为了危害而危害。但是,我们必须认识到,对于仔细盯着支配
犯罪现象的因果关系系列的我们来讲,所谓的"道德性责难"这样看似合理
的名称之下,国家想要实现的东西其实是非常无用的、非常残酷的。应该将
国家最有效地权力化。这样的国家不应该在朴素至极的报应思想的指导下
行动,而应该贯彻更加宽容的美德和完美的社会保护。进而,对一般的犯人
科以刑罚也好,对精神病者采用特殊方法也好,都必须要坚持保护的精
神——也就是保护社会也同时保护个人的精神。因此我们主张现在的刑罚
制度也包括对精神病者的策略必须适应个人情况。像"对精神不完整的不 382
幸的人们做出同恶党一样的严重制裁",这样对我们的责难,是完全不合理
的。我们对于"恶党"和"严重制裁"[45]这样的思想都是不认同的。我们一直
考虑的都是对不幸的人们采取怎样的对策。以前精神病人和犯罪人之间是
被认为不存在区别的。因此,不论是精神病人还是犯罪人都会被加以严重
的刑罚。将精神病人认为是不幸者,不论实质怎样,都去思考保护他们的方
法,这就是一大进步。从而,将犯罪人也认为是不幸者,也在刑罚中寻求保
护他们的方法,这估计是进步进化的必然结果了。我认为"法律感情"应当
朝这个方向逐渐进步,而且也会朝着这个方向进步。 383

　　我可以接受德国的众多学者提出和泷川教授主旨一样的批评。但是我
还是对进行犯罪现象的实证研究,特别是生物学研究的学者所提出的类似
批评比较感兴趣。也就是说,我想在这里摘记以下伦茨的批评。[46]

---

　　[44] 泷川教授前揭,第 485—486 页。

　　[45] 虽然菲利教授使用的是"制裁"一词而非刑罚用语,但是因为"制裁"一词本身也带有报应
的意味,也许避免使用"制裁"这样的词语才是妥当的。像俄罗斯新刑法就只使用"社会防卫处分"
这样的词。

　　[46] 伦茨(Lenz)是格拉茨大学汉斯·格罗斯的继任者。他从生物学的立场上对责任(Schuld)
观念的全新构成进行了论述。(伦茨:"责任论的生物学深化",《瑞士杂志》,1928 年第 2 号,第 165
页以下。)应该怎样将以往的责任观念同生物学的见解结合起来是一个很合适的题目。虽然我认为
生物学研究应该逐渐对一直以来的责任观念进行改造,但是德国人果然还是会固执地坚守以往的
责任观念。在此,我会引用前文提到过的《没有责任和刑罚的刑法法典》中伦茨的言论。

　　伦茨提到"草案里全都是社会学的观点。这些一面之词都是不完整的。为什么这么认为呢？因为草案把拥有理性能够进行指导的人们构成的社会认为是无法被指导的生物群构成的了。也就是说,犯罪人将社会危险性看成是一种病态的东西。这样的见解会引发刑罚的废止,将犯罪的个别考察完全排除了"。[47] 但是,我们其实是认为"拥有理性能够进行指导"的犯罪人不管怎样都能保有"理性",并且依据支配这种理性的因果关系法则来进行"指导"的。并不是说就要通过这种指导方法就把精神病人、少年以及一般生物同等对待。不仅如此,我们还认为一直以来的责任观念都被个别考察所限制,其缺点就是忽视了应当从社会全体角度进行的考察。这样导致的结果就是,虽然从责任观念来讲刑法是贯彻了其伦理体系的,但是实际上并没有对犯罪人进行指导。我们的主张是,为了解决刑法的这一实际缺陷,应该从社会性见解上来考察事物。像"一面之词"和"不充分"这样的批评,不如说是我们对于传统思想由来已久的观点了。

　　伦茨还认为"大部分民众都是固守着责任的观念的。像意大利草案认同道义上的无色责任这样的观念的事,只不过是学者捏造的。那是没有任何国民精神基础的东西。草案滥用了责任一词"。[48] 伦茨还提到,刑法从道义中解放出来,是"我们人类的现代文化向单纯的动物立场的堕落"。[49] 确实,只要责任一词还具有报应意义的话,那么草案就毫无疑问是在滥用"责任"这个词了。[50] 其实我们也是可以不使用"责任"这个词的。但是,我们只是致力于将刑法从传统的道义观念中解放出来而已,并没有忽视一般的道义,这一点在前文我也提到过了。我们是想推动让社会责难犯罪人的刑法进步为社会拯救人的刑法,我不认为这会是人的现代文化向单纯的动物立场堕落。

　　让我们回到泷川教授的议论。泷川教授接下来要提出一些关于偶发犯

---

[47]　伦茨前揭,第 29—30 页。
[48]　同上书,第 32 页。
[49]　同上书,第 33 页。
[50]　正如康特洛维茨所指出的(前揭第 49 页),以及泷川教授所指出的那样(前揭第 491 页注 12),应当避免使草案自身也成为"刑法"草案。在此意义上,俄罗斯新刑法用社会防卫一词代替了刑,但又将自己称为是刑法典,这是不够彻底的。在俄罗斯,监狱法都已经改名为劳动改善法了。

人的观点。他认为“根据草案，犯人的危险性（中略）的大小会决定社会防卫的程度（中略）。危险会和疾病一样多多少少会持续下去就算有可能会很快痊愈但多少肯定还是要持续的。如果是这样的话，危险性应该是某一部分精神状态异常的人特有的。所以应当将因为一些非常偶然的情况而犯罪的所谓偶发犯人从制裁目标当中排除。草案对偶发犯人进行制裁说到底还是没有脱离报应思想的传统的影响”。(51) 但是，我认为这是对我们的思想的误解。因为新派学者是主张尽可能不去惩罚偶发犯人的，所以草案除了刑的暂缓执行制度之外还认同宽恕制度。由于宽恕制度是菲利教授主张已久的
制度，所以一定要惩罚偶发犯人的报应性思想不是新派的主张。偶发性犯 387
罪属于社会危险性的表征范畴，也是惩罚的对象。(52)

再说到伦茨的话，他认为“意大利草案的制裁是没有感情的。该草案是纯正的主理主义的产物，和生活没有任何关联”。(53) 泷川教授也论述了同样的观点：“报应思想在如今的社会意识中广泛传播。社会感受到了犯人的危险态度，因此要求对这种态度做出的法律效果也必须具有危害性。如果否认这种要求，就等于否认了人性。现在公共刑法的目的是通过刑罚对被害者的个人报应行为进行抑制，用刑罚恶来恢复被罪恶充斥的社会。我认为
完全不顾及报应思想会对现在的公共刑罚造成破坏”。(54) 388

虽然我认为一直以来都记得报应刑论是一种纯正的理论归结，而目的刑论的人道主义观点反而只是一种感情论，但是现在目的刑论反而被认为是主理主义，而报应刑论成为了一种确定的主张。在我看来，思想的有趣转折就在于此。这个先不管，我认为一直以来刑法在尽可能舍弃报应思想的过程中实现进步，并且今后也会朝着这个方向不断进步。现如今我们致力于进一步舍弃报应思想，正是对现在的公共刑罚制度进行扬弃，将其推向更

(51) 泷川教授前揭第 486—487 页。伦茨教授前揭第 34 页也可以看到同样的责难。

(52) 泷川教授也好，伦茨也好，康特洛维茨也好，都就某些点对草案进行的批判。但是，这些都是对社会防卫以及恶性原则的批评，倒不如说这些都是和立法技术有关的观点，在此不做深入探讨。

(53) 伦茨前揭，第 36 页。

(54) 泷川教授前揭，第 489 页。

高的文化高度。

　　但是,我们也不能就因此完全忽视报应思想在广大民众的脑海中根深

389 蒂固这一事实。虽然我在最近的刑事政策发展中发现了能够明显佐证民众
逐渐理解目的刑主义的证据,但是为了使刑法进一步地稳步发展,我们必须
将目的刑主义同现在的既成事实的报应思想进行融合。报应思想不应该排
斥目的刑主义,我们必须利用这一点。这样的话,刑罚之外,就会通过制定
保安处分来代替刑罚。其实保安处分也是菲利教授一直以来的主张之一。
泷川教授认为,"就让刑法的两个学派的理论极端地前进吧。也应该让它们
前进。真理是绝对不可能模棱两可的。但是,实际上政策很多时候都只能
是模棱两可的。人们有可能会做出妥协。但是,立法事业和裁判,从事情的
性质上讲,就是在这种模棱两可当中去寻求前进的道路,其意义也在于
此"。⑤ 确实是这样。⑤ 但是,正是因此,对于泷川教授所认为的"阻碍该草
案成立的既不是古典学派也不是第三学派。如果认为有什么阻碍的话,那
就只能是自然本身了"⑤这一认识,我还是持有异议。我认为相信"自然"是

390 会变化的,是会不断进步的,恒久的发展是其特质,也是其命运。"自然"并
没有对草案的成立造成阻碍,反而是让草案的成立更加顺利了。就这样,意
大利 1927 年案就成立了。在此,我想要进一步地对 1927 年案的纲要进行
说明,并论述以下菲利教授对 1927 年案的态度。

---

　　⑤　泷川教授前揭第 491 页以下。

　　⑤　李斯特也指出政治是需要妥协的。

　　⑤　泷川教授前揭,第 492 页。

第三章　菲利教授与1927年案

八　特征

这样一来,意大利成为法西斯政府后,公开了1927年新法案。这一法案取时任司法大臣之名,被命名为"洛克法典"。[1]

洛克法典宣称采取了道德责任论的观点。第一编第四章第一节作为总则,名为"责任归属"。于是,第81条(《新刑法》第5条)中规定,"如果出现了很多人有了犯罪行为并必须承担刑事责任,作为犯罪依法因预定的行为免于处罚(第一项)。认为有理解并有犯罪意图的能力者有刑事责任(第二项)"。以下,洛克法典中再三出现"理解并有犯罪意图的能力"这句话,因此也就意味着有刑事责任能力者。这样一来,少年和精神病患者就被排除在刑罚之外。[2]

然而,1927年洛克法典在另一方面显示出了两个显著特色。其一是关于保安处分,其二是关于罪犯的分类。关于保安处分,1927年洛克法典以与列国的草案相比有十分透彻的规定为傲。关于犯人分类,提出了一种应认为是意大利特有的规定。

若想寻求1927年洛克法典中其他的特色,还可以列举出若干。其中重要的一点是关于死刑的规定。意大利的现行刑法早在1890年就已废止了

---

① 这一草案在1930年10月19日成为了正式法律。下文将列举出与1927年洛克法典相对应的新刑法规定。虽然有一些修正,但是也是大同小异的,至少在要点方面没有改变。

② 1927年洛克法典的德译本是这样翻译的。因为避开了"自由"这一词汇,也就是避开了关于自由意思论之争。这是应明确注意的一点。实证学派特意列举出了这一点。顺带一提,意大利的现行刑法第46条提出了"行为自由",并有责任能力的规定。

死刑。结果不仅没有值得令人担忧的情况,杀人罪的数量也在逐渐减少。③
然而,法西斯政府最近复活了死刑。④ 于是。1927 年洛克法典中,除存在政
393 治上的理由,也承认判特别重大杀人案件死刑。⑤

第二点是关于损害赔偿的规定。关于犯罪的被害人获得赔偿的实际方
法,正是实证学派一直以来的问题。⑥ 1921 年菲利法案对于这一点有着若
干规定,作为刑法法典的形式,显示了特别的创意。⑦ 1927 年洛克法案在这
394 一点上追随了 1921 年菲利法案的形式。⑧

这样一来,1927 年洛克法典是尝试调和传统的东西和新思想要求的法
典。我从其内容中至少可以看出折衷的态度。

九　保安处分的规定

可以将保安处分分为三个问题进行考虑。第一是关于普通犯人的保安
处分;第二是特殊犯人的保安处分;第三是保安处分的内容。

395   第一,关于普通犯人的保安处分问题,必须将其区分成两件事项。

其一是关于潜在犯罪和教唆未遂的保安处分。在犯罪的概念构成上,
潜在犯罪不允许采用主观看法。⑨ 另外必须要说教唆的从属性观念是不合

---

③　在此参考了大塚学士所著《杀人及自杀的一个世纪》(志林第 31 卷第 7 号第 744 页以下,
特别是第 747 页)。

④　在此参考了大塚学士《意大利的死刑复活法和镇压罢工法》(志林第 30 卷第 8 号)。

⑤　关于内乱罪,请参考第 246 条、第 247 条(《新刑法》第 241 条、第 242 条,关于国王、王后、太
子、摄政者或者政府首长的罪,请参考第 281 条、第 284 条(《新刑法》第 276 条、第 280 条),关于外
国的首长的犯罪请参考第 297 条(《新刑法》第 195 条)。以上是存在政治上的理由的死刑规定。在
其他场合,只在特殊杀人罪时被定为死刑。其一,关于多数杀人,请参照第 418 条(《新刑法》第 422
条);其二,关于有特殊加重案情的杀人,请参照第 576 条(《新刑法》第 576 条)。菲利教授指出,
1927 年洛克法典中重刑的规定少,特别是关于死刑的规定是革命时期的刑法特色。

⑥　拙作《刑事学的新思潮与新刑法》增订版第 249 页以下。

⑦　在此参考了 1921 年菲利法案第 90 条以下,其理由书第 126 页以下。

⑧　1927 年洛克法典第 187 条以下,《新刑法》第 185 条以下。

⑨　所谓的迷信犯不应该用潜在犯罪的理论而应该用犯罪意图的理论来解释说明。

道理的。但是,在这一点上 1927 年法案采用了传统的客观主义。而且同时规定,对潜在犯罪与教唆未遂科以保安处分。[10]

此外,我想在此提出 1927 年法案中的一种特殊规定。草案中规定,关于幻觉犯,即,行为人将自己并未构成犯罪的事实行为信以为是构成犯罪的行为时,可以对其科以保安处分。[11]

396

第二是对普通犯人,并且有特殊人格的犯人的保安处分。这不仅规定应对惯犯、职业性犯人、本能性犯人加重刑罚,而且还应科以保安处分。[12]

在以上的两点中,不得不说刑罚与保安处分微妙地重复了。如果由于允许这种重复,传统思想就能赞同刑罚改正的话,那么我们也应该允许这种妥协。可以让这没用的重复,事实的繁琐性,在下一个时代自动简单化地进行自我整理。

作为第二个问题,必须考虑对特殊犯人的保安处分。特殊犯人即,未成年人与身心残疾人。虽然对他们不能进行有罪的宣告,但是可以科以保安处分。首先,根据可以被减刑的低能者所犯的罪行的轻重,不能将其在 6 个月、1 年或者 5 年内收容到监护所。接着,应该将被宣告为无罪的痴呆患者[13]收容到司法精神病院中去。[14] 另外,关于未成年人,未满 14 岁者虽然无责任但是应该将其收容到司法感化院并加以监视;已满 14 岁未满 18 岁者,在论及有无责任能力问题肯定了其能力时,虽然可以减刑但是仍然要在某

397

---

⑩ 关于潜在犯罪,1927 年法案第 52 条第 2 项第 5 项(《新刑法》第 49 条第 2、4 项);教唆犯罪,法国 1927 年法案第 113 条第 2、3 项(《新刑法》第 115 条第 2、3 项)。另外,1927 年法案第 113 条第 2 项(《新刑法》第 115 条第 2 项)规定,应该对犯罪共谋的事实科以保安处分。拙著《刑法重点的变迁》(第 6 页以下)中也提到了这项事实。

⑪ 1927 年法案第 52 条第 4 项(《新刑法》第 49 条第 1、4 项)。

⑫ 1927 年法案第 106 条(《新刑法》第 109 条)。

⑬ 低能者与痴呆患者的名称是沿用日本刑法中的用词。虽然 1927 年法案的用词与此不同,但是都规定了差别对待与对低能者的减刑问题。第 84、85 条(《新刑法》第 88、89 条)。

⑭ 1927 年法案第 220 条、第 223 条(《新刑法》第 219、222 条)。另外,有将经常醉酒者收容到监护所的规定(第 222 条,《新刑法》第 221 条)。顺便提一下,草案规定,非偶然事件亦非由不可抗力引起的醉酒,不能减刑(第 88 条,《新刑法》第 92 条);由偶然事件或不可抗力引起的醉酒,并且醉酒者完全没有责任时,判为无罪;有可以减刑的原由时应予以减刑(第 87 条,《新刑法》第 91 条)。

一天同样收容到司法感化院并加以监视。规定认为,即使其犯罪情节严重,也不能将其收容到感化院 5 年。[⑮]

398 既然允许对无责任能力人科以保安处分,那么可以将关于责任能力概念的议论归结为内容空虚的术语之争了。至少,这不是关于实质性事物的争论,只不过是一种感情之争。[⑯] 另外,对限定责任人减刑的另一方面,还要科以保安处分的话,那么我们不免痛切感到此处的减刑不过是毫无意义

399 的事情。但是,毕竟社会防卫就是如此实现的。[⑰]

因此,第三要考虑 1927 年法案关于保安处分的内容。[⑱]

把保安处分分为两部分。第一是对人的保安处分,第二是对财产的保

400 安处分。将对人的保安处分分为拘禁性保安处分与非拘禁性保安处分。

拘禁性保安处分是收容到农园惩治所或劳动所。这是对习惯性、职业性、本能性犯人的处分。第二是收容到监护所(直译为治疗监护所)。这是对低能者的处分。第三是收容到司法精神病院。这是对精神病患者的处分。第四是收容到司法感化院。这是对未成年人犯罪的处分。[⑲]

非拘禁性处分,第一是监视;第二是禁止在一个或数个村镇或者州县中

401 居住;第三是禁止出入饭店或者公开贩卖酒精饮料的店铺;第四是关闭其营业厅;第五是将受此处分的外国人驱逐出国。

---

⑮　关于责任年龄问题,第 93 条、第 94 条(《新刑法》第 97、98 条);保安处分,第 226 条、第 227 条(《新刑法》第 224、225 条)。另外,有关于未成年人的习惯性、职业性、本能性犯罪的规定。第 228 条(《新刑法》第 226 条)。

⑯　这种感情论虽然最终是一场争论,但是我认为这也不过就是一场感情论。

⑰　众所周知,这样发现妥协点并不是 1927 年法案的创意。以菲利观点来言,他在解释说明所谓的刑罚代用制度时就已经明确了这一点。从草案看来,斯托斯的 1893 年的瑞士草案最先明确了这一点,德国、澳大利亚的诸案也已经明确了这一点。

⑱　关于保安处分,必须要参照瑞士、德国、澳大利亚诸国的草案的同时,还必须考虑关于刑法统一的 1928 年罗马会议的决议。关于罗马会议,请参照大塚学士《关于刑法统一的罗马会议》(志林第 30 卷第 12 号第 1492 页以下)。另外,关于临时法制审议会的刑法改正纲领,拙著《刑法重点的变迁》第 260 页以下。

⑲　没有对无节制或劳动厌恶者的特殊规定。这也包含对惯犯的处分。规定酒精中毒者与低能者一样会收容到监护所里。没有关于将酒精中毒者收容到饮酒者治疗所的特别规定。

作为财产性保安处分有两项规定。第一是善行保证；第二是特别没收。[20] 善行保证即寄存 1000 至 20,000 列弗（货币名称），来保证善行。特别没收是没收与犯罪相关的特殊物件。[21]

十 保安处分的原则

关于保安处分，我们有两个必须要注意的问题。第一，保安处分是以行为人的社会危险性为基础的，第二，从逻辑推导出的结果来讲，保安处分是具有不定期性的。

在草案中，与保安处分相关的部分采用了法定主义。[22] 但是，如果认为"有一定可能实施被法律预定为犯罪的新行为的行为人，即社会危险者"，那么对这些"社会危险者"，保安处分就成为了最合适的处理方法。[23] 从结果而言，一方面，将不再按照比例适用新旧法律，而保安处分时"根据执行当时适用的法律"将成为惯例。[24] 另一方面，裁判所不但能在宣读有罪或无罪的判决之后再附加保安处分，还能在刑罚和保安处分同时宣告的情况下，根据在刑罚执行中所查明的社会危险性的情况，将已宣判的非拘禁处分进一步改为拘禁处分，更能在保安处分的执行过程中，根据新确认的危险性，替换正在执行的处分内容。[25] 可以认为，裁判确定的确定性在此处是被无视的。

关于不定期性，草案是这样规定的，"因在保安处分所管理下的个人的

㉑ 1927 年法案将一般没收规定为一种刑罚，有没收全部财产和没收全部收入两种类型。（新刑法并未采用这项规定）。

㉑ 日本刑法以及其他一般刑法都将没收当做一种刑罚。但是，总之这种没收是特别没收，所以在性质上应该将其看作是保安处分。

㉒ 1927 年法案第 200 条（《新刑法》第 199 条）。

㉓ 1927 年法案第 203 条第 204 条（《新刑法》第 202、203 条）。

㉔ 1927 年法案第 201 条（《新刑法》第 200 条）。

㉕ 1927 年法案第 205 条第 211 条（《新刑法》第 205、209 条）。

危险性为持续状态,故适用不定期性。"㉖一方面,如上文所述,在不定期性之外,设置了最短期规定,在法律层面上限制了受处分者不正当的从处分中过早解放;另一方面,规定了对于危险性的再调查,裁判所事先设置一个期间,当受处分人经过这个期间时,就必须对其进行危险性的再调查。㉗ 当然在其他情况下,无论何时,只要认为危险性已经消失,就要进行再调查。像这样,当然可以认为是在不定期性中加入了对于人权保障的考量。不过,法律还有规定,在这种撤销保安处分的情况下,之后若是出现了危险性还未消
404 失的不可否认的事由,就要再一次处以保安处分。㉘

关于保安处分和刑罚的竞合,是采用了优先刑罚的主义。㉙ 学界在此点上也有争议。瑞士和德国的草案的差异在此更不用多说。㉚ 无论如何,草案在这一点上是对道德责任论做了让步。

那么,虽说意大利学界对于 1927 年法案自是多有争论,毁誉参半,㉛但其中尤为突出的,是学者针对关于保安处分和人权保障的关系,提出需要重视的批评。保安处分虽然在形式上和刑罚并不相同,但就实质而言,两者之
405 间不过是分量上的差别,并没有什么实质差异。正因如此,一方面保安处分也要符合法定主义要求,另一方面,保安处分也只能由裁判所进行宣判。㉜以及,虽说草案因为在保安处分中吸纳了社会危险性及不定期主义,所以被

㉖   1927 年法案第 206 条第 1 项(《新刑法》第 207 条第 1 项)。

㉗   1927 年法案第 206 条第 4 项(《新刑法》第 208 条)。

㉘   1927 年法案第 207 条第 2 项(《新刑法》中并没有与之相对应的规定)。

㉙   1927 年法案第 221 条(新刑法第 220 条)。

㉚   拙著《刑法重点的变迁》第 267 页以下。

㉛   关于意大利学界对于 1927 年法案的争议,在丹尼尔(Daniel)的《意大利刑法草案评析》(《刑法学》1929 年,第 49 卷,第 498 页以下)中有详细记载。意大利学者们,极少数个别除外,对于瑞士、德国、奥地利的诸草案中对于保安处分都有所规定,以及这些国家内部对于保安处分也多有争论这些事似乎一无所知。所以,他们认为 1927 年法案是拉丁民族天才的发明,并以保安处分的相关规定为傲。在我所认为的"极少数个别"中包括菲利以及与其同属一派的弗洛里亚和格力斯皮尼。菲利在主张自己的刑法代用制度论是保安处分的先驱并给予其启发的同时,也公平地指出保安处分也有引用斯托斯 1983 年的瑞士草案以及德国、奥地利的学说及草案(参照丹尼尔前揭,第505 页以下)。

㉜   虽然 1927 年案将保安处分描述为"有关保安的行政处分",但实际上其应该是司法性质的(新刑法也是如此叙述的)。

视为采用了实证派的主张是值得关注的,但是关于其整体而具体的法律法规是否将实证派的主观主义用法律形式表现出来,还是存在着若干疑虑的。③

　　我想举出,实证派的学者反而就这一点对草案有所批评这一事实。④学者认为第 204 条(《新刑法》第 203 条)所述的,仅仅是"有一定可能实施被法律预定为犯罪的新行为"未免太过空洞。一方面,像这样仅仅在"可能"上讨论危险性的话,不仅容易错失必要条件,更会对何人将来不会成为犯罪人妄加断言。不仅如此,因为保安处分所具有的不定期性,最长刑期没有限制但最短刑期却有严格的规定。这样的话,不仅会让人质疑其与刑罚的实质差异,在对行为确定宣判有罪或无罪的情况下,也无法确认要何时才能对危险性进行确定并宣判。从这些角度来看,对于这一点我们必须要深思熟虑。

　　不过,毕竟对于社会危险性的确认需要实证科学的鉴定,所以今后在很多情况下,不得不仰仗于这一方面的研究。于今日而言,实证科学的鉴定果然也是作为基础不可取代的。但是,话说回来,就此事的现状来看,完全依靠鉴定人的鉴定说到底,还是意味着将这一任务完全交付给了裁判所的自由认定,从法定主义的角度来看,还是多少有些欠缺考量的。也就是说,既然保安处分需采用法定主义,就应该在此处多少吸纳这一精神,对于作为危险性表现的行为上的要件,难道不是也应该予以规定吗?草案中对于社会危险性的确认,本来就需要犯罪行为的成立作为必要因素。但是,举个极端的例子来讲,假设仅仅在袭警罪这一基础上,行为人如果被认为有社会危险性,就会被科以相当于无期徒刑的保安处分,像这样来看,果然还是希望在

———————

　　③　虽说还残留着这样的问题,但似乎意大利的一般学者对于 1927 年法案有关保安处分的规定已经很是满意,对此我感到不可思议。那些固执地以报应刑论及道德责任论为基础的法律主义的论者,在与保安主义相关时,竟然满足于将其冠以处分之名,并且不在意将其法律关系以法律形式表现出来,可以认为是违背了他们一贯的态度。

　　④　这是指格力斯皮尼的批评。格力斯皮尼对此的评论记述于:格力斯皮尼(Grispigni):"关于刑法典草案的评论",《刑事实证学派》(1928 年),第 38 页及以下,参照丹尼尔前揭第 506 页。

法律要件上能对此多少有所规定。㉟ 目前,对于认定惯犯及以犯罪为业的人员来讲,某种程度上规定了其法律要件。㊱ 但是,在认定社会危险性这一问题上,仍存在着许多法律所无法起作用的地方。因此,在这一点的调节上,除了对于危险性的确认这一法律控制的措施之外,对那些已经确认危险性的人员,在处以保安处分之后,也许应该以某种形式融合实证科学及大众常识等要素,对保安处分的执行进行监督和调节吧。说到行刑的话,就要讲到刑务委员会。保安处分也必需要有这样一个机关,在保证保安处分准确
409 执行的同时实现对人权的保障。

十一　犯人分类的基础

1927 年法案特色在于犯罪人分类。

立足于客观主义的以往的刑法将犯罪分类当作要点。此学派在通过犯罪产生刑罚上的法律关系事由行为这一点上,秉持民法商法里的法律行为乃至不法行为的观念,一律采取刑法的思考方式。在刑法上,尽可能地排斥裁判官或者行刑当局者的自由裁量,如同商品价值因买方而异一样,刑罚也
410 依据犯人具体情况选择不同种类和分量。㊲

各国草案认可惯犯一说。在累犯加重的规定里,再没有像日本刑法一样设置如此大胆规定的了。但即使在日本刑法里,裁判所对刑法的运用也必定不能像我们所期待的那样与累犯加重的规定精神相契合。换言之,对

㉟　日本《少年法》第 4 条仅仅只是表述为"有可能触犯刑事法令的少年"。可能在少年法的范围内尚未体现其弊端,但在像是社会危险性这种普遍的命题下,我们就必须慎重考虑。对于《刑法》第 186 条所规定的赌博罪的适用问题,裁判所对此的认定似乎在社会上也多少引发了争论,虽然这与保安处分并不直接相关,但此处也可以予以援引。

㊱　对于犯罪的习惯性以及职业性的认定,需要在构成累犯的要件上再稍微增加一些条件。意大利的草案也是如此。

㊲　我们不能忘记在实证学派所在的意大利,现在仍有持这种观点的学者。不能忘记在民事范围内,依据于诚实信用原则的裁判上的个别主义正在逐渐受到重视。

于惯犯，为了保证社会防卫，裁判所虽说应该必须采取强硬措施，㊳实际上却绝不会摆明十分强势的态度。因此，对于累犯中的惯犯有必要另作规定。411那么，将累犯中的惯犯特别区别出来并设置规定这一做法将依据犯人人格采取刑罚的个别主义司法化、行政化进而立法化，此乃由新思潮带来的必要演变，也应当被看作是一种进步。㊴

在惯犯以外值得特别注意的是患有精神病的犯罪人。在审视此类罪犯时，正因为犯罪，所以将其视为精神障碍者是实证学派的立场。然而，试想，即使不作如是论述，随着实证科学的发展，犯罪人中的精神障碍者也能够明确地得到证明，这状况会日渐增加。对于这些人，刑法一贯地是无意义的，412尤其是对心智不全的犯罪人减轻刑罚的刑的无意义就更不用多说。像这样区别对待患有精神障碍的罪犯的做法在依据人格实施的刑法个别化的立法化里也是必然趋势。㊵

那么，在这里成为问题的是该不该承认矫正不能者也是罪犯的一类。我等从实际出发必须承认存在矫正不能者。然而，这难道不算是我们在行刑上的努力不足吗？我并非怀疑行刑当局者的诚意。但是，一方面，关于行刑，我们的思想有不足之处，另一方面，关于行刑的实证科学的运用也尚显不足，讲到科学的应用，还必须坐待科学今后的发展，因而，现阶段关于行刑的思想势必存在必须更正之处。一边用刑来威慑、来报应，一边却存在因为413相关刑的规定所以矫正不能的罪犯，这难道不算自相矛盾吗？我想将矫正不能一语从刑法里剔除出去。㊶如果在惯犯以外必须再定义一种罪犯类型的话，说成矫正特别困难的犯人即可。

那么，假如作出存在矫正不能的罪犯这样一个假设，这些又具备怎样的生理及心理特征呢？应当考虑龙勃罗梭的天生犯罪人理论。他的这种理论

㊳　强硬并不意味着残酷，也不能理解成残酷。我担心从事司法工作的人们对此抱有误解。另参照拙著《刑法重点的变迁》第 227 页。

㊴　关于惯犯的各国相关草案状况，有拙著《刑法重点的变迁》第 46 页以下、第 221 页以下、第 272 页以下。盗犯防止法作出了一些新规定。

㊵　参照拙著《刑法重点的变迁》第 34 页以下、第 256 页以下。

㊶　拙著《刑法重点的变迁》第 63 页以下，关于这一点已经作出论述。

遭受了强烈的反对。我也相信,他所举出的天生犯罪人的生理特征的例子一定遭到了学界的相应反对。自然科学的最新进展为修正龙勃罗梭的自然科学见解提供了丰富的资料支持,不仅如此,这种见解还具备了向心理学领域突进的性质。然而,关于这一点我没有资格深入论述。只是依据龙勃罗梭,不单龙勃罗梭还有以菲利教授为代表的实证学派的观点,即便是天生犯罪人,若对应得当也可防止犯罪产生。随着社会设施发展如此说来刑也算是社会设施的一种被称作天生犯罪人的这类人也能够被社会设施所包容,过上社会人的生活。

李斯特教授反对龙勃罗梭的天生犯罪人理论,强调犯罪的社会性原因并主张存在矫正不能的罪犯。明确犯罪的社会原因自然是菲利教授的功绩,却也不得不提李斯特教授的宝贵研究。因此,要说矫正不能主义单单只存在于社会学的主张里怕是多少要让人存疑。不管怎样,若矫正不能的原因存在于社会,那么首先要通过社会改良来排除这种原因,如此,在这种情况下,若是不能认同那些矫正不能之人的生理和心理异常,对于他们就必然或多或少施加刑罚并采取社会防卫措施。但,对此暂不作议论。如此,无视矫正不能者的生理以及心理异常再来考虑其犯罪的社会原因的话,在这点上菲利教授论述了刑罚代用制度。如此看来,菲利教授的刑罚代用制度不外乎是李斯特教授的刑事政策。李斯特教授在强调刑事制度时,认为所谓矫正不能者理论不过是由现阶段实际情况作出的提议,特地明确表示了排斥基于报应刑论的短期自由刑之意。

那么,从这种见解来看,关于 1927 年法案我们必须注意的是所谓本能犯人。一方面,即使从社会学角度来理解所谓的矫正不能者之所以矫正不能的原因,在对待矫正不能的犯人时,大概也不会认可他们的生理异常吧。实际上,我们认为必须承认这一点,并对其科以刑罚,通过特殊的教育手段来实现社会防卫。我认为,草案也只能立足于龙勃罗梭的天生犯人论,本能犯人的概念实属该范畴。

我并非不知不喜龙勃罗梭主张的一派学者们秉持本能犯人的观念,却不理会龙勃罗梭的天生犯罪人观念一事。因此,草案并未认可龙勃罗梭在其著作里指示的生理特征,更不可能将之表现在法规里,也规避了天生犯人的说法。[42] 然而,其思想基础本身不是由犯罪人类学建立起来的又是什么呢?[43]

417

那么,这里问题在于这种本能犯人该如何处分。草案第 104 条(《新刑法》第 108 条)阐释了本能犯人的定义及要件,并定下了如何处分。"即便犯人并非累犯,或惯犯,或职业性犯人,犯下非过失性罪,依据罪行本身或是将其与第 134 条第 3 项的规定内容[44]相结合认定该犯对于犯罪具有本能倾向之时,就将其当作本能犯人(第 1 项)。所犯罪行应该处以 15 年以上徒刑时,将之以无期徒刑论处。此外,对于累犯终止刑的加重,转而处以两倍刑罚(第 2 项)。"

418

一方面,草案对于心智有问题的犯人减轻刑罚——这是草案中道义责任论的必然结论在这里,如上所述,对于本能犯人,规定加重刑罚。这到底是否算得上合情合理呢?[45] 这是最大的难点。第二,认可这样的本能犯罪性一事在单个犯罪行为的情况下也被允许。认可累犯,认可惯常性职业性乃至法律的要点正在变得不是那么重要。然而,他们所承受的刑事责任却相对加重。到底人权能否得到保障呢?

419

学者们批判草案中这种明显可见的矛盾,认为一方面这种刑罚过重,另

---

[42]　丹尼尔认为,虽呼吁"龙勃罗梭的天生犯人论在立法上得到了认可",却并未有巨大反响(参照丹尼尔前揭第 503 页)。意大利的大裁判所发表了对于 1927 年法案的意见,并将本能犯人的规定从草案中去除。从天主教的立场来看宗教学家持反对意见。斯特帕特一派的旧派学者自然是反对。但可以确定米兰的天主教大学总长杰迈里与天生犯罪人一说无关。此外参照别的相关学说参照丹尼尔前揭第 504—505 页。

[43]　然而,医师一方也能够认可天生犯罪人的说法,达尼尔作出了同样的指示。卡拉拉明确了这一点,犯罪非源于外部的刺激而是源自内部即本能。生理特征的内容暂时另作考虑。

[44]　1921 年法案第 134 第 3 项(《新刑法》第 133 条第 2 项)规定,裁判所在进行刑的量定时,除了其罪行的轻重之外,还应该酌情考虑以下几点:第一,犯罪的动机;第二,犯人的性格以及人格;第三,此前受过的刑罚以及审判,犯罪前犯人的日常行为和生活;第四,犯罪当时以及之后的行为;第五,犯人的个人以及社会情况。

[45]　这一派的学者主张从责任能力者的角度来看,也存在这种本能犯罪人。丹尼尔对此作出评价,认为这是无视近来犯罪生物学里的自然科学的因果性考察之下的产物。具备健全人格的人不会本能地持有反社会的继续倾向(参照丹尼尔前揭第 505 页)。

一方面又过轻。对于草案所谓的这种无责任能力人加倍刑罚的做法从草案的立场来看是严重不公平的,而且,由于这种加倍刑罚的缘故,再想要抑制内心本能的心理变化就不可能了。即使再科以保安处分,也不可能扼杀本能。[46] 总之,对于这些人,还是要处以与之相符的社会防卫举措方为恰当。虽说保安处分不能扼杀这种本能,但将这些人恰当地人道地隔离于社会还是可以办到的。因此,或许应该从一开始就将他们交付给保安处分吧。这样看来,应当逐渐消除保安处分与刑的无用的境界。

从日本刑法改正的立场出发,我无意主张认同这种本能的犯人。即使本能的犯罪人这个概念在生物学上有相当的依据,更有相当多的反对意见,而且尚不算一般常识被大家普遍理解,因此,还是应当保留到多年后的刑法改正时期。但我还是认为,在眼下我国正着手的刑法改正进程中,应该认可惯犯和职业犯人,推进依据于罪犯分类的刑罚个别化的立法化。如此,关于本能犯人的问题我认为这可同上述的惯犯及职业犯人一样进行论述。

十二 犯人分类的内容

在这里,我对犯人分类有关草案规定的主旨做如下说明。

第一,精神障碍者。这相当于日本刑法中的心神丧失者以及心神消耗者,但也包括习惯性酗酒者。依据第 19 条(《新刑法》第 94 条)规定:"若犯人习惯性酗酒状态下进行犯罪,会加重量刑(第一项)。在刑事法规中,将时常引用酒精饮料以及时常处于酗酒状态者定为习惯性酗酒者(第二项)。第一项当中的加重量刑规定同样适用于时常使用麻醉物质并在其影响下进行犯罪者(第三项)"。但是,第 91 条(《新刑法》第 95 条)进一步规定:"在酒精以及麻醉物质导致的慢性中毒状态下进行的犯罪适用于第 84 条以及第 85

---

[46] 然而卡拉拉作为生物学家,欣喜于能够认可本能犯人这个概念,认为即使草案的规定尚不完善,若能获得法律认可,将逐渐实现法律规定的一般化和完善。

条"。第 84 条(《新刑法》第 88 条)做出了对心神丧失者相关的规定,而第 85 条(《新刑法》第 89 条)则做出了对心神耗弱者的相关规定。除此之外,在第 92 条(《新刑法》第 96 条)中则有对聋哑人的相关规定。依据犯罪者犯罪能力的强弱会对犯罪者进行减刑或者免刑。依据第 220 条(《新刑法》第 219 条),会对以上提到的各种犯罪者进行投入监护收容所的保安处分。

第二,惯犯以及职业犯人。在第 95 条(《新刑法》第 99 条)中,规定了对累犯者加重 1/2 的刑罚,对特殊的累犯者加重 2/3,而在第 98 条(《新刑法》第 102 条)中写有对惯犯的具体规定。其内容为"在 10 年内三次因非过失原因犯下相互独立的同种罪时,会被处以 5 年以上有期徒刑,因此被判有罪者被认定是惯犯(第一项)。在前文所说的 10 年时间也包括接受拘禁刑以及拘禁保安处分的时间"。除上文之外还需注意的是,裁判所是会认定某些 423 犯罪为习惯犯罪的。第 99 条(《新刑法》第 103 条)规定:"除前一条所规定的情况之外,犯人因非过失原因犯下二次刑并且因此被认定为有罪时,依据犯罪的种类、犯人的日常行为,以及犯人的生活状态连同第 143 条第 2 项所记载的情况,若认定犯人犯罪,则宣告其犯罪的习惯性"。另外,第 100 条(《新刑法》第 104 条)还对违警罪相关的习惯性做出了规定。

除了惯犯之外也有职业犯人的相关规定。第 110 条(《新刑法》第 105 条)规定:"若具备被判为惯犯条件的犯人再次被判决有罪,则根据犯罪的性质以及犯人的日常行为和生活状态连同第 134 条第 2 项(《新刑法》第 133 条)所记载的情况,一旦犯人被认定平常或多或少得因犯罪而得利,则宣告其为职业犯人或职业性违警犯人"。
424

对于上述的惯犯以及职业犯人,除了将其作为累犯并加重刑罚之外,还要对其进行保安处分(第 106 条,《新刑法》第 109 条)。所谓保安处分就是将犯人送到农园惩治所或劳动所(第 217 条,《新刑法》第 216 条)。惯犯和职业犯人在待遇上的差别在于,前者保安处分的最短期限为 3 年,而后者为 4 年(第 218 条,《新刑法》第 217 条)。

第三,本能犯人。在前文我已经提到过第 104 条(新刑法第 108 条)中本能犯人的定义。对于本能犯人也是采取保安处分的(第 106 条最后一项,

《新刑法》第 109 条）。对于本能犯人的保安处分也是将其送到农业惩治所或劳动所（第 217 条，《新刑法》第 216 条）。本能犯人保安处分最短期为5 年（第 218 条，《新刑法》第 217 条）。

第四，少年犯。少年犯人会被送到司法感化院（第 225 条以下，《新刑法》第 224 条以下）。

十三　菲利教授的批评

425　　在此，我想看一下菲利教授是怎样批判 1927 年洛克法典的。[47]

菲利教授首先指出，1927 年洛克法典是由三个历史因缘确立的。其一，意大利的刑法学说和立法有着罗马法以来的传统，即使到了近代以后，一方面有以切萨雷·贝卡利亚（Cesare Beccaria）为代表的旧派思想，另一方面也有以切萨雷·龙勃罗梭（Cesare Lombroso）为代表的实证学派的思想。他们二人一位完善了犯罪的法律的研究，另一位是罪犯的人类学、社会学研究的集大成者。这在 1927 年洛克法典中结合在了一起。一方面，关于犯罪依据于旧派的思想，另一方面，在罪犯这方面采取了实证学派的主张。其二，1893 年斯托斯的《瑞士刑法预备草案》之后，被世间广为认可，而这也是立法的趋势。这是在刑之外承认保安处分，就是最近在 1926 年国际刑法
426　会议上决定的部分。至于在刑之外承认保安处分，必须说李斯特、普林斯和哈迈鲁共同组织发起国际刑法学会的宣传起了很大作用。于是应举出的第三点是，1927 年洛克法典是法西斯革命的结果。政治革命一结束后完成的刑法是一种特色刑法。在 1810 年拿破仑刑法典中也可以看出。1927 年洛克法典也是将刑罚整体加重后复活了死刑。

1927 年洛克法典中可以列举出四点。

---

⑰　批评是在 1928 年的秋天开讲词中提出的。它有法语翻译（菲利《意大利新刑法典草案》，《国际刑法学杂志》，1928 年，第 4 期，第 400 页及以下）。

第一,1927 年洛克法典着力于社会治安这一点。一方面,对国家方面的犯罪、公共道德上的犯罪、国民经济上的犯罪规定了重刑;另一方面,对精神病患者、本能的犯罪倾向者、酒精中毒者也设有强硬的规定。精神病患者是没有刑事责任能力的,所以被排除在刑罚之外这一说法最初是没有的。除旧派主张的个人权利外,实证学派主张的社会权利也被认可了。实证学派从一开始就主张个人权利和社会权利二者的平衡。所以,为完善这一平衡,提出了保安处分。 427

第二,1927 年洛克法典遵从传统的原则,将重点放在刑罚的威慑作用上。想来,可以从刑法关系的角度将世间众人分成三类。第一类是即使没有刑罚也不会犯罪的人,第二类是惧于刑法而犹豫要不要犯罪的人,第三类是不管刑法有着怎样的威慑力都会犯法的人。这样一来,虽然刑法的立法和司法的威慑力是不应否定它的,但是依据实证的研究可以明显看出,这威吓力要比人们一直认为的弱[48]。 428

第三,因为刑罚之外有了保安处分的规定,保安处分不仅适用于无刑事责任能力的罪犯,也适用于有刑事责任能力者,即惯犯和本能犯人。

第四,在保安处分的规定上,1927 年洛克法典有比其他国家更详细并且更有组织性的规定,因此意大利的立法是实证学派主张的进步。

以上的四点特色中,有三点与实证学派的主张一致。其中一点为了维持传统立场采取了道德责任和威慑刑的原则,虽然与实证学派的主张不一致,因为立法者不可能像学者一样率直,就必须考虑到社会的感情和社会的种种因素。

1927 年洛克法典明确了犯罪之外罪犯的人格,打开了犯罪人类学和犯罪心理学研究的新世界的大门。现在刑法的应用是不会将研究的重点放在

---

[48]　1927 年洛克法典反动的思想是对关于风俗、国教,当然还有侵害国家的犯罪定以重刑,这被称为是法西斯的刑法。关于它,我必须提出自己的两点想法:第一,日本刑法改正中重视淳朴的风俗习惯的主张是否就是所谓的滥用威慑主义。第二,立法性威慑不能妨碍司法上刑罚个别主义的适用。司法上的威慑作用还有多少能合理发挥的吗? 在这层意义上,"合理的"必须止步于威慑作用是刑法的副作用。

429　这里的。然而,今后实证科学的前提条件将会在审判中被广泛引用和参考吧。[49]

　　菲利教授曾认为,一方面,1927 年洛克法典编别法并不完善,有关刑事责任能力人的规定不明确。另一方面,1927 年洛克法典仿效 1921 年法案,
430　在未遂共犯的规定上显示出了进步。提出了承认免罪的制度,认为应将监狱中的劳动报酬一分为三,一部分上交国家,一部分赔偿给被害人,剩下的留给犯人自己,因罚款的收入想要设置金库,由法裁判所监督行刑,将被释放的犯人的保护作为国家的事务。可以明确看出,1927 年洛克法案在创新中很大程度包含着 1921 年菲利法案。

　　菲利教授认为,1878 年公布"责任归属论"时,自己的学说被认为是异端的、革命的,很难被世间所接受。然而,菲利教授静静地继续着自己的研究,逐渐完善理论,主要在年轻人之间是正在形成的,支持者日益增多。自己并没有着急或焦急等待,成功是自然而然地到来的。这样一来,菲利教授
431　最后在重要关头思考 1927 年洛克法典确立的历史因缘,从整体倾向来看,他总结并维持着意大利犯罪与刑罚学问和立法的第一。

---

　　[49]　日本的刑法之下,应必须广泛重视实证科学的前提条件。现行刑法将犯罪的规定简单化是使裁判官概念上工作减轻,因而必须解开命令实证科学调查的考虑。不幸的是,因为关于这一点,我们的期待还不能被完善,就有人责备认为,裁判所只是将简化了的犯罪规定单纯地理解为概念上的了。这样一来,最近对若干犯罪(例如盗窃、强盗之类),正在进行应认同旧刑法中繁琐区别(例如持凶器、两人以上,或夜间这样的区别)类的讨论。不幸的是,我无法赞成这种繁琐规定的复活。我虽然认为有持凶器、两人以上,或夜间这样的情况必须另作考虑,但是应当避免概念性去理解。大审院据《刑事诉讼法》第 412 条的应用,认为这一点应由司法的控制来完善。很不幸,在某种程度上,盗犯防止法因旧刑法中这样概念的规定复活了。

第四章 各国刑事政策的发展 与国际刑事学协会 40 年的回顾

十四 实证学派的法律构成

一言以蔽之,菲利教授有两项主张。第一是恶性论;第二是教育刑论。第一是从犯罪的角度看待唯一的事物社会防卫论;第二是从处置的方面来看的。

意大利在 1889 年,其旧刑法成立之际,就已经表明了菲利教授的学说。不,是菲利教授作为下院的议员参与刑法的制定时,对其进行了批评。但是,众所周知,当时菲利教授的学说并未在世人得到广泛认同。因此,尽管菲利教授反对尽管实际上是有力的反对,但是并未得到大部分人的支 432持——作为旧派学说的结晶,最典型的刑法成立了。

菲利教授当时在议会上明确认为,"议会没必要承认实证理论并将其作为真理的证明。究其原因,此新理论如果是谬论的话,那么无论支持者如何书写理论,都会像枯叶一样自动凋零飘散。但是,如果这是真理的话,那么凭借议会的力量无法阻止理论的发展"。[①] 我认为,可以说当时菲利教授的主张尚未成为学说。与其说菲利教授的任务是在议会反对立法事业,不如说是其在大学进行理论性地展开并发展其学说,首先是动摇青年的思想。其主张能对立法产生作用是因为,自那以后 30 余年,即于 1919 年组成了刑法改正委员会,1921 年成立了菲利案。 433

本来实证学派就必须要经历三段进化。第一是人类学主张的时代。即

---

① 实证学派的观点看来,议会上只有菲利一个人反对扎纳特利的刑法,认为其不充分(拉比诺维茨(Rabinowicz):"刑法的危机与未来",《刑法实证学派》(1928),第 11—12 期,第 491 页)。拉比诺维茨的此篇论文之后于 1929 年作为单行本在巴黎出版了。

使关于龙勃罗梭的人类学主张无论在当时还是现在都有许多异论,但是毋容置疑,该学说认为刑法的基点必须从犯罪转移到犯人身上的这一点,奠定了新理论的基础。但是,作为对犯罪以及刑罚的新见解的人类学主张的观点,免不了有些片面。因为补充、展开、发扬人类学主张,使其集大成为实证性观点的是社会学的主张,所以这正是书写了实证学派的第二期。可以说菲利教授的工作就是为了这个目的。但是,实证学派必须将这项主张以法

434 律的形式表现出来。菲利教授的门下有许多人早就意识到了这一点。② 但是,菲利教授在晚年渐渐完成了这件事。③ 正是因为实证学派完成了第三期的法律主张,所以现在才能指导 20 世纪的刑法改正。④

435 可以将实证学派的法律观点归纳为五点。第一,法律责任的原则;第二,刑事制裁的原则;第三,社会危险性的原则;第四,不定期制的原则;第五,教育刑的原则。1921 年菲利案在系统归纳这些要点的同时,也直接将其在规定上表现了出来。

但是,对执着于传统思想者而言,直接将其在规定上加以表述只能是无礼的反抗。虽说菲利教授通过 1921 年案将他的观点以法律的结构形式表述了出来,但是此案作为 20 世纪初期的法案,其形式并未完整地得以让世人普遍接受。

换言之,法律的构成必须有两个要素。第一,一定的主张能构成法律关系,即,其关系的主体刑法就是社会与犯人之间的社会职责的关系能够以法律的形式明确表现出来。这是因为秩序是法律关系的生命。但是第二,能

436 圆滑地代替传统观点的一定的主张,虽然是传统的形式,但是其内容必须要

---

② 已经多次明确,格力斯皮尼在这点上阐述了法律性、犯罪性的实证主义。多年来我将同样的主张作为日本刑法的解释论进行了讨论。

③ 1921 年菲利案是菲利最初的总结性的法律工作。此刑法的系统论述终于在 1928 年公开发表。

④ 沃纳(Warner)将第一简明刑法编和第二 1810 年的刑法典以及第三 1921 年菲利案作为欧洲的刑法三大书列举出来是十分恰当的。虽然并未想到 1921 年案先是在法国遭到排斥,然而不久各国都开始竞相模仿此案,但是我认为 20 世纪的刑法贯彻了菲利案的精神。最近,拉比诺维茨将实证学派的发展阐述为人类学阶段,社会学阶段和法律阶段,拉比诺维茨(Rabinowicz),前揭第 487 页。虽然其学说并不新颖,但是可以说只通过其命名就能清楚了解其事态。

能容纳新颖事物。关于刑法,在维持作为报应甚至是危害的刑的形式的同时,还必须要发挥其作为保护与教育的社会方法的作用。这是基于法律关系要以和平为要点。以和平的立法促进秩序的进步是法律的生命。

作为法律构成,菲利教授的 1921 年案的上述第一点意义关于细则尚有异论影响深远。但是,其直接性也导致了人们忘记了第二点的意义。[5]

可以说 1921 年案的上述第一点意义成为了将来刑法的范围。但是第二点意义正是将来的刑法。[6]

437

总而言之,1927 年案远远不及 1921 年案。但是无论如何,1921 年案被 1927 年案的出现所湮没了。

十五　比利时刑法的发展

因此,菲利教授的学说在意大利也没得到充分的认可。虽说意大利通过在 1889 年刑法废除死刑,给了世人一种新的思路,但是其刑事法制的整体上还是遵循其传统刑法,据我所知,在意大利,他的学说并没有在立法上得到任何承认。[7]

438

---

[5]　为了实现上述第二点意义中的法律构成,我站在实证学派的立场上,以主观主义的观点对现行刑法进行了解释(第一点意义当然也在其中)。我认为这样为解释论中的实证主义的作用而努力是我的特殊工作。

[6]　拉比诺维茨认为 1921 年案中彻底但是激进的表述是"已经构成了将来的刑法",拉比诺维茨,前揭第 491 页。无论是上述的第一点意义还是第二点意义都是如此。日本的刑法改正也必须要考虑到在实际立法上反复进行讨论。

[7]　虽说作为学者,无论是菲利还是龙勃罗梭都无疑是意大利的骄傲,但问题在于政府乃至国家是否给予他们足够的重视。加罗法洛之所以能一跃成为上院议员,并不是因为他的刑法学说为政府发挥了多么重大的作用,而是因为他出身巴伦家族,并担任检察长及上诉裁判所庭长。所以说虽然在确立了实证学派这一点上,他的确能与菲利和龙勃罗梭相比肩,但从政治性及社会性的角度来说,二者大有不同。墨索里尼在菲利在职 50 年的庆祝仪式上,才终于把菲利提拔为上院议员,虽说对菲利作为学者的立场没有影响,但这件事难道不应该说是向国内外反映出了其既往对于学术劳动的不重视吗? 就说最近,1925 年伦敦的国际刑务会议上,菲利教授也不是官方的代表者。但是他却以比在意大利代表官方的出席者更为杰出的地位和声望,在某种意义上成为了这个会议的代表。

菲利教授的学说尤其在瑞士造成了一定影响。通过斯托斯所编撰的
439 1893 年瑞士刑法草案,保安处分得到承认。也正是因为如此,实证学派的
主张得到了采纳。前文对于保安处分作为新旧两种思潮的妥协点,将会是
20 世纪刑事立法的特点这一点已有论述。在瑞士之后,各国的草案也均会
一一出台保安处分的相关规定。但是,目前保安处分也仅仅是在草案上得
到承认而已。⑧

可以说菲利教授的学说比起国内,倒不如说在海外得到了更大的反响。
为了让读者更能切身体会这一影响力,我想举比利时为例。菲利教授不但
在布鲁塞尔大学担任教授,⑨更是多次在当地进行演讲。从中可以看出在
440 比利时菲利教授拥有为数较多的知己,并格外受人敬爱。在这些知己中有
一位名叫勒·热纳的人格外看重菲利教授的学说。⑩ 于是通过勒·热纳的
举措,比利时在刑事政策上进行了许多值得关注的成功改革。我想从这个
441 意味出发,对比利时学者的言论做稍许记述。⑪

比利时被认为是"欧洲的实验地",它地处拉丁、日耳曼、盎格鲁-撒克逊
各个国家及文化之中,无论是地理上还是政治上都处在十字路口的位置,同
时,在文化上也会直接受到各国思潮的影响。至少从刑事政策角度看来,将
盎格鲁-撒克逊的实际设施和欧洲大陆的理论相调和,而得出的世界通用形
442 态的刑事政策,最先就是在比利时接受的一定试炼。

---

⑧　1930 年的意大利刑法,正可谓是在保安处分这一领域的世界先驱。

⑨　在菲利的著作中常能看到,在作者介绍中写到他不但是罗马大学的教授,也是布鲁塞尔大
学的教授,如果我的分析没有错的话,菲利教授因为政治言论从比萨大学被辞退之后,在 1895 年前
后,暂时在布鲁塞尔大学任职。上述对此也有所记载。

⑩　朱尔斯·勒·热纳(Jules Le Jeune,1828—1911)既是一名律师,也是司法大臣。他在 1887
年至 1894 年担任司法大臣的期间,对比利时法制中的刑事政策的发展做出了极大的贡献。同时,
他也是一名坚定的旧教徒。我想通过举出菲利教授让实证学派的主张得到了像勒·热纳这样的人
的支持和赞成这个例子,不断说明实证学派虽然因为其名称而被顽固派怀疑是肤浅的学说,而事实
上却并非如此这般主旨。

⑪　为了菲利在职 50 周年庆祝仪式,卡尔东·德·怀尔特还特意为了庆贺写作了一篇《恩里
科·菲利和朱尔斯·勒·热纳二者对比利时刑法改革的影响》。卡尔东不仅有过做司法大臣和总
理的经历,更是国际刑法协会的会长,此处我自不必多说。这篇论文还被《刑法学和犯罪学杂志》
(1929 年),第 2 期所收录。卡尔东写了这篇文章,相当于说比利时官方承认了菲利的影响力。

除了那些历史悠久的监狱之外,布鲁塞尔及梅尔克斯普拉斯的监狱在各种意味下都是世界的模范。以及,最近开设的人类学研究所更是吸引了全世界学者和实践家的目光。人类学研究所主要是通过在人类学和心理学考察犯人,依此对他们进行分类,分别决定他们的劳动内容以及教育方针。只是从这样眼前的例子中就能理解,比利时在刑事设施方面可以说是欧洲大陆上久有声望的先进国家。因为 1867 年比利时的刑法基本上参照了拿破仑刑法,所以无论从形式上,还是内容上,都不过是普通的 19 世纪初的法律而已。但是,比利时比其他欧洲各国领先一步,创立了各种刑事政策性设施,并通过颁布单行法对刑法进行部分修正以及增加刑法的例外法。

在比利时的这些改良运动中,处于指导地位的是勒·热纳。[12] 根据学者们的说法,虽然菲利教授与勒·热纳持有不同的哲学理想,但他们同样都着眼于现实,都是在理智和感性上有着优秀素质的人。[13] 勒·热纳早就理解个别主义原则,他在着手出台各种预防政策的同时,也研究了镇压个别化以及行刑个别化。无论是假释、缓刑,在勒·热纳死后出台的少年法,还是最近成为话题的社会防卫法,无一不是受到了勒·热纳的影响。而给予勒·热纳研究的理论基础的,正是菲利的学说。

443

444

无论是假释、缓刑,还是少年法在今日看来都只是再平常不过的设施及政策。不过,这些在盎格鲁-撒克逊的人们中得以创造出的法律设施,在当时因理论基础不明,先不论其有怎样的现实意义,该如何与法制整体进行调和这个问题无法得到解答。这不由得让我想起了我国的缓刑制度与宪法之间存在的不可避免的难题。少年法中所存在的不定期刑也同样逃不过这种

---

　[12]　当然,除了勒·热纳之外,也不能忘记阿道夫·普林斯的功绩。

　[13]　卡尔东·德·怀尔特的评论(前述刑法学杂志第 157 页)。这些看似平常的赞美之词,实际上点明了刑事政策的三个要素。刑事政策的第一要素基础即对事物进行实际地观察。第二,即一方面要用理智思考,这亦指社会责任论。第三,另一方面也要运用感性,这指"生而为人应得的生活"这一原则。这三者互相配合之下刑事政策才得以完成。

问题,虽说假释早在旧刑法中就有所规定因此没有与宪法相冲突,[14]但是,
445　如果宪法实施后假释制度引发争论的话,怕是也要面临同样的问题。

　　勒·热纳并没有正面否定意思自由以及道德责任。(不,恐怕他是把意
思自由作为信条。)他在这点上一贯保持着实际性立场。但是,他也发现,因
为考虑到法律不得不满足社会和人道的必要,所以教育、改善和保安也应该
纳入思考的范围。与假释及缓刑同时制定的,还有与乞丐与流浪者相关的
法律。他也同样推进保释等预防政策的进步。[15]

　　比利时的少年法出台于1912年。这部欧洲大陆最早的少年法是比利
时的骄傲,对于这部法律的制定,当时的司法大臣断言其在一方面是对勒·
热纳的理论的继承,另一方面也从菲利教授的思想中受益良多。[16]　虽说少
446　年法只是将少年从普通的裁判所分出,并置于单独设立的审判员之下,但据
说这些审判员大多拥有绝对的权利。这一点对于那些拥有传统思考模式的
人们来说是很难理解的。其次,少年法并不是对不良少年科以刑罚,而是为
了对实施了犯罪行为的少年进行救济和保护而存在的。同样从传统立场上
来看的话,这一点也是不应该被允许的。因此,比利时在当初出台青少年法
时,也曾受到过强烈地反对。但尽管如此,这部法律仍是排除万难并实
施了。[17]

　　与此同时,监狱的改革也在前进着。这也是在勒·热纳及菲利教授思
想的指导下进行的。虽然比利时的监狱因其单人牢房制及人道待遇被视为
447　了榜样,比起过往的监狱,比利时的监狱的确有所进步,但是说到底也只不
过是施以惩戒的设施。为了让监狱更能成为一个教化设施,还需要对此做
进一步的改革。因此,一方面要设置不定期刑制,另一方面要实行待遇的个
别化。为了完成这一困难的任务,在青少年法实施的同时,也需要当局的努

---

　　[14]　旧刑法因为是在距今较远的1880年所制定,所以对于大赦有若干规定,因此,与宪法中的
大赦权没有冲突的余地。

　　[15]　梅尔斯普拉斯的监狱,除了其农业组织及对精神障碍者的收容之外,对乞丐和流浪者的
处置问题的解决也声名远扬。

　　[16]　卡尔东·德·怀尔特在1911年至1918年担任司法大臣。

　　[17]　因为同样的原因,社会防卫法在议会得以通过也经历了一番困难险阻。

力。规定少年法的主旨是对 16 岁以下的少年处以不定期的保护处分，因为这是刑法的例外，所以要作为新原则而实施。

像这样，如今，成为问题的是所谓的社会防卫法。监狱必须是在努力教化少年犯和初犯的同时，将惯犯及精神障碍者进行社会隔离的场所。也就是说社会防卫法案正是出于这个主旨才成立的。当社会防卫法案作为法律正式成立时，[18]虽说比利时刑法的古老形式仍存在，但其刑事法制整体的实质会变得基本与 1921 年的菲利案相同。[19]

比利时就这样成为了欧洲大陆的刑事政策模范国家。这是一种将盎格鲁-撒克逊的实际设施与欧洲大陆的理论性思维方式相结合，再让其中所诞生的某种系统的事物适应其传统的制度，从而出色得出的新文化。如果从这一制度的形式上来讲的话，这其中的确存在着一些错综复杂，相互矛盾的事物。但是，在传统思想与新思想相互斗争的激荡潮流之中，我们也能发现这推动了时代的前进。从这里就能理解到菲利教授的工作的意义。

如上文所述，菲利教授虽已过了古稀之年，却丝毫不见其焦虑着急。一方面是出于他对自己健康状况的信心，另一方面，也是因为他确信在时代潮流中，总有一日自己的主张肯定会通行于世界，类似于 1921 年法案之类的成果也会被各国所采用。[20] 但是现如今，各国的刑法在这一形式下，准备完

448

449

---

[18]　最终，这作为法律于 1930 年 4 月 9 日通过。

[19]　我不禁想起社会防卫法对于精神障碍者的责任能力的观念，没有严格进行规定这一点。这也会导致对精神病者不得不同时执行刑罚和保安处分，并因此引发无用的争论和手续。这个问题是完全可以避免的。

[20]　菲利《意大利新刑法典草案》，《国际刑法学杂志》（1928 年），第 4 期，第 406 页，以及 1926 年的俄罗斯刑法和 1926 年的古巴刑法中都承认了社会责任原则，对此，菲利教授表示了满足这事，此处我也不再赘述。不过有学者举出，因为 1926 年俄罗斯刑法仍存在死刑，所以这也是一种对道德责任观的维持。马科夫斯基《刑法的变迁》，《刑法学杂志》（1929 年），第 4 期，第 28 页及以下。马科夫斯基也论述道，因为俄罗斯刑法中区分故意和过失，从中也能看出残留的道德责任观。但是，德国的学者认为虽然把故意和过失的区分作为责任的要件是很普遍的，但在他们看来，这只不过是对主观恶性的区别罢了。马科夫斯基认为因为要规定通过二者的区分，以决定犯人的不同待遇，所以这作为犯罪要件以及区别点，应该是值得讨论的。但是通过主观恶性的特征来解读犯罪的话，是故意还是过失，这并不妨碍对犯罪要件的理解。菲利也主张应该从主观恶性论出发解读过失的本质。

全舍弃道德责任的原则,这并不是我们所期待的。道德责任这一形式既不是毫无意义的,更不是毫无用处的。不仅如此,为了推动法律的进化,在未来逐渐整顿好法律秩序,我们就要避免焦躁的心态。我们必须坚信,我们的

450 科学工作和艺术一样,是不朽的。

　　说到假释,说到缓刑,说到少年法。这样看来,到如今为止日本也同样已在刑事政策上不断取得了发展。未来几年也会就社会防卫出台相应的法律。至于行刑方面,教育刑思想也在日渐壮大。那么,如今我们所面临的问题就是,在各种新法制蓬勃发展的 20 年后的今日,刑事思想却仍是旧时的报应刑论及道德责任,这样真的可以吗? 虽然说在法制上直接体现菲利教

451 授的思想是一件困难的事,但是我们的思想所应该倾向的重点,需同菲利教授的学说一致才是。关于这一点,需要我们深刻思考。通过适当理解刑事思想的倾向,各个新法制才能确切地完成它们各自的社会职能,世间的文化才能够实现自我发展。

十六　菲利教授和李斯特教授

　　缅怀比利时刑事政策的发展在鲁·鸠侥之外还必须记住普林斯。如同提到鲁·鸠侥就会结合菲利教授来考虑一样,提到普林斯自然就引出李斯特教授。李斯特教授仙逝后的十年历程在此刻仍旧记忆犹新。自从李斯特教授与普林斯、哈迈鲁两位教授共同建立了国际刑事学协会起,已经过去

452 40 年了。

　　菲利教授一派从以实证方法为基础这点来说与实证学派如出一辙,与此相对,李斯特教授的立场从强调社会学的研究这点来看可称为社会学派。

453 然而从我们的立场来看,由于实证学派的实证态度以社会学的视角审视刑

事现象,实证学派实则与社会学派趋于相同。㉑

　　李斯特教授反对龙勃罗梭的人类学见解又倡导其社会学主张,也就是说,与其说李斯特教授是反对意大利学派的学说,毋宁说他偶尔也作如此主张,世人也大多信服。然而,龙勃罗梭的人类学主张已经由菲利教授社会学的展开。如此看来,龙勃罗梭是从自然科学者尤其是医生的角度出发,构建了他的人类学主张。如今,从社会学角度认识刑事现象的人批判其主张的狭隘,认为仅仅止步于人类学领域不应该是身为自然科学家尤其是医生的龙勃罗梭该有的态度。回想一下,我等刑法后来者所持有的狭隘见解饱受龙勃罗梭人类学主张的影响,在受他启示的基础上我们社会学也拓展自己

454

455

　　㉑　关于两家主张终究归于相同一事,格莱特娜列举了 12 条项目进行论述[格瑞特娜(Gretener)《刑法社会学派的起源和重要性》,《纪念文集》(1911 年),别册第 11 页以下]。

　　(一)菲利将犯罪原因区别成人类学的、社会学的、自然的三种,并将之看作他自己的创造性见解。李斯特也采用了这种主张,只是,他偶尔会否定自然原因的独立意味。

　　(二)菲利主张犯罪的社会原因会随着文明的进步而转变,李斯特也认同这一点。

　　(三)菲利主张犯罪是犯人的生理心理组织、环境与自然的社会的情况的必然结果;李斯特也将犯罪是行为者特性与外界的自然社会关系的必然产物作为其刑事政策的基本原理。格莱特娜将其称为当然结果说。

　　(四)刑、或者说社会的反作用对于犯罪乃至其原因产生作用。菲利主张刑对于犯罪的社会原因乃至遗传性原因不能产生影响,所以刑的作用是有限的;李斯特认为刑在最佳情况下不过是能对犯罪的个人原因产生影响,因而必须考虑通过社会政策使其对犯罪的社会原因产生影响。

　　(五)刑法反作用的对象并非责任而是恶性。犯罪的抽象考察是第二位的,被重视的是犯人的人格。依菲利看,这是新理论的基石,依李斯特来看,这是新旧思想的差异要点。

　　(六)社会反作用的目的是将危险的犯人改造成不危险的。那么为了实现这个目的,有必要根据犯人的危险程度采取个别化处置。这样一来犯人分类就成为问题所在。通过分类,将不再有盗窃与抢劫、主犯与从犯这种概念区别的问题。

　　(七)舍弃责任能力这个概念,考虑适应性。依菲利的观点是适应性;依李斯特的观点是社会适应性。

　　(八)因此,对于适应可能者刑是教育刑,对于适应不能者刑是排除损害处分。身为旧派学者的格莱特娜认为,犯罪若只算反社会行为,那么刑就沦为裸保护处分。

　　(九)刑期确定的排斥必须成为其结果。

　　(十)对于精神病患刑法不再区别对待,关于责任以及刑罚必须排除遗传因素的考虑。

　　(十一)菲利和李斯特都将犯罪行为的成立作为社会危险性的确定要件,在格莱特娜看来,这是与新派主张的矛盾之处。

　　(十二)格莱特娜因此从旧派的立场提出批判。刑法的学问不再是有严格术语意义的学问。依菲利来看,作为一般社会学的一个分支,犯罪社会学代替了刑法。依李斯特来看,只需要犯罪社会学和刑事政策就好。菲利将这种刑事政策包含在了犯罪社会学里。

的视野。

所以说,我们不该反对龙勃罗梭,首先必须感谢他。然而我们绝不能仅仅止步于龙勃罗梭的人类学主张。这就意味着,社会学主张貌似反对龙勃罗梭,实则是展开发扬其主张的产物。在此意思上,必须承认菲利教授作为
456 意大利学派以及所谓犯罪人类学的社会学学派的重大意义。[22]

犯罪人类学派的始祖无疑是龙勃罗梭,但犯罪社会学派的始祖是菲利教授还是李斯特教授尚有疑问和论争。[23] 然而,回顾著述年代,尽管菲利教授比起李斯特教授更为年轻,其主张的发表却无疑比李斯特教授还要早上好几年。从这点来说,必须认识到菲利教授的重要地位。[24] 然而,在德国关于意大利学派的研究竟意外地不彻底,德国学者对意大利学派的责难多源自其对意大利学派的不甚理解。应该说李斯特教授在德国的土地上建立起
457 社会学主张是伟大的成就。

然而,李斯特教授不单单是追随菲利教授。如果注意到菲利教授能够集学说大成,受到了康德的巨大影响这一点,就必须考虑到李斯特教授也特别受到了耶林的影响构建了其学说。明确了关于法律理解的目的观念的是耶林。耶林大力推动了《罗马法的精神》,尤其是《法律的目的》中所论述的刑法论的萌芽,而将此作为 20 世纪刑法改正运动新趋势而使之系统化建立
458 起来则必须说是李斯特教授个人的成就了。菲利教授的社会责任论与李斯特教授的目的论相对,完善了刑法新理论的体系。换言之,将社会责任的观念代入道义责任的传统一事是以目的观念这一高次元原理为基础,因而,经由民法向行政法过渡,在法律一般理论的中间找到了自己合适的定位。

㉒ 龙勃罗梭的人类学主张发展后演变成社会学的见解。这是不断衍生的过程。这样,在思考刑法的立法乃至运用时,从刑罚的对象由犯罪移至犯罪人来看,人类学的研究逐渐受到重视。换言之,取代犯罪分类,刑罚上的犯人分类受到重视,人类学、心理学的研究必然是其基础。

㉓ 关于这一点,豪恩(Horn)与格莱特娜之间存在论争。豪恩在《刑法特刊》(1911 年),第 529页以下,强调李斯特的独创地位,与此相对,如上所述格莱特娜写了《刑法社会学派的起源和重要性》等。还有格莱特娜已经在 1884 年写了意大利实证学派,于 1909 年写了刑法的新视野,反复强调社会学的创始人并非李斯特而是菲利。

㉔ 参照格瑞特娜《刑法社会学派的起源和重要性》,第 26 页。

必须要说李斯特的特别成就在于国际化运动。关于李斯特教授的比较法学的态度已经另作论述。㉕ 李斯特教授在一种世界法的见解里构建了他的新理论并鼓吹他的新理论。不论是从其人还是其学说来说，李斯特教授都是德国稀缺的国际性学者。㉖ 德国的历史派固执己见，一味致力于发扬国民主义，其间，耶林将在历史发展中成立的事物的世界性普遍性展示给了我们。㉗ 接下来，李斯特教授从目的主义的角度进行了各国法律的比较研究。作为德国学者，李斯特教授格外精通意大利文献，从而造就了他的比较法学态度。确实，李斯特教授在学习意大利学派将之纳为己有的同时，用比较法学将其熏陶从而建立了社会学主张。其结果便是国际刑事协会的成立。㉘

459

460

李斯特教授的社会学立场是通过目的主义伦理展开的，因此，拥有明显的法律学结构。如此一来这种比较法学、国际立场引发了刑法的改革运动，呈现了世界性。国际刑事学协会通常通过在世界范围内以法律学的形式开展工作。关于刑法的世界性改革运动和刑事政策的学问的集大成，无论如何都必须特别记下李斯特教授的名号。

依照菲利教授以及其他实证学派的各位的观点，李斯特教授的立场是折衷的，是折衷主义。若从无论如何也想要实现形式直白化的 1921 年菲利法案的立场来说，李斯特教授必然是立于折衷立场无疑。

461

然而，李斯特教授在其学说的伦理构成里并未采取折衷说。即便科学明确地不留妥协的余地，政治也尚有妥协，这是李斯特教授的立场。而他的

㉕　拙著《刑法重点的变迁》第 295 页以下。

㉖　李斯特研究室的藏书具有在各国没有前例的国际性。我认为李斯特的这种国际性特点在德国是尤为珍贵的。然而，在德国学生的中间，再没有比李斯特的教科书更为广泛被阅读的，被译作各国语言也是史无前例的。从这个意味上来说，李斯特教授到底还是德国的光荣。

㉗　在此不应该深入挖掘耶林从历史派立场到历史学派的态度。《罗马法的法律精神》的开篇已经明确表明了这种态度。耶林不仅将罗马法理解为德国法律的起源，也明确了世界性的罗马法在其历史发展过程中的文化价值。

㉘　据传李斯特与普迈鲁斯和哈迈鲁二位大家会面商定国际刑事学协会的成立是在 1888 年 9 月 17 日。因此，李斯特将这一天当作协会成立日。然而，协会成立广布于国际的却是在 1889 年 1 月 1 日。

期望无疑是即使刑法里残留了传统形式，但由于加入了刑事政策的规定使得刑法改正不是空谈而能够实现现实的立法。

1909年以来，德国几次公布的刑法改正草案明显是受李斯特教授影响的产物。旧派的各位——特别举例有比鲁库迈耶关于1909年法案，反复强调改正案的基石在于报应刑主义。然而，若从改正案中将与李斯特教授主张相关的改正纲要排除开来看的话，我们必定会疑于法案何处需要改正。

462　依学者们看，德国草案虽将没有主义奉为主义，㉔从能够明确看出折衷之处这一点来看，能够理解草案在刑法改正过程中所占地位，而且，在草案中存在实际政治问题的要点。

463　我想要试着摘录国际刑事学协会成立当时的宣言，内容如下：

第一条　国际刑事学协会认为犯罪及刑罚既可以从法律的立场又可以从社会学立场出发来考虑。协会以在学问以及立法上认可这种主张，及其衍生出的结论为任务。

第二条　协会的行动基本原则列举如下。

（一）刑罚的使命是与作为社会现象的犯罪做斗争。

（二）人类学以及社会学的研究结果应该置于法学乃至刑事立法来考虑。

（三）刑罚是与犯罪斗争最有效的手段之一。然而，并非唯一手段。因此，刑罚必须与对抗犯罪的各种手段尤其是与预防犯罪的手段相联系。

（四）对于偶发犯人和惯犯的区别无论是从理论上还是从实际上来说都意义重大。因此，这必须成为刑事法制规定的基础。

㉔　作为日耳曼语，格莱特娜前揭第38页。关于此，我曾经就日本刑法作过以下论述。"原本，关于刑法的基本理论有所谓的刑法理论之争也就是旧理论与新理论之争。我认为旧理论向新理论的进化通过新刑法能够被明确认可。然而，这既是进化，却并非完全抛弃旧理论完全以新理论取而代之。如此说来，我也不曾怀疑过新刑法里仍有认同旧理论的余地。然而，既然是进化，一方面必须回顾旧理论在过去的文化意义；另一方面必须恰当地认识新理论在将来应该占有的地位。立法到底是妥协。然而，这种妥协里面有着进化的趋势。在认识这种进化趋势的意义时，科学里不允许妥协"（《刑事学的新思潮与新刑法》增订版第3页）。

（五）刑事司法与行刑拥有同一目的。因此，刑事裁判所的判决应依照 464
刑的执行来完善内容并发挥作用。因此，现阶段刑法中两者的分离，也就是
行刑区别于刑事司法是不正当的反目的的。

（六）在现行的刑罚组织中自由刑占主导是正当的，因此，协会应当以
监狱及类似设施里的矫正为目的展开努力。

（七）但是，协会认可采取自由刑之外拥有同样效果的别的刑罚手段是
可行的且期望如此。

（八）长期的自由刑不仅仅基于裁判结果来量定期间，还应该基于刑罚
执行的过程。

（九）对于矫正不能的惯犯，即便是小案件的累犯，刑事法制也应该尽
可能对其科以长期刑来实现完全排害。

以上便是国际刑事学协会的宣言。自其设立以来已有 40 年。如今普
遍认为这个草案已逐渐融于各国草案，或者说能够融于各国草案。总而言 465
之，日本的刑法改正也不出其中。㉚

十七 刑法的社会正义

在这样的刑法的改正当中，我们到底要承担什么样的文化工作呢？

报应刑论者认为报应是道义理想的极致表现。因此他们认为我们的工
作只是单纯的功利行为。 466

19 世纪初，个人犯人也算在内的人格必须受到尊重，刑法是基于这种
对权利自由的保障思想而成立的。人权宣言，特别是其罪刑法定主义，国家
机关是否会对个人造成危害这一问题持怀疑态度，并且以这种怀疑态度来

㉚ 大战后，国际刑事学协会必然分裂一事是对于刑法学与刑事政策的不幸。我认为有可能
将国际刑法协会与国际刑事学协会德国分会永远地结合起来并且真心希望如此。关于李斯特，我
在其仙逝之际写了悼文。拙稿《忆弗朗茨·冯·李斯特教授》，拙著《刑法与社会思潮》增订版地
251 页以下。

看待刑法的一切。因为 19 世纪初这种现象的存在,学者将 19 世纪称为"消极保障的时代"。③ 想必就像罪刑法定主义中"无论法律中有多么不符合正理的内容都不能对此进行责罚"这样的规定一样,当时的基本法制全都是以这样消极的形式存在的。这是那个先行时代的恶习所导致的必然现象,责任以及报应思想的原理就在这种思想环境下形成了。

467   就算这样的思想在对旧体制的反抗这层意义上是文化性的,但是第一它属于个人主义,第二它是形而上的,第三它是针对犯罪人的,这种思想就是以这样的斗争性存在。如果采用社会连带立场来代替个人主义,用实证科学方法代替形而上学,将犯罪人也看成是社会的一员并包含在社会内的人道主义思想,那么这种正义思想自然而然会发生新的变化。

但是,现在是一个妥协的时代。刑事政策的见解逐渐被认为是特别法或者刑法的部分修正,因此就算在刑法典的改正当中,二元现象都一直存在,妥协也一直被贯彻下去。但是,就在这个过程当中,这种妥协也一步一步地朝着全新的思想发展着。②

学者将此现象形容为"身为权力创造者的个人成为社会创造的法律的要素"。③ 就算从刑法的范围来讲,自然法个人主义的权利论也会变成社会
468   连带思想,③④犯罪人也会自然而然地变成责任义务的负担者。⑤

总而言之,我们以刑法为基点,追求并致力于实现社会正义的新意义。刑罚权的主体国家观念得以注入新元素,国家也因此可以得到进一步的发展。

责任以及报应思想对近世文化起到了非常大的社会作用。我们在承认
469   这个事实的同时,也认为责任以及报应思想作为先验性前提渗透到一般大

---

③   马科夫斯基,前揭第 13 页。
②   学者在描述这种现象时提到,法国大革命是刑事司法形式上的变迁的结果,但是 19 世纪到 20 世纪的发展却是刑事司法内容上的变化(马科夫斯基,前揭第 21 页)。
③   马科夫斯基,前揭第 19 页。
④   对于狄骥关于权利否定论的文化意义的看法我是非常赞同的。
⑤   比如说,有关行刑中的三位一体原则,像囚犯为什么一定要劳动,怎样让囚犯劳动这样的问题按照文中这样就可以理解了。

众的感情中也是必然的事实。虽然责任以及报应思想在现代社会已经表现出了很明显的漏洞，但是这并不意味着这两种思想就失去了其社会作用。只要个人主义思想没有失去其社会作用，那么它就毫无疑问会作为社会情感对新思想的展开造成阻碍。新思想不断进行着妥协，并适当对旧思想进行控制，并对其进行进化。

但是，正是因为新思想的这种形式，它虽然是旧思想的反对命题，但其精神却始终尊重着传统思想，并对其进行纯化和扬弃。在此意义上，我们的新命题并不是排斥旧思想，而是对其进行升华。这一点我们已经反复强调了，但是我还是想在这里再重复一遍。

就像刚才我说的那样，菲利教授一直主张道义责任属于哲学、宗教和伦理，但不属于国家和法律。从这种见解上来看，菲利教授认为正义是法律和 470 哲学宗教等的二元性存在，而且法律中的正义是从属于哲学宗教的。如果说让我对菲利教授的观点提出遁词的话，那么我认为其观点是自相矛盾的。正义是不存在二元性的。法律中的正义和哲学宗教里的正义都是正义。在此意义上看，从耶林的目的论到李斯特教授的目的刑论，其主张都是作为理论被彻底贯彻下来的。换言之，菲利教授提出的社会责任以及法律责任的理论对传统的道义责任论进行了包容，并且将其推向了更高的层次。菲利教授认为道义责任的测定并不是人类可以做到的，但是我却认为，在从道义责任论到社会责任论的进化过程中，我们必须从道义上贯彻我们的责任。虽然，显然绝对完全的正义不是我们现阶段可以实现的，但是我们也必须得朝着这个方向努力，这样我们的努力才是有意义的。

471

因此，我认为李斯特教授一派的国际刑事学协会难以舍弃道义责任，并尽可能地对其进行深化这一点是没有意义的。这么来看，实证学派的社会责任论就很简明很彻底了。李斯特教授提出的"刑法在责任理论的深化中进步"这一观点在刑法一直以来的进步当中是合理的。但是，其观点体现着报应论的残渣。向"责任理论的深化"进一步前进，努力尝试哥白尼式转变，承认犯罪人的"更像普通人的生活"，在此意义上，可以说社会责任论当中蕴

藏着刑法理论的进一步发展。我们也应当这样来理解社会责任论。这样来
理解的话,我们就可以很容易发现,社会责任论反映着刑法的进步。这样,
社会责任论中反映出的国家,才可以真正变成强大、强盛,包容性强的国家,
也才可以真正变成道德的人格者;才可以真正变成圆满的,无限的,唯一的
472 存在。㊳

㊳   文中所提到的国家的各种性质,并不是实质上国家的特性,而是规范意义上国家的特性。
这里我们有关国家理论的立场,曾在宪法建立 30 周年时论述过,请参照拙作《法律的正义和公平》
第 209 页以下。

教育方法的刑罚

与法律关系的刑罚

一 法律制度的教育刑

刑罚是一种教育方法。其是抛弃报应刑主义采用目的刑主义,其目的刑的思想得到彻底贯彻是我们最后得出的结论。李斯特认为目的刑论区分了矫正可能的犯罪人与矫正不能的犯罪人,对于前者强调矫正的同时对于后者进行社会隔离。[①] 还有菲利主张社会防卫论,强调社会责任论,一方面对于恶性小者宽大处置,即适当处置的同时,另一方面对于恶性大者应该进行严格且有效的处置。[②] 代替以前的犯罪分类论采用新的犯人分类论,这无疑是一大进步。但是,应该在这样的区别的基础上更进一步。从这样的区别出发而且克服这样的区别构成统一思想。[③]

因此,我对我的教育刑论做了如下论述:"我所考虑之处是教育刑论是社会责任论的当然归结。即使对于矫正不能的犯罪人,还有刑的执行上,刑作为教育方法的态度通常应该使其缓和。但是,由于用社会防卫或矫正不能者隔离时往往刑的教育意义被轻视,这里特别有必要从正面讨论理解教育刑。首先,一方面,作为社会防卫方法的刑的教育性执行不是有效的。换言之,刑的教育性执行是对于犯罪作为社会方法不是最经济利用社会的能量。其次,与此同时另一方面所谓对于矫正不能者从社会进行隔离,由于其是通常进行教育,社会乃至国家是最道义地行使其权力。学者若对犯罪,争论社会乃至国家与犯罪人不能同等的地位相竞争和斗争的。其有形的权利方面社会乃至国家比个人成为犯罪人更加强大,但是同时社会乃至国家是

---

① 李斯特刑法教科书第 25 版(1927 年)第 8 页。
② 意大利刑法改正 1921 年案理由书第 7 页。
③ 这篇论文是为杂志刑政的第 500 号纪念《行刑论集》(1930 年)而写。

476 对犯罪人道义性行使其权力。因此,其有形的权利拥有理想性的权威"。④

　　与刑罚的使命这样的见解相对应的是我们特别应该考虑的是,刑罚是一般的法律制度。刑罚是法律制度,关于刑罚的国家与犯罪人之间的关系与国家与一般私人的关系是相同的法律关系。国家的权力通常应该是依据

477 法律规范而行使的。这是现代法治国制度的基本原则。在这里产生了教育刑主义作为法律关系应该如何被理解、被体系化的问题。

　　罪刑法定主义被确立,现代刑事组织确实作为法律关系被理解。但是,众所周知,由于传统的刑法的罪刑法定主义是其客观主义的组织、犯罪本位体系,在 19 世纪的过程中受到了尖锐的批判。论者鉴于来之不易的法治国制度有必要维持传统的罪行法定主义。⑤ 但是,传统的罪刑法定主义已经基本受到了批判的话,我们在这里感到有必要对传统的罪刑法定主义进行改造。根据主观主义的组织、犯罪人本位体系这样的创意树立新的罪刑法定主义。⑥ 刑法的改正对其没有体现。各国刑法改正事业如何在主观主义

---

　　④　拙著《刑法重点的变迁》第 36 页以下。与我拥有相同见地的有木村学士《从行刑看见的刑罚的本质》(志林第 30 卷第 10 号第 11 号所收)和正木学士的著作,特别是《行刑上的诸问题》(1929 年)以及《关于美国行刑的重点》(志林第 31 卷第 8 号乃至第 12 号所收)。

　　刑罚的社会作用有三。其一,对于犯罪人;其二是对于一般社会;其三对于被害者。由于这三者存在不能相互协调的情况,因此,作为刑罚的意识性基础产生了把其中哪一个作为重点的问题。也就是说,刑罚其如何作用是刑法理论的争论要点。关于这一点,从演变的角度分析的话,从刑罚的报复性作用到一般预防性作用再逐渐到特别预防的作用的进化事实。另一方面,从理论的角度分析的话,刑罚从赔偿性作用到社会防卫作用,再到彻底的社会防卫作用时的对犯罪人的教化作用。

　　⑤　主张报应刑论的德国的一派学者现在还主张法律刑。这样,维持法律刑思想最终归结为对过去的客观主义的维持,其中对于罪刑法定主义的尊重被得以维持。德国刑法协会就是如此。我同意法律刑观念的表达,但是,其未必一定是客观主义维持的意思,因此从过去的意义而言,不能达到尊重罪刑法定主义理论归结的程度。关于这一点,我过去的分析在这里应该进一步明确其必要。

　　⑥　在拙稿《依据恶性标准的犯罪的分类》(协会杂志第 27 卷第 3 号)中有记述。这是 1909 年的文章。当时对于罪刑法定主义连同我的观点受到一部分学者的激烈批判(《刑事学的新思潮与新刑法》,增订版第 137 页以下参照)。不能否认这个论文是对行刑上的当时的主旨的发展更进一步彻底的思考。

理论法典之上进行新的组合是极其不易的事情。⑦

478

不过,试图根据主观主义改造刑法的组织已经不是刑法上的重点。对此我们必须注意两点。其一,在刑事政策上实现主观主义与法律上的论理性工作相比,实证性的特别是以自然科学性的东西为主。明确犯罪的原因,适当地处置犯罪人必须要以社会学及心理学的相关知识为基础。其二,从法律构成看这样的实证性的情况,已没有客观理解犯罪与刑罚之间应成立的理论性关系。理论上,犯罪的要件应该尽可能地被简化,刑罚原则上应该不定期。这样看来,传统形式上的刑法的范围在法律论上应该弱化其繁琐的程度。这样与其同时必须特别考虑行刑制度。行刑特别是自由刑的执行,其组织复杂的同时其组织应被充分法律化。传统的法制正因为刑法在其客观主义下被法律化,以至于行刑全部原封不动被放置在警察国的组织中。直到最近行刑实际上才有显著的进步,作为法律关系的组织监狱法仅仅是对行刑官吏的训令。对于受刑者可以说其即便是一国的国民还是作为一个人都没有认可的任何权利。

479

480

总之,现在问题是我们的教育刑主义如何法律化。实证学科的情况是关于行刑的法律制度应该如何构成。

---

⑦　最近各国的改正草案一方面是根据主观主义对刑法上的主要概念重新组合,同时另一方面尊重犯罪人分类主义的事实。关于这一点,拙著《刑法重点的变迁》中有所论述。特别是其第30页以下。

二　兰扎的教育刑论

　　"刑罚是教育性质的存在。如若不然,就会失去刑罚得以成立的基础"。这是西西里岛的卡塔尼亚大学的兰扎教授(Vincenzo Lanza)向我们展示的
481　标语。虽然他创立了"刑法的人道学派"学说,但是此学派的基本理念就存在于上述的标语之中。在此,我想思考一下此学说的主旨。①

　　虽然兰扎一方面批评一直以来的刑法学者只专注于逻辑性技术性研究,只强调法律与道德的区别,并反对旧派的学说,但是同时另一方面,龙勃罗梭一派的学说认为刑法纯粹地属于实证性领域,犯罪是基于各种因素的
482　必然现象,并扬言反对只专注生物学的研究。即,一方面,考虑到法律与道德的统一,认为犯罪并不只是法律现象更是道德现象,因此必须运用我们的道德意识对犯罪的"不认可",并且以这种道德评价为基础代替实证学派客观的方法,尊重以良心为基本的内省方法,排斥科学的理知主义,特别重视感情(情绪),以此来改造刑法。

　　根据兰扎的学说,不应该用报应刑主义中报应的观点来规范对犯罪的"不认可"。毕竟报应不过是"精神化的复仇"。因此,如果仅仅把"不认可"解释为报应的话,那这种观点没有任何效果和作用,只不过是内容极度空虚的看法罢了。但是如果将"不认可"作为一种感情,并将其与良心的作用联系起来进行考虑的话,那么就会感到对犯罪的愤恨。在此,就能理解为何刑
483　罚必须是教育性质的了。兰扎首先思考了关于家族生活的事情。家长的职责是,一旦对家族不道德的行为感到"不认可",就必须认识到自己作为教育家的地位。国家也处于同样的地位,担任着同样的使命。这就是兰扎的

---

　　① 兰扎的学说已经有记述。在此仅是重复而已。大塚学士《刑法的人道学派》(收录于志林第 29 卷第 8 号)。兰扎于 1913 年创立了机关杂志《刑法人道学派》。为了解他的学说,我参照了兰扎(Lanza):"意大利刑事法律的新趋向:刑法的人道学派",《国际刑法学杂志》(1925 年),第 3 期,第182 页及以下。他于 1929 年逝世。

观点。

兰扎着眼于传统的法治国制度,他认为在宪兵国家这种组织中,国家的任务只不过是保障而已。但是,对国家使命的看法我们的意见不同。我认为国家必须是教育国。在这种意义上,个人不会因为犯罪而被从国家里驱逐出去,遭到排斥,而是他作为人拥有向国家"请求救济的权利"的资格。世间的论者动辄就强调社会防卫,认为国家必须对不正直的人减少保护、恩惠、救济。但是人道学派特别反对这一点。人道学派主张"人的回归"。不要把人当做靡风之草。在这种意义上,这是反对宿命主义的实证学派。人道学派将犯人当做一般人来看待,认为他是社会生活中的创造者,而使犯人回归到本真状态是国家的任务,也是刑罚的使命。近世国家中固有的道德任务就在于此。因此,刑罚不是复仇,不是报应,不是防卫,不是折磨,而是教育犯人使其回归到正常生活的方法。这样一来,通过将刑罚解释成教育方法,可以说刑罚就有了基础。如若不然,刑罚就成了毫无基础的事物。兰扎如此主张。

兰扎认为一直以来的行刑可以说是将犯人遗弃在监狱里。必须要说这的确是值得一听的话。他认为,行刑官员不仅是事务员,还必须是教育家。就像在普通学校里给不懂事理的儿童教授知识一样,行刑官员必须在监狱里给道德文盲的犯人传授道德知识。在这里兰扎加上了一种对人类学派的批评。虽然将犯人区分为是否有疾病两类,将患有疾病的犯人放置在医院是人类学派的功绩,但是人类学派的工作就仅仅停留在了这一点。对此,人道学派将监狱作为教育所。虽然人类学派阐述了犯罪的宿命性,主张无法对犯罪人进行教育,但是人道学派重视犯罪人的责任。兰扎认为,人类学派说的某些犯罪人具有教育可能性的主张是矛盾的。

关于监狱工作,人道学派主张三项原则。第一,工作报酬必须合理;第二,工作组织必须适合受刑者的性质能力;第三,因此必须将受刑者进行适当分类,并分别收容到不同监狱。就是以上三项原则。说到工作报酬,这必须在三个主体间进行合理分配。一是工作者自身;二是收容受刑者的国家的收容费用;三是犯罪的受害人。如此想来,监狱的工作不可能比自由劳动便宜又优质。另外，从工作的选择看来，如果工作不适合受刑者的性质能力，那么对受刑者自身而言，他不得不度过痛苦且懒惰的大部分时间。监狱必须成为工业性的感化院。由于工作是技术性教育性组织，我们可以对犯人的矫正改善报以极大的期待。兰扎认为监狱由于工厂化，其经费与其利益完美地相抵消，最终他将议论归结到了行刑的自给自足上。

我认为，上述兰扎的学说既不是对旧派理论的反驳，也不是对实证学派主张的反对。但是，的确应该尊重强调了刑罚的教育意义的此项标语。

兰扎着眼于旧派刑法论的论理性技术性，虽然他并未认为这是反道德的，但他认为这是不合道德的。的确，在论理性技术性上，可以说与道德论毫无关系。但是，在其背后有作为道德论的报应观念，而且不能轻视罪刑法定主义中法治主义的道德意义。我们批判一直以来的报应论，也因此必须要促进其发展。

487

实证学派从其实证立场上对报应论进行了批判。因为实证学派批判的根据是人类学与社会学性质的，所以必须要说在批判上是有客观根据的。根据兰扎的观点，此根据主要有两点。第一是强调社会防卫；第二是明确将犯人区分为是否患病两类，并且必须将患病的犯人收容到医院。我认为一直以来所谓的"宪兵国家"只考虑了保障个人权利。但是，实证学派在个人层面上让我们认识到社会存在，并且让我们了解到只要不是坚实的社会存在，那么个人存在就无法坚实。在这必须考虑到，报应观念在其道德合理性上必须受到批评。如此一来，实证学派打算在其社会防卫论上构筑新的道德理念。其理论适用的第一点就是，将患病犯人收容到医院。如果不能将患病犯人收容到医院，那就只能将其作为犯人进行处罚，或者作为无责任者进行释放。无论是作为犯人被处罚还是作为无责任者被释放，患病犯人都会重复同样不幸的生活。因此，将其收容到医院的话，才能从患病犯人的侵害行为中保全社会。同时，患病犯人可以实现他作为人的生活，而且可以在尽可能的范围里进行治疗。兰扎虽然着目于实证学派，将患病犯人视为猛兽，但是实证学派通过将患病犯人与普通犯人区别开来，解决了患病犯人的生存问题。换言之，实证学派在试图保障患病犯人的人格。

488

　　实证主义否定自由意志，即，排斥道义责任论。在这种意义上，可以说是主张犯罪的宿命性。但是从这一点来看不能认为实证学派主张对犯人的 489 教育可能性是矛盾的。实证学派首先将患病犯人与普通犯人区分开来。接着认为犯罪人是无法矫正的。但是无论认为是与生俱来的犯罪人还是本能性犯罪人或者是惯犯，这都不是全部的犯罪人。因此得出了大部分的犯罪人实际上是可以矫正的结论。于是，实证学派重复人类学以及社会学对犯罪原因的研究，通过明确这种因果关系，在这里使这些对犯罪人的社会处置即刑事政策比较贴切。因此，实证学派避开宿命一词和观念，采用必然一词与观念。这里，实证学派通过科学树立出刑事政策。总之，是对犯罪人的教育设施必然会对犯罪人发挥出应有的效果这一概念，进而构成了其主张。

　　实证学派通过这样明确犯罪的患病性质，认为应该将患病犯人收容到医院，意识到了社会防卫与组成社会的个人的人格保障是统一的。从 490 防卫一词看来，认为社会防卫论是将犯罪人视为猛兽的看法，不过是朴素地推断出的结论罢了。一旦科学、纯粹地贯彻防卫的概念的话，那么社会防卫就必须意味着个人人格的保障。即使认为社会是不同于人的存在，虽然这原本依据立场是正确的看法，但是社会离开人就无法成立。以社会学所与的，社会的完成是在个人完成之后才得以完成的理论为基点进行考虑的话，我们对古老形式的罪刑法定主义进行了扬弃，赋予了它新的内容，对表明了法治国主义的此项原则，即个人的人格保障在新的文化理念下进行了理解。新的内容是教育刑的意义，新的文化理念是社会与个人的调和。

　　虽然兰扎自身已经强调过行刑的三项原则，但是他又大肆宣扬第二点的工作组织的选择，痛切陈述了第三点的受刑者的分类。这自动表明了人 491 道学派只有追随实证学派才能得以成立。

　　兰扎还议论了刑法的道德意义，宣扬近世国家的道德使命，认为应该用教育国来代替所谓的宪兵国家，虽说论述刑罚的教育意义这一点只是刑法理论理所当然的发展,但是仍然值得仔细聆听。②

　　在这里,我不由得想起了菲利的一句话。是于 1926 年第一届国际刑法会议之际,菲利在开幕式的致辞中所说的,即,"我们不能犹豫,刑法必须人道化。法官不能在虚幻的人世间行使可怕的权利。法官必须根据实际情况适当运用法律的制裁"。③ 实证学派的核心正是一方面考虑服从法律的制裁,另一方面在实证中寻求制裁的基础。如果说菲利的论述中有什么不足之处,那么就是关于服从法律制裁的想法的适用问题,特别是对某种顽固的犯罪人科以教育性质的刑罚这种思想不太彻底。但是,兰扎模仿构造教育刑论,却忘了充分考虑实证学派研究中的实证性所与。在此我要再次明确这点,兰扎对实证学派的批评不仅表明了他未充分理解实证学派,而且只有以对犯人的人类学、心理学以及社会学的研究为基础,才能预测到刑罚的教育效果。可以说刑法中最人道的理念与对犯人最实证的研究是一致的。

---

　　② 关于兰扎的学说尚有应该议论之处,特别是应该对一些细则加以批评。这些请参照前述的大塚学士《刑法的人道学派》。

　　③ 我在听到菲利去世时,痛切地想起了这句话,并写了讣告(拙稿《菲利教授逝世》收录于志林第 31 卷第 5 号)。

三　里普曼的教育刑论

说到教育刑的提倡者，就不得不提到里普曼（Moritz Liepmann）。[1] 在他的论述中经常引用上述兰扎的标语。我想在此对里普曼的论述做稍许分析。[2]

我首先想引用李斯特的这句话"刑罚的作用在于将犯罪人再次改造成对社会有用的人"。[3] 在此之外，李斯特还举出排害处分这一刑罚的功能。 494 如果说我们对于李斯特的学说有什么不满的话，大概就是他为何要将刑罚的教育功能和排害功能并列这一点。对此，我们不仅抱持着，与面对菲利教授所感到的遗憾相同的情感。但是，如果熟悉李斯特的目的刑论并对其进行彻底研究的话，我们会发现刑法的排害功能倒不如说是被作为刑法功能的高阶理念所包容的。像这样将李斯特的学说作为基础，强调刑法的教育功能并在此点上论述刑法本质的一元性，就是里普曼的学说内容。

实证学派主张病理性犯罪人不受刑罚，而应该由医院进行收容。这一观点已被认同，前文对此已有记述。但是，根据旧派的责任原则，精神障碍 495 者不受刑罚是避免无用的刑罚这一观念刑罚经济原则的体现，是应该被重视的。但是像这样，实证学派一方面主张对病理性犯罪人的看法和认定须抱着广阔的视野，另一方面，也给予了为什么病理性犯罪人不受刑罚处罚的实证性、理论性的根据。换言之，这也说明报应刑论在实际上是既无效果也

---

[1]　里普曼同时也是汉堡大学的教授，他于 1928 年 8 月 26 日已与世长辞。

[2]　木村学士就里普曼的刑法论有着珍贵的研究成果（木村学士《从行刑方面看刑罚的本质》志林第 30 卷第 11 号第 1342 页以下）。作为里普曼的观点中应该熟知的这个论述，其代表性内容包括国际刑法的汉堡会议（1924 年）上的报告（会议报告，第 32 页以下），国际刑法方面的卡尔斯鲁厄会议（1927 年）的演讲（会议报告，第 120 页以下）以及里普曼《作为教养职责的刑罚执行》，（福莱德-格林哈特（Frede-Grünhut）：《刑罚执行的改革》（1927 年），第 1 页以下。以及，正木学士在他的论文《美国行刑的重点》（前揭）中也对里普曼的观点进行了引用。

[3]　李斯特·施密特前揭第 8 页。

无意义的。

　　像刑罚经济原则这样的思维方式,在少年法庭中也有体现。也就是说少年就算有刑事责任能力,也不应该施以普通刑罚。现在被普遍确认的处理方式是应对其施加专门的教育刑。在这一点上,对于病理性犯罪人采取治疗手段这种思维方式,到了少年犯,就成了在教育方面进行展开。我们难道不应该思考能够同时包容这种治疗和教育的,更高层次的教育吗?

　　在这之后,德国新施行了一种将自由刑转为罚金刑的法律。为什么说
496 在罚金刑能够达到刑罚目的的情况下,应该选择罚金刑而不是自由刑呢?从刑罚经济的思考方式来看,应该就能自然而然地理解这一点。德国的学者中以及当今帝国裁判所的判例都认为,在通过罚金刑就能实现刑罚的报应目的的情况下采取罚金刑取代自由刑,这就是新法律的意义。我认为在现如今因果报应思想仍占据一席之地的德国,有这样的想法毫不稀奇。但是在德国,这样的法律的因时而生,却绝不是报应刑主义发展的结果。一方面,原本监狱的经费对于国家来说就是一笔不小的负担。因为这个理由,最终也使人们不得不重新思考刑罚的基础在于何处。而作为结论,另一方面,既然罚金刑在对犯罪的预防上有着和自由刑同样的效果,那么当然选择罚
497 金刑。

　　但是,如果从以往的自由刑是否能达到刑罚应有的效果这一点来考虑的话,我们就会发现这其中包含着许多不纯的因子。庞大的经费支出就是其中之一。在此之外,还有对受刑者施加苦痛的结果,是对他们的健康乃至体力都造成了不良影响,并使受刑中及释放后的劳动力不得不面对遗憾的现实,累犯的产生就是最为显著的后果,这也是不容怀疑的事实。我们还必须考虑到自由刑给受刑者带来的莫大的名誉损害。但是,更为严重的是,自由刑的执行还会进一步加深受刑者道德的败坏。像是自暴自弃,怨天尤人这样的恶德,倒不如说在既往的自由刑中得到了强化。这也可以说是累犯现象存在的主要原因。这些就是既往的自由刑中的不纯因子所导致的后果。

　　仔细想来,即使在报应刑论中,也未曾想到自由刑的执行会带来这样的

后果。通过受刑,犯人本应该就此完成了赎罪,并转为健康而诚实的一般市 498
民回归社会,而社会也应该接纳这样的市民。因此,在报应刑论中,刑罚本
应该是一种教育方式。关于此点,里普曼曾讽刺地引用纳格勒的论述。纳
格勒正是如今德国报应刑论阵营最为重要的代表之一。并且,他坚持近百
年来的德国监狱并没有忽视对犯人的教育。虽说报应刑论者对犯人教育这
一观念通过刑罚的镇压作用对犯人实施的教育有所研究这是理所当然的,
但我也觉得这颇为有趣。但是,如果要从通过报应进行赎罪这一思维方式,
转为进行教育的话,刑罚的执行内容也需要从更为积极的教育立场重新进
行组建才行。既然注意到了通过报应进行教育这一点,从我们的立场来看,
可以说报应刑论上也有了值得重视的发展。不过,这也是目的刑论曾经尝
试过的转变理论下所得出的当然结论。但是里普曼面对这种狭隘而不成熟
的想法,批评其为"对于在刑罚执行中真正的教育工作的亵渎"。④   499

　　总而言之,既往的自由刑中所存在的不纯因子,以及因此产生的未曾预
料到的刑罚的种种不良后果,均是由刑罚中不正当的残忍性所导致的,而这
残忍性则要归根于面对刑罚的因果报应思想。总而言之,在刑罚以及行刑
的改良问题上,目标就在于去除刑罚的残忍性。那么,如果因果报应作为一
种观念不得以保留的话,就只能让其单纯地停留于观念层面,并必须净化,
醇化其中的残忍性。这是指因果报应思想必须只能存在于形式上。而在实
质上,通过对教育方法的理解,因果报应思想也能进一步的展开。

　　因此,里普曼认为在刑事诉讼和量刑上,或许现在因果报应思想还发挥
着某些作用,但在刑罚的执行上,我们必须完全摒弃这种思想。他还讲到, 500
对于报应刑论,舆论能以它为标准,刑法理论家能以它为参考,法官能以它
为依据,检察官能以它为参照,唯有与行刑相关的实验家和理论家不能使用
它。这一事实因为指出了教育刑论的片面部分而经常被当做例子举出,但
实际上,这难道不是表现了报应刑论正逐渐被人们发现其只是空洞观念的
事实吗? 就算刑法在量刑上采纳传统的责任要件也好,就算在刑事诉讼中,

———————————————

④　福莱德格林哈特,改革,第 12 页。

四　索尔达娜的结果刑说

在此我想就索尔达娜(Quintiliano Saldaña)的结果刑论发表一点意见。[①]

索尔达娜的结果刑学说认为刑罚的正当性不应该依据伦理性质做判断，必须依据其实际成效进行评判。这是将实用主义运用到刑法中的思考方式。但是，以往的刑法学说认为客观理论并未对社会产生影响，即，即使刑法日趋完善也阻止不了犯罪的增加，尤其是累犯率的增加，因而受到了彻底批判。因此，建立对此问题加以考虑的新刑法理论也成为了可能。

这样建立起来的刑法理论也就是刑法的主观主义，也是刑法个别主义的原则。此原则首先兴起于自然科学。是关于犯罪人的研究，并开拓了适用领域。那就是刑事政策，最后演变成了精神科学，即刑法的实证主义.

索尔达娜进一步推动了这样成立的实证主义的发展，主张实用主义。实证学派虽将犯罪人当作观察对象，实用主义却将其当作实验的对象。实证学派明确了犯罪定型、列举要素，与之相对，实用主义主张深入理解犯罪。同时实用主义是在其的范围内，主张不仅要关注犯罪人，还要关注犯罪人内在的人的本质。

实证主义不执着于犯罪人的异常性，秉持中正的态度审视犯罪人。说到索尔达娜，实证学派认为应该将实证观察的结果回归到犯罪人的异常性，对犯罪人保持一种预断，实用主义从中正的立场出发，将犯罪人当作一般的人看待，因此，"如同医院收容弃儿一样，将犯罪人送入矫正学校"。认为"犯罪人是人而非石头。必须改变犯罪人，是可以使犯罪人改变"。索尔达娜和实证学派一样主张"不存在犯罪，不过是存在犯罪人"，却更进一步改变说

---

① 关于索尔达娜的结果刑论，已有山口学士的论述。山口学士《实用主义的刑法理论》收于志林第 29 卷第 4 号。我必须说明众多与其违背之处。

法,认为"不存在犯罪人,只存在人"。

　　实证学派区别于旧派的差异主要在于实证学派将预防当做第一要义。
然,索尔达娜认为这种预防包含政治的部分和社会的部分。所谓政治性刑
事预防,有里普曼通过刑罚进行镇压教育来惩治罪恶从而达成预防效果为 508
例。在某种意义上来说,这是一种由索尔达娜指示的政治性的,然在我看来
是朴素的预防方法。索尔达娜认为这种预防方法的特点在于犯罪人与社会
的决裂也就是犯罪通常关键在于社会一方。与此相反,社会的刑事防卫更
注重犯罪人一方。因为这个原因,通常暂缓执行乃至减免常常会被实行。
这样一来,便会废止依据情况规定某一行为为犯罪的刑罚法规。相对于预
防,索尔达娜将这种犯罪称之为预见。他猜想仅凭预防只能维持国家的现 509
状,通过预见却能推动社会进步,因而主张预见的说法。

　　索尔达娜认为犯罪不仅是违背了社会秩序,往往还是对落后于社会的
制度的发难。这种发难虽不法却正当。因此,刑必须采取个别主义的主张
适应于犯罪人,同时又必须适应于社会或者说正在进步中的社会。之于政
府,威慑性预防尤为重要,却总只不过是维持思想的现状。与此相对,完善
有理解的预见,立足于自由惩罚的立场,并因此时刻铭记自我是并列于思想
发展的存在。仅仅是规避反复犯罪还不够,必须避免社会与个人之间的
分歧。

　　因此,索尔达娜相对于实证学派的矫正论坚持自己的教育刑论特色。
实证学派仅仅考虑了"犯罪人的适应性"对于现在的社会适应力,实用主义
的预见论却考虑犯罪人的"超适应性",考虑到了其对于未来社会的适应性。 510

　　从索尔达娜这种主张来看,引出了两点。其一,一般认为从刑事政策延
续下来的社会政策是对犯罪的妥当处置。其二,刑是教育方法。

　　既然刑是教育方法,死刑就被否定了。死刑无济于事。另外,我们所在
死刑上期待的效果也能寄托于别的刑罚,尤其是无期徒刑来实现。死刑无
济于事的主张势必意味着刑的效果凌驾于犯罪人之上。从这个意味上来
说,结果刑论包含了社会与个人两者,这样说来如同教育刑论一般。

　　相对于索尔达娜,菲利批评教育刑论否定了刑的社会隔离作用。[②] 对此,索尔达娜作出了回应,虽否认了死刑,但承认对于矫正不能者的无期拘511禁。只是,索尔达娜这样说着,一边也不能确定在何种场合下我们拥有可以宣称一个人为矫正不能者的权利。[③] 对此,我想发表一下意见。理论上我并不想认可矫正不能的说法,实际上却不得不认同这种说法。这就是说,从犯罪人方面来看本没有矫正不能者,但眼下我们在努力的过程中实在难以找到有矫正效果的犯罪人。对于这些人除了采取不定期刑之外别无他法。然而,这种不定期刑也毕竟具有教育性。即使在我们必须做好难以发现矫正效果的觉悟的场合,也必须尝试努力发现矫正的效果。这样说来,对于矫正不能者的不定期刑也可说是一种教育刑。借用索尔达娜的话来说,我们唯一可以言明的是,在矫正性成功贯彻自由刑之时,刑法逐步扩大了矫正能512力的范围,缩小了矫正不能者的范围。

　　索尔达娜的主张不仅是与实证学派有异曲同工之处,他那所谓的预见说其实也是对实证派学说的发展。社会防卫学说演变成教育刑学说是一种进步。适应化理论进一步演变成了超适应化理论一事,与其说是实证学派主张的静态延续,毋宁说是其动态的延续。实证学派仅仅是观察犯罪人,实用主义更是对犯罪人进行试验。教育刑论超越了单纯的预防论,具备了能动性,清晰地展示了实证性研究在实证的客观保障下引出理论主张的过程合理性。

---

　　② 菲利《刑事法律原则》(1928 年),第 62 页注释部分。
　　③ 山口学士前揭论文、志林前揭第 466 页。

五　弗罗伊登塔尔的监狱法论

犯罪人在被判决为犯罪人之前其实也只是普通人。[①] 这么想的话,在教育刑论成立的同时,国家和犯罪人的关系也一定会作为一种法律关系而成立。弗罗伊登塔尔(Berthold Freudenthal)就是将刑罚作为法律关系论述的一个代表。[②] 此外,里普曼也对此点做过论述。　513

　　弗罗伊登塔尔的观点如下。要想将现代的国家组织建设成法治国家,仅仅将刑法和刑事诉讼法建设成法律性的是不够的,也必须让行刑的本质也就是国家和受刑者的关系也变得适应法治国家。这里有三个必要事项。　514
第一,形式上的要求。也就是要根据法律来规定行刑当事人的法律关系。命令只有在有法律基础时才可以生效。第二,实质性要求。也就是要十分明确地规定行刑当事人相互的权利义务。在法治国当中,要让公法法规代替官厅的自由裁量发挥作用。在形式上对法律进行规定的行政法规必须在实质上也有明确的规定。虽然不能寄希望于行政机关对所有法规进行规定,但是也要尽可能多地去规定。第三,必须坚持保障前文所述的形式上以　515
及实质上的要求。对此,必须要保障对违反行政法规行为的诉讼。虽然本来是一般裁判所以及行政裁判所来掌管诉讼的,但是不管怎么说还是要尽可能地让独立的裁判机关来进行裁定。

　　有关第一点所说的形式论,不能让监狱的惩罚被随意命令执行。另外,像选举权丧失、所有权受害、所有物废弃、意志言论自由受限、与亲人的沟通受限等行刑可能导致的名誉损害,不能单纯地通过命令来做规定。

　　有关第二点所说的实质论,受刑者工作报酬是我们首先需要考虑的问

---

　　① 索尔达娜曾说过:"犯罪者并不存在,存在的只是人"。在 1925 年伦敦的刑务会议上,约翰逊·希克斯明确提到过:"违背了法律禁令的人虽然会被认定是犯罪,但是其作为人的权利并没有丧失。"(请参照拙著《刑法的重点变迁》第 340 页)

　　② 弗罗伊登塔尔是法兰克福大学的教授,于 1929 年 7 月 13 日逝世。

516   题。仅仅通过奖金来对受刑者的工作业绩进行奖励是对法治国家原则的无视。受刑者应当享有其工作报酬所对应的权利。实际上，像法国、比利时等国家都是认同这一原则的。应当制止像行政机关随意规定工作报酬的相对给付这一行为。另外，也应当避免出现行政法规当中的"尽可能多地去议论"这样时常出现的规定。必须明确"支配和自由的界限"，因此在法规上建立"明示界限，合乎目的地纯化的自由刑"。在此，弗罗伊登塔尔列举了有关用第二人称来称呼受刑者的例子。用第二人称来称呼受刑者，不是对其自由的限制，而是对其名誉的侵害。这是不符合自由刑本质的异端。自由刑
517   在执行上一定要进行改正。另外，工作报酬的支付额因为徒刑、监禁等原因而不同，也是需要改正的问题。就算自由刑当中的徒刑和监禁在对自由的约束上有所区别，也不应该在财产关系上区别对待。同时也不应该让惩罚的种类依据自由刑的种类而变化。弗罗伊登塔尔主张"刑罚作用的孤立化"。不能忽视自由刑的负面作用。自由刑的负面作用是警察国的遗留物。自由刑不管怎样都不是单纯地对自由进行限制。也有人将此称为"刑的纯化"。

　　第三点行刑法规的形式以及实质，绝对不能仅仅停留在纸面上。法治国家必须设立保障行刑法规的制度。行刑的司法化也是在考虑行刑问题时必须考虑的。就此，假释问题就要纳入讨论范围了。假释不仅仅是行政官厅的任意裁量。我也不认为惩罚就仅仅是完全任由行政官员自由认定的。
518   而且，对于刑的执行相关的异议处理也是必须考虑的问题。

　　对于前文所提到的弗罗伊登塔尔的观点，李斯特则持有异议。李斯特的观点如下。仅仅将行刑关系看做是法律关系是没法解决问题的。刑的量定也不是单纯去适应法律。这是一种法律制定，而且刑的执行也不是单纯的司法问题，这也是行政关系的一种。在此我们必须考虑到刑罚本质当中的目的性要素。如果要举一个典型的例子的话，那就是不定期刑。要让犯罪人变成善良的市民就必须让他完全度过其惩罚期——如果说一定要尊重这种观点的话，那么刑的纯化会变成什么样子呢？在少年监狱里就是这样。

在少年监狱中,刑就已经远远超越了法律关系这层界限。③ 对于李斯特的
观点,弗罗伊登塔尔的回答是,自己只是主张行刑的当事者要享有权利,履
行义务而已。关于权利义务的内容,弗罗伊登塔尔只字未提。目的就是要
解决权利和义务该如何分配的问题。因此,为了这个目的,首先就需要解决
自由刑的纯化问题。④

　　里普曼是强调行刑的法律关系的学者之一。⑤ 他认为,国家对受刑者
不仅享有权利,也应履行义务。这里的义务是法律上的义务。⑥ 受刑者不
仅仅是国家权力的客体,也是法律上的客体,也是市民中的一员。受刑者也
应当享有权利和诉讼权利。行刑关系是法律关系的一种,受刑者也应当受
到法律的保障。

　　里普曼认为,随着刑罚的执行越来越具有教育性,刑罚的法规化也越来
越重要。他责难工作奖赏制度,认为行刑官员随意指定惩罚是很不合理的,
累进制中的升降级也必须避免官僚气息的裁量方法。

　　对此,我想表达一些我的想法。就像李斯特所说的,毫无疑问,只要
刑的执行还采取教育刑主义,它就是超越法律关系的存在。但是,就算是
教育刑也好,只要是刑,就一定会剥夺个人的法律利益,因此必须首先将
其规定为法律关系。日本《宪法》第 23 条规定,不仅要适用于刑法和刑事
诉讼法,也必须适用于行刑的内容。要将行刑的内容理解为法律关系,就
必须考虑刑的目的,特别是自由刑的目的,妥当制定刑的内容。在我看
来,自由刑的本质究竟如何,是弗罗伊登塔尔的刑罚纯化论中必须要思索
的问题。

　　很遗憾,弗罗伊登塔尔的刑法纯化论也有其消极的一面。他将他的观

---

　　③　李斯特《监狱法》,载于《杂志》,第 35 卷,第 657 页以下。
　　④　弗罗伊登塔尔《监狱法》,载于《杂志》,第 35 卷,第 917 页以下。
　　⑤　会议报告(Mitteilungen,22. Tagung),1928 年,第 139 页以下。
　　⑥　在 1925 年伦敦国际刑务会议上约翰逊·希克斯提到过:"一直以来政府都相信,只要他们
将犯罪人逮捕并投入监狱,那么他们就完成了他们的社会责任。但是他们所做的并不代表着责任
的结束,反而代表责任才刚刚开始。"这是之前论述过的,请参照拙作《刑法重点的变迁》第 340 页。

点作为刑罚目的定立的出发点，这点我是可以理解的。但是我相信行刑法律关系的强化可以进一步发展。实际上，关于这点德国的刑法草案给我们提供了重要的提示。虽然里普曼认为行刑法草案中关于刑罚的新见解，也就是法律建立还仅仅处于起步阶段，但是我认为我们已经可以从中看到比较法上最先进的东西了。

六　德国的行刑法草案

在这里,我们就不去深入探讨德国行刑法草案的由来这一遥远的事了。[1] 我想从 1923 年 6 月 7 日帝国参事院的《自由刑执行的原则》开始探讨。关于它,举出里普曼所言:"这其中一个伟大且重要的工作是使德国监狱制度向统一发展。与此同时,在教育思想上确立了刑罚的执行。这一规则的中心既不是行政秩序和规律,也不是外部的设施,并且不仅仅是使其服从于国家的威力之下,更不是对违法行为实施的报应。它是使受刑者自身作为社会成员,并且将其编入社会之中"。[2] 于是,以这一"原则"作基础,1927 年制定了行刑法草案。它被帝国参事院修订,现如今在议会上作为参事院案被讨论着。[3]

想来,德国新《宪法》第 7 条第 3 号是行刑方面的帝国立法事项。一方面,自然是宗旨在于将以往各联邦的工作行刑事项统一到帝国,另一方面,将关于行刑的法律关系作为法律关系,从行政上的自由裁量提升起来。也就是说,草案的理由书上"对个人权利没有比侵害国家中以刑事裁判为基础更严重的了。依据刑事裁判,国家和被判有罪的人之间成立的法律关系必须是根本明确的。对被判有罪的人来说,国家虽剥夺了他们的自由,但同时必须明确规定,对于这些人来说,国家的权利和义务是他们对国家应有的权利和义务"。[4] 这样一来,这个草案从关于以往行刑官员执行任务的规则的

---

[1]　木村学士前揭论文(志林第 30 卷第 10 号)第 1186 页以下有其详细记载。

[2]　里普曼《德国自由刑执行的新原理》(1924 年),第 4 页;木村学士前文所述论文(志林第 30 卷第 10 号),第 1185 页。

[3]　森山氏译《改正独逸行刑法规》(1928 年)是这样翻译的。会议报告(Mitteilungen, 22. Tagung),1928 年,第 129 以下中可见,里普曼的演讲《德国行刑法案中刑事政策的基本观念》,森山氏比较并批判了两个草案。

[4]　理由书第 3 页。木村学士前揭论文(志林第 30 卷第 10 号)第 1191 页。

524 形式,⑤可以看作是变成了受刑者的人权宣言。

作为受刑者的人权宣言,参事院案第 64 条宣言:"自由刑执行的目的"是"依据自由刑的执行,使受刑者在必须范围内熟悉秩序和劳动,并且为使其不陷入累犯的境地,应强化道德教育"。这样一来,第 65 条的第 1 项规定了待遇的标准,"受刑者应严肃认真,且被当作人来对待。应当尊重其自尊心且培养他们的自尊心"。现在,"当作人来对待"这一条是对应德国《宪法》第 151 条第 1 项规定的"作为人值得的生活"。直至犯罪人生涯结束,国家都应注意保障其生存权。⑥

头发和胡子是与受刑者的意志相反且不能更改的(参事院案第 66 条)。
525 除服刑役者和未成年受刑者,都允许吸烟(参事院案第 76 条)。星期日和法定假日时,免除会计事务和紧急任务之外的工作(参事院案第 85 条)。

我想特别注意的是这样一条规定:"应使各受刑者继续从事有益的且有教育意义的工作"(参事院案第 78 条)。依据这一规定,一方面,受刑者有劳动义务,另一方面,对受刑者,国家有提供"有益且有教育意义的工作"的义务。与此互为表里的是关于工作设备的规定:"工作设备应尽量与民间工作一样,应遵从经济的原则经营。旧式的设备应改变为顺应时代的设备。事关一般劳动者的生命和健康保护的规定应适用于监狱的设备"(参事院案第83 条)。在这样的地方,在这样的保护下受刑者有着"应根据能力和体力,付给他们与其辛勤劳动相符的报酬"的义务(参事院案第 89 条)。于是,应当适当对各个受刑者进行职业教育的同时,多少学会了一些东西的人应依据未学会任何东西的人的能力,尽量将学会的东西教给他们。关于这一点,
526 有尽可能包容受刑者的正当希望的规定(参事院案第 88 条)。

工作的收入归国库所有(参事院案第 90 条)。受刑者依据业绩给予奖金(参事院案第 91 条)。上文也提到过,这正是学者十分反对的一点。

草案规定,应对 3 个月以上的受刑者和未满 30 岁的受刑者施以教育,

---

⑤ 日本监狱法可以说是依法拟定的,内容不免和过去一样。

⑥ 拙作《刑法重点的变迁》第 71 页以下,也有一些关于这件事的论述。

并且规定了教育的目的:"教育应采取国民知识的基础和最重要的日常事件","必须养成每个人加入国民的共同生活的意识以及国家观念"(参事院案第116条)。

另外,还有如下应当注意的规定:"对处以3个月以上刑者,最重要的是使其精通日常之事。应当采取用监狱的经费购入一种或多种报纸,专门为受刑者制作的杂志、口头教育等其他适当的方法"(参事院案第118条)。

关于累进制度,有着特殊的规定(参事院案第162条以下)。第163条规定了累进制度的本质及其目的:"刑罚累进制度的执行取决于指示给受刑者某个目标,目的是将其教育到能够依法生活。应使其意识到这一目标是由受刑者自身的意思注意起来或支配,并因此得到报酬。依据累进的升级可以刑罚,可以缓期执行。这一缓和对于受刑者来说应不仅仅是休息,根据升级,逐渐背负起重要的责任,需要因此使其觉醒并巩固责任感情"。关于这一点,我还想引用木村学士逐渐引用里普曼的见解而论述的部分。"累进制度的本质在于使刑罚的执行由国家掌控转移到犯人手上。这不仅仅是从外部改善被判处自由刑者,并使其再次成为善良的社会成员,而是涉及到向使社会成员的努力与受刑者内在的有意努力相结合,因此贯彻意思教育的根本精神"。⑦

草案规定了上诉权。参事院案第221条中提到:"关于自己的刑罚的执行,受刑者有权上诉"。依据理由书,这一上诉被广泛允许。不仅是对行刑官员的违法处理,在不能适当行使自由裁量的场合也适用。只不过,对上诉裁决的掌控是监狱,可以为监狱的裁决设置监督官厅,但还没有承认为此单独设立一个裁判机关。

527

528

---

⑦ 木村学士前文所揭论文(志林第30卷第10号)第1194页。

七　行刑的三位一体

作为结论，我想在这再重复我的"行刑的三位一体论"。

第一，所有人都必须劳动。因此受刑者也应该劳动。受刑者有劳动义务的同时，国家也有为受刑者提供劳动的义务。

第二，人们必须通过劳动提高修养。因此，受刑者也必须通过劳动自行提高自我修养。为了使受刑者感受到工作的乐趣，国家必须组织合适的劳动。合适的劳动有两个要素。第一是，其劳动应该适合受刑者各自的能力与体力。第二是，其劳动应该对人生对社会有益。

第三，人们必须在工作中发挥效率。因此，受刑者也必须充分提高劳动效果。在这种意义上，监狱至少必须能自给自足。① 所以，国家必须如此合理地经营监狱设施。

虽然弗罗伊登塔尔主张自由刑的纯化，但是如果拘泥于自由刑的概念，认为这种纯化在于除去副作用的话，那么免不了成为概念性的方法。这样一来，自由刑的纯化应该在于以李斯特所谓的以目的性要素来批判刑罚的本质，思考我们应该从对受刑者的自由剥夺中期待什么，并且论定刑罚的内容。我们想在这树立教育刑思想。因此，我认为从刑罚特别是自由刑中剔除所有的报应性要素之时，刑罚才开始得到纯化。

首先在剔除报应性要素的意义上，我们想在此使刑罚的执行法律关系化。国家不应该对受刑者采取一些报应性的行为之时，刑罚执行中国家的义务才能得以成立。监狱与监狱法改良，首先要在此找出要点。在这种意义上，法律关系的刑罚与旧派学者所说的法律刑即报应刑的性质是完全相反的。我也认为应该与旧派学者共同采用法律刑的用语。但是，我所认为

---

① 这里所说的"至少"，是因为我们认为这是不够的。受刑者一方面必须对受害人进行赔偿，另一方面又期望能支撑家庭生活。

的法律刑的报应性质在法律中应该被禁止。　　　　　　　　531

我们希望行刑上的法律关系能在积极方面取得更大发展。将受刑者"当作人来处置"不仅意味着不施加消极的毫无意义的苦痛,还意味着积极地实现了他的道德性、社会性人格。但是,关于这一点的法律关系,目前我们尚不能期望太多。② 正如李斯特所认为,只要刑罚必须是教育性质的,那么就是法律关系以上的某种关系。

总之,法律关系以上的某种关系就是国家与个人受刑者并不是相对峙的,而是相同化的。这用行刑论上的用语来表述的话可以归结为,执行刑罚的目的:"不是为了创造善良的受刑者,而是为了创造善良的市民"。在我们的观点中,作为刑罚权的主体的国家不是不会放过最后一位犯人的权威者, 532 而是会包容最后一位犯人的教育家。

---

② 将累进制与自治制法规化时,就能发现工作的要点。必须用科学的方法将行刑特别是犯罪人分类法规化,这也是十分重要的工作。

主要参考文献

牧野英一《刑法重点的变迁》(1929 年)

　　　　《法律意识性与无意识性》

　　　　《刑事学的新思潮与新刑法》

　　　　《罪刑法定主义与犯罪表征说》

　　　　《生的法律与理的法律》

　　　　《现代文化与法律》

　　　　《法律的正义与公平》

　　　　《法律与生存权》

　　　　《刑法研究》

　　　　《民法的基本问题》

　　　　《刑法和社会思潮》增补版

　　　　《刑法实体论的改正企划(意大利刑法改正案)》,《刑法研究》第 3 卷

　　　　《关于意大利刑法改正预备草案》,志林第 23 卷第 9 号第 24 卷第 1 号

　　　　《菲利教授逝世》,收于志林第 31 卷第 5 号

　　　　《吊唁胜本博士的永逝》,志林第 26 卷第 2 号

　　　　《故冈松博士的记忆》,志林第 24 卷第 2 号

　　　　《教育刑和确信犯人》,志林第 33 卷第 1 号

　　　　《依据恶性标准的犯罪的分类》,协会杂志第 27 卷第 3 号

泷川教授《刑法总论》,收于《法学全集》

　　　　《刑法讲义》改订版

　　　　《法律总论》

　　　　《风早八十二译贝卡利亚的〈犯罪与刑法〉》载《法学论丛》第 23 卷第 2 号

久礼田教授《刑法学概论》,1930 年

　　　　《日本刑法总论》,1925 年

小河博士《哀悼小河滋次郎博士》,志林第 27 卷第 5 号

住江氏《关于日本的累进制》,《刑政》五百号纪念行刑论集所收第 438 页以下

泉二博士《日本刑法论总论》第 40 版

草野学士《刑法第三十八条第二项的解释》,协会杂志第 29 卷第 4 号

黑田学士《行为的违法》

冯姆加滕《瑞士刑法的基本新意》,瑞士杂志第 43 卷

斯托斯《奥地利刑法教科书》,第二版,1913 年

拉比诺维茨《防治的方法》,1929 年

　　　　《刑法的危机与未来》,《刑法实证学派》1928 年,第 11—12 期

索尔《法哲学社会哲学教科书》,1929 年

　　《刑法基础》,1921 年

撒赖耶《刑罚的个别化》,第二版,1909 年

刑务协会发行《行刑论集》(1930 年)

格莱斯帕赫《新苏俄刑法典》,《瑞士杂志》,1928 年

山之内一郎译《法的一般理论与马克思主义》(1930 年)

佐藤荣氏译《马克思主义与法理学》(1930 年)

穗积陈重《法律进化论》第 3 册

弗洛恩德《苏俄刑法典》,1925 年

毛拉赫《俄国刑法典的体系》,1928 年

　　　《俄国刑法》,杂志,第 48 卷

施华寇夫《苏俄刑法》,1929 年

科瑞南蔻《苏维埃政权的刑事政策》,1927 年

帕斯琴奥瑟斯基《苏联的刑罚和执行》,1929 年

马克勒佐《刑法》,《苏俄法律》马克勒佐、提玛叔等编集,1925 年

切比雪夫《苏联刑法和刑事诉讼法》,《法学和政治学学科参考书目》,1925 年第
34 卷

伯灵格《苏联刑法和行刑法》,月刊,第 20 卷

阿诺斯索《俄罗斯苏维埃社会主义联邦共和国刑法规范中的犯罪概论》,月刊,第 21
卷

柳宾斯基《新苏联刑法》,《东欧法律》,1927 年第 1 卷第 3 号

格莱斯巴赫《新苏维埃刑法典》,《瑞士杂志》,第 41 卷

契诃夫《不定期刑和苏维埃刑法》,《刑法和刑事学》,第 29 卷第 3 号

菲利《苏俄法律》,司法,1928 年第 3 卷

《刑事法律原则》,1928 年

《意大利新刑法典草案》,《国际刑法学杂志》,1928 年,第 4 期

《责任原则在俄罗斯新刑法典(1927 年)和古巴刑法典草案(1926 年)中的法律责任原则》,载《刑法实证学派》,1927 年,第 9—10 期

《法律责任原则在俄罗斯新刑法典(1927)和古巴刑法典草案》,载《国际刑法杂志》,1928 年

大塚乡二氏《刑法法律责任的原则》,志林第 30 卷第 7 号

马科渥斯基《刑法的变迁》,《刑法学和犯罪学杂志》,1929 年第 4 期

广冈光治译《俄国刑法》,1929 年

宫本教授《刑法学精华》

木村学士《菲利和俄罗斯刑法》,志林第 32 卷第 6 号第 59 页注 2

　　　　《普鲁士的新累进制的思想背景》,刑政第 43 卷第 9 号

　　　　《刑事责任规范主义的批判》收于志林第 30 卷第 6—9 号

　　　　《从行刑方面看刑罚的本质》,志林,第 30 卷第 11 号

　　　　《确信犯人的问题》,志林第 31 卷第 1 号、第 2 号、第 3 号

　　　　《菲利与俄罗斯刑法》,志林第 32 卷第 5 号第 6 号

马卡诺维斯基《刑法的哲学》

帕斯琴奥瑟斯基《苏联刑法和执行》,1929 年

末川教授《苏维埃的民法与劳动法》,1926 年

正木学士《行刑上的诸问题》,1929 年

　　　　《监狱法概论》

　　　　《作为教育法的新累进制》,志林第 32 卷第 8 号第 9 号

　　　　《美国行刑的重点》,志林第 31 卷第 12 号至第 1479 页注 2

松井学士《行刑论集》,1930 年

森山武市郎《普鲁士阶级行刑令》,法律论丛第 9 卷第 8 号以下

常盘学士《刑法的保安处分化》,刑政第 43 卷

斯托斯《保安处分的本质》,《瑞士杂志》,第 44 卷第 3 号

契诃夫《不定期刑和苏维埃刑法》,期刊,1928 年,第 19 卷第 3 号

小野教授《构成要件的充足的理论》,收录于松波先生六十大寿祝贺论文集

山口学士《实用主义的刑法理论》,志林第 29 卷第 4 号

康特洛维茨《意大利刑法草案及其体系》,《莱纳尔纪念文集》,1921 年

泷川教授《社会防卫和犯人的危险性》,法学论丛第 16 卷第 4 号

伦茨《无责任和刑罚的刑法典》,1922 年

　　《责任论的生物学深化》,《瑞士杂志》,1928 年第 2 号

大塚学士《刑法的人道学派》

　　　　《杀人及自杀的一个世纪》,志林第 31 卷第 7 号

　　　　《意大利的死刑复活法和镇压罢工法》,志林第 30 卷第 8 号

　　　　《刑法法律责任的原则(俄罗斯新刑法与古巴刑法草案)》,收录于志林第
30 卷第 7 号

　　　　《比利时的社会防卫法》,志林第 32 卷第 8 号

格力斯皮尼《关于刑法典草案的评论》,《刑事实证学派》,1928 年

马科夫斯基《刑法的变迁》,《刑法学杂志》,1929 年,第 4 期

格瑞特娜《刑法社会学派的起源和重要性》,纪念文集,1911 年

李斯特《监狱法》,杂志,第 35 卷

弗罗伊登塔尔《监狱法》,杂志,第 35 卷

里普曼《德国自由刑执行的新原理》,1924 年

森山氏译《改正独逸行刑法规》,1928 年

图书在版编目(CIP)数据

法治国思想的展开/(日)牧野英一著;柴裕红译. —北
京:商务印书馆,2019
(日本法译丛)
ISBN 978 - 7 - 100 - 16524 - 2

Ⅰ.①法… Ⅱ.①牧… ②柴… Ⅲ.①刑法—
法学史—研究 Ⅳ.①D914.01

中国版本图书馆 CIP 数据核字(2018)第 192835 号

日本法译丛

法治国思想的展开

〔日〕牧野英一 著

柴裕红 译

商 务 印 书 馆 出 版
(北京王府井大街36号 邮政编码100710)
商 务 印 书 馆 发 行
北京市艺辉印刷有限公司印刷
ISBN 978 - 7 - 100 - 16524 - 2

2019 年 1 月第 1 版 开本 787×960 1/16
2019 年 1 月北京第 1 次印刷 印张 15 插页 1
定价:56.00 元